D1700596

Rudolf Hartung
In einem anderen Jahr
Tagebuchnotizen
1968–1974

Mit einem Nachwort
von Elias Canetti

Carl Hanser Verlag

ISBN 3-446-13541-3
© 1982 Carl Hanser Verlag, München Wien
Umschlag: Klaus Detjen
Gesamtherstellung: Friedrich Pustet, Regensburg
Printed in Germany

1968

18. FEBRUAR Die Berliner Vietnam-Demonstration, die nach einem schlecht fundierten Verbot seitens des Senats nun doch legal
über die Bühne ging, weil das Verwaltungsgericht das Verbot für
unzulässig erklärte. Angesichts der unglücklichen Politik der Stärke, zu der man sich im Schöneberger Rathaus entschlossen hatte,
fiele es schwer, der Feststellung Dutschkes nach dem Spruch des
Gerichts zu widersprechen: der Rechtsstaat funktioniert, wenn man
massenhaften Druck ausübt.

Auffallend, wie wenig aggressiv die Masse der Demonstrierenden
wirkte, wie wenig ernst auch (sei es, daß der zugrunde liegende
Ernst nicht an die Oberfläche trat, sei es, daß die vorausgegangene
Spannung sich gelöst hatte, und man glücklich darüber war, die
Demonstration durchgesetzt zu haben); was seltsam mit dem Zweck
der Demonstration kontrastierte. Transparente mit Parolen gegen
den amerikanischen Krieg, Bilder von Ho Chi Minh, Karl Lieb-
knecht, Rosa Luxemburg, Che Guevara; sehr viele Vietkong- und
rote Fahnen. Ein überraschendes Aufgebot einer zweifellos sehr
vielschichtigen Opposition, aber auf jeden Fall und zum ersten Mal
seit Bestehen der Bundesrepublik eine Dokumentation angestauter
Kritik, der Unbotmäßigkeit, des Zorns auch. Die Bundesrepublik
bzw. Westberlin steht nicht am Vorabend einer Revolution, davon
kann keine Rede sein; auch diese Demonstration hatte keinen
revolutionären Charakter – die Internationale, die eine Gruppe
einmal anstimmte, klang wie eine verschollene Reminiszenz. Sicher
aber ist, daß sich mit dem heutigen Tag, an dem Zehntausend sich zu
einem Protest zusammenfanden, etwas verändert hat (wie im Vorjahr durch die Demonstration gegen den Schah und durch das
brutale Vorgehen der Polizei): der heutige Tag hat die Stärke der
außerparlamentarischen Opposition sichtbar gemacht.

Die Zuschauer am Straßenrand, auf den Balkonen in den Seiten-
straßen des Kurfürstendamms: befremdet viele, das spürte man;
auch schockiert und aufgebracht. Ein Mann, der am Fenster eines
Eckhauses eine amerikanische Fahne schwenkt, was mit Pfeifen

und Gejohle beantwortet wird; ein Junge mit etwas überanstrengter Stimme schreit hinauf: »Du Nazi-Schwein«; im Hintergrund des Zimmers ein Knabe mit einer Art Texashut auf dem Kopf. – In einer Seitenstraße ein Lieferwagen mit aufgespannten Transparenten, die sich zu den »amerikanischen Freunden« bekennen; der Fahrer, der sich mißtrauisch zu jenen herausbeugt, die das Transparent betrachten; keinerlei Tätlichkeiten. – Ein Mann und eine Frau, die auf der Seite des Zuges ernst, schweigend und im Vertrauen auf die Kraft des Sichtbaren, eine große Photographie – eine verstümmelte Vietnamesin – den Menschen vorzeigen.

Bei der Oper, wo die Schlußkundgebung stattfindet, werden gegenüber auf einer Baustelle rote und Vietkong-Fahnen am äußersten Ende riesiger Kräne gehißt. Bauarbeiter holen die Fahnen herunter, verbrennen oder zerbrechen sie mit demonstrativer Wut. Über Lautsprecher wird vor Provokateuren gewarnt; es bleibt im wesentlichen ruhig. (Am Rande soll es doch zu Schlägereien gekommen sein, auch während des Zuges zu Angriffen von Zuschauern auf die Demonstrierenden.)

19. FEBRUAR Die Lektüre der Springer-*BZ*, die über die gestrige Demonstration berichtet: wie wenn man in Jauche langt. »Etwa 10000 kommunistische Demonstranten« – am Abend aber waren es »*Berliner*, die sich spontan zu einer Gegendemonstration zusammengefunden hatten. Und die sich schließlich friedlich vor dem Amerika-Haus in der Hardenbergstraße versammelten.« Eine Orgie des widerlichen Berlin-Kults: »Ho-Chi-Minh-Rufe gingen schnell in der lautstarken Antwort der *Berliner* unter.« ». . . die wachsende Erregung der *Berliner*« – »Zahlreiche empörte *Berliner* stürzten sich (am Nachmittag) am Ende des Zuges in die Demonstranten . . .« Als am Abend die Polizei die Auflösung der Gegendemonstration verfügte, »folgten die *Berliner* dieser Bitte«. Mit Gusto wird von Scheußlichkeiten während des Demonstrationszuges berichtet: »Dem Kabarettisten Wolfgang Neuss, der sich im Demonstrationszug befand, wurden Schimpfworte wie ›Kommunistenschwein‹ zugerufen. Die *Berliner* forderten ihn auf: ›Geh doch 'raus aus Berlin.‹« Die Balkenüberschrift auf der ersten Seite der *BZ:* »Das war den *Berlinern* zuviel!« Auf der zweiten Seite, wo von einer geplanten Gegenkund-

gebung im Laufe dieser Woche berichtet wird: »*Berlin* wird ihnen eine Antwort geben!«

Was ich 1955, als ich von München nach Berlin übersiedelte, sogleich spürte: daß Berlin als ›Frontstadt‹, entgegen der damals landläufigen Meinung, kein günstiger Ort ist zur Beurteilung der politischen Situation. Das ist nun seit langem offenkundig. Seit dem Weggang Brandts und der Verhärtung der Fronten aber wird der ›Geist‹ dieser Stadt gefährlich. So wird das Urteil des Verwaltungsgerichts in der *BZ* mit folgenden Worten kommentiert: »Was wohl kaum jemand in Berlin noch für möglich gehalten hatte, ist geschehen: Das Verwaltungsgericht hat den erbitterten Gegnern unserer staatlichen Grundordnung ermöglicht, die Straßen zum Schauplatz rein kommunistischer, radikaler Propaganda zu machen.« Das Blatt zitiert das Grundgesetz über die Unabhängigkeit der Richter (selbstverständlich nicht den Passus über die Demonstrationsfreiheit), den richterlichen Eid, und knüpft daran die Frage: »Wie weit darf das Gewissen sein, von dem der deutsche Richtereid spricht? Und wie eng darf das im selben Eid genannte Wissen sein?«

Angesichts solcher Infamie ist es doch sehr zu bedauern, daß kürzlich in einem Fernseh-Interview Herr Springer nicht schärfer in die Zange genommen wurde und er die Gelegenheit wahrnehmen konnte, neben seiner erschreckenden geistigen Bedeutungslosigkeit auch seine religiösen und anderen Gefühle zu dokumentieren. Eine Dekuvrierung, die mich an einen Satz erinnerte, den vor vielen Jahren sich die Münchner *Abendzeitung* über die damalige Prinzessin Margret geleistet hat: »Sie ist zwar ungewöhnlich klein, aber tiefreligiös.«

22. FEBRUAR Gestern hat, wie die von Springer herausgegebene *Berliner Morgenpost* über die Kundgebung vor dem Berliner Rathaus berichtet, »das freie Berlin . . . den radikalen Störern eine klare Absage erteilt«. Verschwiegen wird, daß diese freien Berliner nicht alle aus freien Stücken gekommen waren: Belegschaften, denen man dienstfrei gegeben hatte, rückten geschlossen zur verordneten Kundgebung an. Und wie zu befürchten war: nicht zu Besonnenheit und Toleranz wurde aufgerufen, sondern zur Unduldsamkeit. Der Regierende Bürgermeister Klaus Schütz erklärte: »Bei uns versucht eine kleine Gruppe von Extremisten, den frei-

heitlichen Rechtsstaat handlungsunfähig zu machen. Unsere Antwort: Schluß damit!«

Daß vor und nach der Kundgebung Studenten, Bartträger und Menschen, die sich kritisch äußerten, verprügelt und wie Freiwild gejagt wurden, wird von der *Morgenpost* den »Schönheitsfehlern« zugerechnet. Der Terror wird verharmlost; was man unter Hitler »Untermenschen« nannte, wird in dieser Stadt wieder physiognomisch dingfest gemacht: »Ihr müßt diese Typen sehen. Ihr müßt ihnen genau ins Gesicht sehen. Dann wißt ihr, denen geht es nur darum, unsere freiheitliche Grundordnung zu zerstören« (Klaus Schütz kürzlich auf dem SPD-Landesparteitag in Berlin).

Ungeheuerliche Sätze. Sätze, die Folgen haben werden.

In Robert Walsers *Jakob von Gunten* stoße ich auf den Satz: »Manchmal rede ich und denke geradezu über den eigenen Verstand.« Das Zauberhafte und zuweilen nicht ganz Geheure der diesem Schriftsteller eigentümlichen Inspiration wird in diesem Satz reflektiert, wobei noch einmal sich zu ereignen scheint, was der Satz aussagt – das Transzendieren des »eigenen Verstandes«.

Die Frage drängt sich auf, ob die in der Prosa Robert Walsers immer wiederkehrenden sublimen Stellen, in denen die Sprache gleichsam mit Flügeln aufrauscht, nicht oft ›transzendierende‹ sind: wenn eine Einsicht ins eigene Wesen und Schicksal gewonnen wird, die wie Prophetie anmutet, oder die Welt wie eine fortwährende lautlose Explosion erfahren wird. So wenn es etwa in dem Roman *Geschwister Tanner* heißt: »Nach dem Frühling kommt immer der Sommer, unerklärlich schön und leise, wie eine glühende, große, grüne Welle aus dem Abgrund der Welt herauf . . .«

Gestern abend im Theater Ödön von Horváths ›Volksstück‹ *Italienische Nacht*. Daß in allen Szenen, auch in der Italienischen Nacht im Wirtshausgarten, die Bühne voll ausgeleuchtet ist, tadelt Günther Grack im heutigen *Tagesspiegel* mit den Worten: »Die Bewußtseinserhellung, um die es Horváth geht, nimmt Hollmann (der Regisseur) wörtlich: Er läßt das Stück vor einem weißen Hintergrund . . . bei gleichmäßig taghellem Licht spielen . . . Als ob helles Licht schon helle Köpfe machte . . .« Eine gute kritische Anmerkung, die zu weiterem Nachdenken anregt. Man könnte sagen, daß der Regisseur, indem er den Szenen am Vorabend des faschistischen

Sieges ihr Dunkel nahm, auch die Wahrheit der Figuren verletzte: der Zuschauer erfährt nicht mehr, daß der finstere faschistische Spuk ebenso wie die Erbärmlichkeit der republikanischen Provinz-Honoratioren dem Dunkel des gelebten Augenblicks entstammen und nur verschiedene Antworten auf dieses Dunkel sind. Das Licht der Gegenwart, die Bescheid weiß – und nur hinsichtlich ihrer eigenen Probleme im dunkeln tappt –, wird in die Vergangenheit projiziert . . . Andererseits versteht man natürlich, daß der Regisseur mit der demonstrativen Helle seiner Inszenierung den seit der Uraufführung im Frühjahr 1931 verflossenen Jahrzehnten Rechnung tragen und nicht nur eine – auf andere Weise unwahre – Repetition geben wollte.

Während ich das Wort Repetition niederschreibe, erinnere ich mich plötzlich an eine Wiederholung anderer, primitivster und fast den Kretinismus streifende Art, deren Ohrenzeuge ich vor einer Woche auf einer Fahrt von Istrien nach Klagenfurt war – an die repetierenden ›Kommentare‹, die ein im Bus hinter mir sitzender Reisender mit unverkennbarem Berliner Baß zu allem Gesehenen gab. Näherte sich der Bus einem Tunnel, wurde registriert »Jetzt wird's dunkel«, meldete ein Straßenschild die Entfernung nach Klagenfurt, wurde wiederholt »32 bis Klagenfurt«, hieß es auf einer Litfaßsäule »Trinkt Milch und ihr bleibt gesund«, ertönte es von rückwärts »Milch trinken« – es war Zum-aus-der-Haut-Fahren.

Eine Erfahrung von großer Trivialität, ohne Frage; aber vielleicht eben darum ein interessantes Phänomen, dem man im übrigen häufig begegnet (wenn auch nicht immer in so primitiver Ausprägung). Die Wirklichkeit, die jeder sieht, findet hier im Kommentar ihren akustischen Abklatsch; hier ist ein ›Geist‹ am Werk, der sich des Gesehenen durch das wiederholende Wort versichert und sich widerstandslos der Diktatur des Gegebenen fügt. Wahrscheinlich werden aus solchem Stoff die Untertanen geschnitzt; mit der Repetition wird der Gehorsam eingeübt.

7. JUNI Die heutige SZ berichtet von einigen bemerkenswerten Reaktionen von in München lebenden Amerikanern auf die Nachricht von der Ermordung Robert Kennedys. Während die Farbigen Betroffenheit äußerten, sagte eine (weiße) Offiziersfrau: »Das ist mir völlig gleichgültig, ich interessiere mich überhaupt nicht für Politik. Die können machen, was sie wollen, da habe ich keine

Meinung dazu.« Der Reporter fährt fort: »Mehr als ein Dutzend anderer Frauen, die aus einem Offizierswohnheim kamen, gaben fast wörtlich die gleiche Antwort.«

Verblüffende Reaktionen angesichts einer menschlichen und nationalen Tragödie – Reaktionen, die nicht eindeutig zu interpretieren sind. Handelt es sich hier, in der Gefühlssphäre, um eine Art Isolationismus, wobei emotional nur mehr auf Ereignisse geantwortet wird, die unmittelbar die eigene Person und die nächsten Angehörigen betreffen? Eine solche Abkapselung wäre schrecklich, aber ich glaube nicht, daß die Reaktionen der befragten Amerikanerinnen so zu verstehen sind: der Mord an Robert Kennedy ist zu furchtbar, das Mitgefühl mit der Frau, den Kindern, der ganzen Kennedy-Familie so selbstverständlich, daß man fast sagen müßte, wer darauf mit Gleichgültigkeit reagiert, habe den Bereich des Menschlichen verlassen.

Wahrscheinlich verhält es sich so, daß hinter dieser grauenvollen Gleichgültigkeit Ablehnung und Haß stecken: Haß der amerikanischen Offiziere und ihrer Frauen auf einen Mann, der, unter anderem, Blutspenden für den Vietkong befürwortet hat. Haß, der, aus welchen Gründen immer, verdrängt wurde (vielleicht nur einem deutschen Interviewer gegenüber nicht eingestanden wird – man müßte diese Frauen unter sich und im Kreis ihrer Familien reden hören!) und nur in völlige Gleichgültigkeit verwandelt die (innere) Zensur passieren darf.

Den Band *Olympia* (Prosa aus der Berner Zeit I) von Robert Walser zu lesen begonnen; eine deprimierende Lektüre. Wie schon in dem früher erschienenen Band *Festzug* ist auch hier die Sprache Walsers oft gekünstelt und kraftlos, befremden künstlerisch ertraglose oder gar unglückliche Wortneuprägungen, wird abrupt von einem zum anderen übergegangen, ohne daß diese Sprunghaftigkeit, was sie legitimieren würde, als Überraschung, Freiheit der Bewegung oder beabsichtigter Kontrast empfunden werden könnte. Aus dem ersten, kaum mehr als drei Seiten langen Prosastück ›Aus dem Leben eines Schriftstellers‹ notierte ich mir folgende Wörter und Wendungen: »Frühlingsbegrüntheit«, »altertumsfühlend«, »einsamschön«; »zwei schöne Unbekümmertheiten in Frauenform«, »die Ankündigung vom Aufgeführtwerden eines berühmten Theaterstücks«.

Vage bekannt kam mir in diesem Prosastück der folgende Satz

vor: »Wenn man auch weiter gar nicht nötig hat, erlabt, erquickt zu werden, die Frau, die man Musik nennt, mahnt einen daran, daß man die Seele ist, die sich irren kann, erinnert einen daran, daß man, obwohl einem das vielleicht sehr luxuriös erscheint, gern getröstet ist.«

Natürlich ist dieser Satz nicht gerade schlecht – die Einsicht, daß Musik an die Seele mahnt, ist reiner Walser. Was stört, ist ein Zuviel an Sprache und Gesprächigkeit (und selbstverständlich die schlimme Wendung »die Frau, die man Musik nennt«). Walser in seiner guten Zeit – ich bin überzeugt, daß das Manierierte, Abrupte in seinen Arbeiten etwa ab 1924 Ausdruck einer geistigen Erkrankung (Schizophrenie?) ist – hat das anders ausgedrückt; in einem früheren Band fand ich den Satz, an den mich der zitierte erinnerte: »Musik mahnt mich jedesmal ans Menschenherz in mir, und dafür bin ich dankbar.«

13. JUNI In der heutigen Ausgabe der *Zeit* sind zwei Antworten auf den Mord an Robert Kennedy demonstrativ einander gegenübergestellt. Lyndon Johnson bemüht sich, den Mord als Aktion eines einzelnen hinzustellen: »Wir gäben uns einer Selbsttäuschung hin, wenn wir aus diesem Gewaltakt schließen wollten, daß unser Land krank ist, daß es sein inneres Gleichgewicht verloren hat. Es sind nicht 200 Millionen Amerikaner, die Robert Kennedy umgebracht haben.« – Dagegen Eugene McCarthy: »Es reicht nicht aus zu sagen, dies sei die Handlung *eines Geistesgestörten*. Zu schwer ist die Schuld, welche unsere Nation daran trägt, daß hierzulande eine Neigung zur Gewalttätigkeit gewachsen ist. Darin liegt eine Widerspiegelung der Gewalttätigkeit, mit der wir Amerikaner die übrige Welt heimgesucht haben . . .« (Eine radikale Kritik am eigenen Land, mit der man wenig Aussicht haben dürfte, Präsident zu werden – die Selbstgefälligkeit der Nation wird das zu verhindern wissen.)

Diese zwei Stellungnahmen zu einem Faktum enthalten ein Interpretationsproblem, das uns auf vielen Gebieten begegnet. Zum Beispiel: Sind sieben Prozent NPD-Wähler eben sieben Prozent NPD-Wähler, oder deutet dieser Prozentsatz daraufhin, daß die Bevölkerung immerhin bereits so stark rechtsradikal gestimmt ist, daß sie wie ein Fieber sieben Prozent NPD-Wähler ›ausschwitzt‹? (Die Antwort auf die Frage, wie die Gefahr eines Rechtsradikalismus in Deutschland zu beurteilen ist, hängt davon ab, welches Interpretationsschema unser Denken bestimmt.) Oder: dürfen wir die moralische – oder physiologische – Schwäche eines Menschen in einer bestimmten Belastungssituation als etwas relativ Isoliertes, Einmaliges sehen, oder ist sie als Symptom einer allgemeineren Schwäche zu deuten, die nur in der Belastung sichtbar wird?

Wie aufschlußreich, verräterisch, symptomatisch – darauf läuft das Problem hinaus – ist ein einzelnes Vorkommnis, eine scheinbar isolierte Fehlleistung, ein zufällig scheinendes Geschehen? Konservativ gestimmte Naturen neigen, glaube ich, dazu, das Symptomatische des einzelnen zu unterschätzen oder gar zu unterschlagen. Orientiert an der bestehenden Ordnung, lassen sie sich ihre Vorstellung von dieser Ordnung nicht so leicht durch ›Einzelheiten‹ erschüttern – ihre Kraft geht zum guten Teil ein in die Reproduktion ihrer Ordnungsvorstellungen (weswegen man auch sagen darf, daß sie, indem sie der bestehenden Ordnung das Wort reden, zugleich für sich selbst plädieren). Intensiver konfrontiert mit der Frage nach der symptomatischen Bedeutung des einzelnen dürfte der kritische, der analytische Geist sein: Sigmund Freud, der isolierte Fehlleistungen zum Vehikel der Erkenntnis machte; Marcel Proust, der so oft das scheinbar Triviale als Signatur einer verborgenen Wahrheit entziffern konnte.

Denken ist ohne Vertrauen nicht möglich: ohne die Hoffnung, daß man auf diesem Wege all das, wovon man fortgeht, in anderer Form wiedergewinnt.

Die Sprache gewisser Leute ist ein Versuch, mit immateriellen Mitteln den Geruch von Weihrauch zu erzeugen.

Im Massenzeitalter überwintern die Charakterköpfe in der Komparserie.

Er hatte seine Lebensangst so erfolgreich verdrängt, daß er sich gar nichts mehr vorstellen konnte.

Was manche Menschen denken nennen, ist der Versuch, mit allen Mitteln recht zu behalten.

Er benützte seinen Verstand, um seine Dummheit in ein System zu bringen.

Epigonen wuchern mit einem Pfund, das sie nie besessen haben.

Er schrieb so perfekte Rezensionen, daß kein Mensch mehr das Bedürfnis spürte, die von ihm besprochenen Bücher zu lesen.

Er war so sehr auf das Wirken in der Welt aus, daß in ihm kaum je Gedanken auftauchten, mit denen er nichts anfangen konnte.

Er war ein so sicherer Kritiker, weil er keine Ahnung davon hatte, *wie* Kunstwerke entstehen.

19. JUNI Daß die publizistische Kontrolle sich – neuerdings stärker – auch auf Presseorgane erstreckt, ist als Positivum zu buchen. Und da ich seinerzeit die Berichterstattung der *FAZ* über die Anti-Springer-Aktion während der Osterfeiertage unqualifiziert fand, möchte ich den Artikel ›Angesehene Berichterstattung – Ein symptomatisches Beispiel der Meinungsmanipulation‹ in der Juni-Nummer der *Frankfurter Hefte* verdienstvoll nennen. In seiner Analyse eines Berichts der *FAZ* vom 16. April kommt Thomas Ebert zu dem Ergebnis, daß es sich hier nicht bloß um Nachlässigkeit, sondern um »bewußte Irreführung« des Lesers gehandelt hat. »Wenn es doch auf die ›Bild‹-Perspektive hinausläuft, dann wäre es der *FAZ* beinahe als Ehrlichkeit anzurechnen, wollte sie ihre Leser fortan ohne intellektuellen Verputz hinters Licht führen.«

Im Gespräch mit einem Studenten, der über Günter Eich eine Dissertation schreiben will, kam mir dieser Tage wieder zu Bewußtsein, wie fern und verschollen die Natur für viele der jungen Generation ist. Was vielleicht nicht einmal erstaunlich ist, wenn man an die Welt denkt, in der wir leben: eine ganz und gar von Menschen gemachte und eingerichtete Welt, in der Gewachsenes schon fast ein Anachronismus ist. Weshalb der Vers von Günter Eich »Wer möchte leben ohne den Trost der Bäume« sich nachgerade dem Verständnis des angehenden Germanisten entzieht.

Thornton Wilders Roman *Der achte Schöpfungstag* und Jürgen Beckers *Ränder*: wie groß ist die Kluft zwischen traditionellem Erzählen und literarischem Experiment geworden. Nachzudenken wäre darüber, *was* von dem jüngeren deutschen Autor alles preisgegeben wurde und *warum* es preisgegeben wurde: die Substantialität der fiktiven Gestalt, ja die Gestalt überhaupt; die kohärente Fabel, diese Architektur aus gelebter Zeit; die Suche nach einem Sinn des Lebens, nach Selbstverwirklichung in einer noch immer definierbaren Welt; Gefühl für Individualitäten und deren Schicksale. Verglichen mit diesen enormen ›Summen‹, mit denen der Erzähler Wilder bei seinen literarischen Transaktionen wie ein Großkapitalist wirtschaftet, mutet Jürgen Becker auf den ersten Blick wie ein Hungerleider an, der seine ehrlich verdienten Groschen zählt und vorzeigt.

Aufzählen aber könnte man auch, was der Roman Wilders an Zweifeln und Fragen provoziert. Was verbürgt die Substantialität des Helden John Ashley und seines Schicksals? Woher bezieht die Imagination des Autors ihre Glaubwürdigkeit? Ist nicht ein Romancier, der wie ein Gott seine Geschöpfe auf ihre Lebensbahnen schickt, akzeptabel nur in einer Welt, die noch an den Prototyp des Schöpfers, an einen persönlichen Gott glaubt, und muß, wenn der Glaube an diesen geschwunden ist, nicht auch der an sein irdisches Abbild im Reich der Fiktion vergehen? Auch könnte der Zweifler darauf verweisen, daß die kompakten Figuren des Romans schon lange ihre künstlerische Substantialität verloren haben und an obsolete naturalistische Theaterkulissen erinnern. (Nicht zufällig, daß die Bühne heute mit Andeutungen, Zeichen, Abbreviaturen auskommt!) Nahe liegt somit der Verdacht, daß die riesigen Beträge, mit denen der traditionelle Romancier arbeitet, in einer Währung ausgegeben werden, die nicht mehr genügend Deckung besitzt; die inflationären Züge des traditionellen Romans könnten so gedeutet werden . . .

Zweifellos muß ein literarisches Unternehmen wie Jürgen Beckers *Ränder* verstanden werden als produktive Antwort auf diese Zweifel am herkömmlichen Erzählen – Zweifel, die so fundamental sind, daß ein junger Autor überhaupt nicht mehr die Möglichkeit sieht, den traditionellen Roman fortzusetzen. (Natürlich ist die Situation mit einem gewissen Recht auch anders zu beschreiben: gezweifelt wird am traditionellen Roman, *weil* man nicht mehr in der Lage ist, kompakte Figuren etc. zu schaffen. Indessen wäre es falsch, diese Verarmung an kreativer Kraft allein für die Abwendung vom traditionellen Roman verantwortlich zu machen, so sehr auch etwa Heißenbüttel als Kritiker von Romanen beweist, daß er kaum Organ hat für menschliche Individualität und für das Spezifische eines Autors. Begründete Zweifel und partielle Verarmung provozieren sich gegenseitig und sind beide am Werk.)

Merkwürdig bleibt vielleicht trotzdem die enthusiastische Zustimmung, die Jürgen Becker auf der letzten Tagung der Gruppe 47 mit seiner Lesung aus den *Rändern* gefunden hat. Gewiß habe auch ich jetzt bei der Lektüre das sehr Reelle und Lautere dieses Buches stark empfunden: die Genauigkeit der akustischen Phrasierung und wie sicher der Text auf eine authentische Erfahrung bezogen ist. Aber die Fruchtbarkeit der Methode, wie sie die *Ränder* zur Anwendung bringen, scheint doch ziemlich begrenzt: Notation von Zuständen und Situationen, planvolle Anordnung vorgegebener Sprachteile und Mitteilung von Impulsen, die auf dem Feld dieser Notationen und Anordnungen ihre Spur einzeichnen. Schreibend wird hier nicht energisch Welt erkundet, sondern eher ein Nachhall von Welt festgehalten und in Sprachartikeln die Bekundung eines Daseins aufgespürt, das seltsam verschollen wirkt oder gedämpft, als gehe es hinter Milchglasscheiben vor sich . . .

Wer dieses eingeschränkte Unternehmen mit hellem Enthusiasmus begrüßt, bedenkt nicht die Verluste, die hier in Kauf zu nehmen sind und ist nur bezogen auf das, was hier und jetzt vorliegt: Nur das Vorliegende, und sei dieses relativ dürftig, zählt. (Wer Sinn für die Verluste hat, die mit jeder Realisation einhergehen, hat ein gebrochenes Verhältnis zur Gegenwart und was sie zeitigt . . .)

In dem seltsamen Aufsatz ›Der Großkritiker‹ von Peter Hamm (*Neues Forum*, Juni/Juli 1968) werden aus einem älteren Artikel einige Sätze von Jürgen Becker über den modernen Roman und die Unzulänglichkeit der Kritik zitiert: »Kaum erscheint noch ein Roman von Rang, dem nicht anhaftet der Makel eines partiellen oder auch gründlichen Mißlingens . . . Keinen Gedanken indessen verschwendet die Kritik daran, daß der objektive Stand der Gattung vielleicht nur ein Scheitern noch zuläßt . . .«

Sieht man davon ab, daß der erste Satz eine Einsicht des späten Thomas Mann paraphrasiert und der zweite gegen eine Kritik sich wendet, die nur der Vorstellung Jürgen Beckers entspricht: so überrascht die Aussage über den »objektiven Stand der Gattung«. Was auf dem Gebiet des Romans heute möglich ist und was sich versagt, ist wohl nicht *so* fixiert, daß der Terminus »objektiver Stand« gerechtfertigt wäre. Wer so spricht, dekretiert ›so soll es sein‹, anstatt die Situation zu befragen; er verkündet ein Programm, welches als das einzig mögliche hingestellt wird.

Wozu allerdings anzumerken wäre, daß die *Verwirklichung* des Programms die Situation auf eine Weise verändert, die nachträglich das Programm als Feststellung eines Sachverhalts erscheinen läßt: die entstandenen Werke und die Lektüre dieser Werke vermindern die Chancen einer Literatur, die andere Wege geht. Allerdings macht die so bewirkte Veränderung auch deutlich, daß der vermeintlich »objektive Stand der Gattung« ›gemacht‹ und somit ein Produkt jener ist, die ihn dekretieren. Was nichts anderes heißt, als daß hier wie auf anderen Gebieten *das* ›objektiv‹ genannt wird, wofür man selber einsteht.

Als vollkommen habe ich immer einen Aphorismus von Kafka empfunden, der aus fünf scheinbar schlichten Sätzen besteht: »Es ist nicht notwendig, daß du aus dem Haus gehst. Bleib bei deinem Tisch und horche. Horche nicht einmal, warte nur. Warte nicht einmal, sei völlig still und allein. Anbieten wird sich dir die Welt zur Entlarvung, sie kann nicht anders, verzückt wird sie sich vor dir winden.«

Ob das Evidenzgefühl beim Lesen dieser Sätze sich durch Reflexion aufklären läßt? – Dunkel erinnere ich mich einer Bemerkung Prousts, daß Noah die Welt nie besser begriffen habe als in seiner Arche, als Nacht über den Wassern lag . . . Ein alter – und notwendiger – Dichterglaube: Die Welt wird gegenwärtig und sagt sich auf, wenn man ihr ganz ferne ist, wobei dieses Fernsein nicht Vergessen oder Gleichgültigkeit bedeutet, sondern fast Schmerz – Schmerz, der das Abgeschiedensein erfährt.

Ohne Zweifel gründet die Evidenz des Aphorismus' Kafkas in dieser Erfahrung. Aber es ist noch anderes im Spiele, fast ein Moment von Zauberei. Die Sätze Kafkas bilden den Zustand dessen, der in seinem Haus bleibt bzw. bleiben soll, rhythmisch nach: die fortschreitende Zurücknahme von Aktivität (»Horche nicht einmal, warte nur. Warte nicht einmal . . .«) vollzieht sich auch als suggestive Verminderung der sprachlichen Bewegung – wenn man die Sätze laut liest, hört man, wie die Bewegung allmählich verebbt, der Wellenschlag der Sprache unter dem Imperativ zur Stille allmählich leiser wird und zuletzt ganz verstummt (». . . sei völlig still und allein.«) Was die Sätze empfehlen, die Stille, lösen sie selber ein.

Das Ende des vierten Satzes (». . . sei völlig still und allein«) suggeriert indessen nicht nur Stille, sondern auch Spannung. Unterdrückt nämlich wurde vom ersten Satz an die sich aufdrängende Frage: warum, zu welchem Zweck es nicht notwendig sei, das Haus zu verlassen . . .

Der letzte, der offenbarende Satz verdankt sich dieser Dialektik von Stille und Spannung. Der plötzliche Andrang von Welt wird als Vorgang der Sprache realisiert: was sich dank der Stille und des völligen Alleinseins ereignen soll – daß die Welt sich offenbart –, ereignet sich als Sprache, die wie durch Zauberei ermächtigt jene Welt heranträgt, von der sie spricht: verzückt windet sie sich vor dem Einsamen. So scheint dieser Aphorismus Kafkas die Wahrheit, die er ausspricht, im Medium der Sprache zu verifizieren.

1. JULI Der erschreckend hohe Wahlsieg der Gaullisten. Damit er nicht, rückwirkend, das Vergangene auslöscht, lese ich wieder die Sätze, die mir ein Freund dieser Tage über seine Pariser Eindrücke schrieb:

»Ich war lange dort, während der aufregenden Ereignisse, von denen Sie wissen, jeden Tag und jede Nacht in der Sorbonne; es gäbe so viel darüber zu berichten, daß ich gar nicht wüßte, wo anfangen. Ganz sicher bin ich, daß die Dinge Sie ebenso ergriffen hätten wie mich. Das Gefühl, das man schon seit einiger Zeit hatte: daß es wieder eine Jugend gibt, die nicht bloß auf Promiskuität und Rauschgift aus ist, die von den wirklich wichtigen Dingen erfüllt ist, hat sich einem überwältigend bestätigt. Der Stolz und das Mißtrauen dieser Jugend, ihr Trotz, ihr unerbittlicher Haß gegen diese Gesellschaft, ihre Verachtung für die enorme Überzahl der Bürger, Bürokraten, Streber, Technokraten, Auto-Anbeter, Pop-Idioten, Russo-Amerikaner, Großmächtigen, Polizei-Sadisten, unter denen sie doch schließlich tagtäglich existieren, sind derart, daß es einem jetzt noch die Tränen in die Augen treibt, wenn man nur daran denkt. Ihnen gegenüber schäme ich mich nicht zu sagen, was jedem anderen lächerlich erscheinen müßte: Wenn ich heute sterben müßte, würde ich nicht mehr in dieser absoluten Verzweiflung über den Zustand der Welt sterben, von der man seit weiß Gott wievielen Jahrzehnten erfüllt war, sondern in Hoffnung. Was immer geschieht, ich *weiß* jetzt, daß diese Menschen sich nicht ersticken lassen werden. Ich habe sie gesehen, mit ihnen gesprochen, sie angehört . . .«

1969

Daß Damenhandtaschen wie Geschlechtsattribute wirken – irgendwo spricht, glaube ich, Freud darüber. Was sonst am Leib verborgen ist, stellt sich hier sozusagen ›exteriorisiert‹ dar: ein ›sac‹, den die Besitzerin etwa im Café neben sich auf den Stuhl stellt. Im übrigen eignet der Charakter des Verborgenen auch diesem veräußerlichten Attribut: man weiß nicht, was die Tasche alles birgt, man vermutet geheime und diskrete Dinge; auch scheint die Dame, die die Handtasche öffnet und darin etwas sucht, wie mit einer intimen Verrichtung beschäftigt.

12. FEBRUAR Im Flugzeug nach München; vor mir eine mit amerikanischem Akzent sprechende Dame, Opernsängerin, wenn ich recht verstanden habe, die eine Stunde lang fast ohne Unterbrechung mit ihrem Nachbarn spricht, den sie eben kennengelernt hat. Ein Phänomen, das mir immer ungeheuer merkwürdig ist und in das ich mich nicht einfühlen kann. Das Verblüffende besteht für mich darin, daß hier gleichsam ein vorbereiteter Text abgelesen, daß nie gezögert, nie erkennbar nachgedacht wird und vor allem: daß der Sprechende, auch wenn er von sich spricht, mit sich überhaupt nicht beschäftigt zu sein scheint. Was früher erfahren wurde und jetzt mitgeteilt wird, muß in solchen Menschen ganz genaue Engramme eingezeichnet haben – gespeicherte Informationen, die jederzeit abgerufen werden können.

Im übrigen weiß man, daß es redende Typen mit dieser Art Gedächtnis auf allen Intelligenz-Ebenen gibt: als rhetorischer Wissenschaftler, der immer alles parat hat, und, am anderen Ende, als gesprächige Urlauberin, der nach Jahr und Tag noch alle Namen von Bergen, Gasthöfen und Menüpreisen gegenwärtig sind. Manches spricht sogar dafür, daß diese anscheinend völlig mühelose Reproduktion der Erfahrung häufiger bei Menschen ohne kritische Reflexion sich findet: als reiner Daten-Abruf, bei dem kein Denken den Vorgang stört.

MITTENWALD, 14. FEBRUAR   Der erstaunliche, fast 15 Seiten lange Aufsatz von Paul Konrad Kurz über Hilde Domins Roman *Das zweite Paradies* in der Februarnummer der Jesuiten-Zeitschrift *Stimmen der Zeit*. Eine penible Interpretation, die zweifellos von der Absicht inspiriert wurde, dem von der Kritik entweder arg zerzausten oder ignorierten Roman Gerechtigkeit widerfahren zu lassen. Wobei sich allerdings wieder einmal zeigt, daß die sorgsamste Interpretation zur Klärung der Frage, welchen künstlerischen *Rang* das Werk hat, oft so gut wie nichts leistet. Kunstvolle Bezüge, mythologische Grundierung, ein relevantes Thema etc. –: all das kann aufgespürt werden, wobei die ergiebigen Funde und die zu leistenden interessanten gedanklichen Operationen dem Interpreten unablässig den Wert seines Gegenstandes suggerieren – und das Werk könnte dabei gleichwohl künstlerisch ganz problematisch oder eine taube Nuß sein.

Wahrscheinlich ist in der Regel die Interpretation nicht nur keine Vorbereitung für die Wertung – jedenfalls nicht die übliche akademische Interpretation –, sondern es führt auch von ihr gar kein direkter Weg zur Wertung. Es handelt sich um verschiedene Akte. Der Interpret überantwortet sich ganz dem Gebilde (mit Reminiszenzen: in dem Aufsatz von Kurz überrascht ein Aufgebot von Namen, das von Goethe bis zu Kafka und Ingeborg Bachmann reicht) und annulliert sich dabei als wertende Instanz. Umgekehrt setzt der Akt der Wertung gar nicht einmal voraus, daß alle Bezüge, Anspielungen etc. des Werks genau wahrgenommen werden. Wer die Qualität bestimmt, verästelt sich nicht im Gebilde; er deutet nicht aus, sondern fällt ein Urteil . . .

Urteile fällt gelegentlich auch Paul Konrad Kurz in seinem Aufsatz, so wenn er z. B. feststellt, daß eine gewisse Problematik der in den Roman einmontierten Informationen in der ›Auswahl‹ besteht (Hilde Domin hat nur Zitate aus dem *Spiegel* – über die NPD, die *Nationalzeitung*, den SDS – verwendet); die Montage selber wird nicht kritisiert, sondern ›verstanden‹ (»sie ironisieren, desillusionieren . . .«). Die Frage aber wäre, ob dieser Roman, der wesentlich Produkt einer erregten subjektiven Sensibilität ist, solche Zitate überhaupt zuläßt, in denen von den harten Fakten des *öffentlichen* Lebens die Rede ist. Und diese Frage müßte man wohl verneinen: ein zartes Spinngewebe wird durch Pflastersteine weder »ironisiert« noch »desillusioniert«, sondern im Nu zerrissen. Dergleichen muß unmittelbar erfaßt werden; alle Apologie ist ein Irrtum.

MITTENWALD, 17. FEBRUAR   Beim Spaziergang durch den Ort: ein kleiner Junge, der in der Sonne auf einer Türschwelle sitzt und von einem wahrhaft abscheulichen Hustenanfall geschüttelt wird; ein anderer, fünf oder sechs Jahre alt, ruft ihm aus einiger Entfernung durch die kalte Winterluft zu: »I bin scho mei ganzes Leben lang alleweil krank gwesen.«

MITTENWALD, 18. FEBRUAR   Die Föhnstimmung am Abend: das stählerne Blau über dem Karwendel-Massiv: die Schneefelder, deren Glanz, wie der von Satin auf alten Gemälden, sich unablässig zu erneuern scheint. Der eisige Wind, der durch das Tal fegt.

MITTENWALD, 19. FEBRUAR   Die kritischen Arbeiten, die ich über Solschenizyns *Ersten Kreis der Hölle* gelesen habe, scheinen mir gewisse Aufschlüsse, die uns dieser Roman gibt, nicht genügend zu würdigen. Ich denke z. B. an die Stalin-Episode: bis zu der Szene, in der Stalin auftritt, bleibt es unverständlich, wie es zu den Konzentrationslagern, den grundlosen Verhaftungen und Verurteilungen kommen konnte, es fehlt das ›Motiv‹. Ein solches liefert uns Solschenizyn in der erwähnten Szene (ob es zur Erklärung ausreicht, ist eine andere Frage): indem er Stalin als paranoischen Menschen darstellt, als »Überlebenden« (im Sinne von Canettis Untersuchung *Masse und Macht*), der das Gefühl unablässiger Bedrohung bannt, indem er die Menschen, von denen jeder ein potentieller Mörder sein könnte, unschädlich macht.

Freilich dürfte die Reflexion hier nicht halt machen. Zu untersuchen wäre, inwieweit und kraft welcher Mechanismen der Herrscher innerhalb eines solchen Systems der Unterdrückung selber der *Gefangene* dieses Systems wird, das ja von einem bestimmten Zeitpunkt an als relativ autonomes funktioniert. Wie Solschenizyn in seinem Roman Stalin schildert, wird dieses Zwanghafte unmittelbar evident: als Zwang zur Reproduktion der Furcht, die er verbreitet, und als Zwang zur Reproduktion des eigenen Namens und Ruhms . . .

Zu fragen wäre ferner, ob die Existenz eines solchen Systems einen Paranoiker voraussetzt, oder ob es den Paranoiker erst hervorbringt. Kafka in seinem *Bau* hat uns gezeigt, daß geschlossene Systeme verletzlich sind oder vielmehr: daß ein solches System in jenem, der es bewohnt und beherrscht, fast notwendigerweise das Gefühl für die Verletzlichkeit des Systems und damit der eigenen Existenz erzeugt. Die Tatsache, daß das Tier der Kafkaschen Erzählung ein System von Gängen, Plätzen, Vorratsräumen angelegt hat, scheint zu beweisen, daß in ihm von vornherein das Gefühl für die Bedrohung stark war. Wahrscheinlich verdankt sich also das System der Angst vor Gefahren, steigert aber auch zugleich diese Gefahren, da natürlich ein ausgebreitetes und kunstvolles System – im Gegensatz zu einer nomadischen Lebensform – distinkte Angriffspunkte bietet und somit gefährdeter ist.

Höchst bemerkenswert auch in Solschenizyns Roman die Einstellung der Häftlinge zu ihrer Gefangenschaft, zur absoluten Willkür und Gesetzlosigkeit der Verhaftungen: die Empörung, die der Leser empfindet, teilen sie keineswegs in gleichem Maße. In einem Gewaltsystem, das lange dauert, kann sich angesichts der Faktizität und weil es keine Vergleichsmöglichkeiten gibt, das Bewußtsein der ungeheuren Gesetzlosigkeit nicht rein erhalten. Auf irgendeine Weise müssen sich die Menschen, wie andere mit einer Krankheit oder einem grausamen Klima, auch mit dem Terror und der Willkür abfinden. Eine Art von Akkommodation, die ein außerhalb des Systems Lebender kaum begreifen kann.

MITTENWALD, 21. FEBRUAR   Die Aachener Familie im Hotel: wie dieser grauenvolle Dialekt sich gleichsam selber auskostet, wie er die ihn Sprechenden ›trägt‹ und wie diese sich damit mühelos die Welt in ihr Idiom übersetzen, so daß sie gar nicht aus sich herauszutreten scheinen – wenn man ihnen zuhört, hat man den Eindruck, sie seien eigentlich gar nicht hier, sondern bei sich zu Hause.

Ob je versucht worden ist, den Charakter von Dialekten in Beziehung zu setzen zu dem Charakter der Landschaften, in denen die Dialekte gesprochen werden? – Das Helle, so gänzlich Entdämonisierte des Berliner Jargons – und der Boden, auf dem die Stadt steht: Sand, ohne Schwere, ohne Dunkelheit; die flache, überschaubare Landschaft . . . Reizvoll übrigens, in diesem Zusammenhang fällt es mir wieder ein, das Gespräch zwischen dem Berliner Friedrich Luft und dem Österreicher Helmut Qualtinger vor einiger Zeit im Fernsehen. Hell der Berliner mit seinen Fragen, seinen Anmerkungen, umgänglich, gleichsam eine aufgeweckte und gewitzte Oberfläche; schwer und abgründig der andere, wenn er die Fragen sich anhörte; noch sein Schweigen war dunkel. Wenn er antwortete, schien sein Witz aus jener Tiefe zu kommen, der sein Körper und sein Gesicht ihr Massiges, Lastendes verdanken.

BERLIN, 23. FEBRUAR Mittags in der Gaststätte des Münchener Hauptbahnhofs, bevor ich zum Flughafen fuhr. Ein strahlender Tag. An meinem Tisch ein Nicht-Münchener und ein Urmünchener, alte Bekannte offensichtlich. Der erste freundlich-kommunikativ zum anderen: »Ein schöner Tag heute, was?« Der andere, über seinen Sauerbraten gebeugt, schweigt lange; endlich, mißbilligend: »Ja – wenn man draußen wär!«

Paul Celan im Fernsehen: ich konnte nicht finden, daß die Gedichte durch den Vortrag sich stärker mitteilten als beim stillen Lesen; eher war das Gegenteil der Fall. Spürbar wurde, daß das Wort dieser Gedichte kaum Fleisch hat, keine unmittelbare sinnliche Kraft und Wirkung.
   Das Gesicht Celans wurde mir nicht recht lesbar. Merkwürdig nur, wie dem stark Zerebralen des Gedichts eine im physiognomischen Gesamteindruck ungeheuer dominierende Stirn entspricht. Die großen, aufblickenden, nicht eigentlich ›sehenden‹ Augen und ein voller (nicht kräftiger) Mund, der dem spirituellen Wort seine Sinnlichkeit anbietet und leiht . . .

Zum Denken begabt sein setzt voraus, daß man Sinn für deutlich Unterschiedenes hat (und für die Relationen zwischen dem Unterschiedenen); man könnte im Hinblick darauf von einem inneren topographischen Organ sprechen. Fühlt jemand sich mehr ›zu Hause‹ in einem – gefühlsmäßig erfaßten – Ensemble (im ›Klima‹ einer Landschaft, in der Dämmerung, in der die Gegenstände verschwimmen), ist dies für das Denken abträglich: das Distinkte wird eher als feindselig empfunden und das Denken kommt nicht in Gang, weil es keine Ansatzpunkte findet.

Die kluge und anmutige Studentin, die mich neulich in der Redaktion besuchte und die ich nach einem längeren Gespräch fragte, welches der Schriftsteller-Porträts an der Wand sie am meisten beeindrucke. Ich glaubte sofort zu spüren, daß kein Gesicht besonders zu ihr sprach; als ich sie etwas bedrängte, sagte sie von Virginia Woolf: »Sie sieht so vertrocknet aus.«

Was nun freilich eine fast völlige Blindheit für Physiognomisches verriet (oder die Unfähigkeit, physiognomische Eindrücke sprachlich wiederzugeben): für das ungeheure Preisgegebensein dieses Gesichts von Virginia Woolf und den an ihm ablesbaren Schmerz – fast möchte man sagen, daß hier, auf diesem Gesicht, alle Erfahrung *als Schmerz* sich darstellt, oder als sei hier Sensibilität so über alle Maßen gesteigert, daß das Dasein als unablässiger lautloser Terror empfunden wird. Noch einen winzigen Schritt weiter, und die Unmöglichkeit des Lebens ist vollkommen; aber eigentlich ist auch dieser Schritt schon getan: dieses Gesicht lauscht auf die unabweisbare Kunde von dieser Unmöglichkeit . . .

Manche Schriftsteller haben das Glück, daß die Klischees, die sie ohne viel Skrupel verwenden, der Wirklichkeit entsprechen. Eine Art prästabilierte Harmonie.

Es scheint mir sehr die Frage zu sein, ob es wirklich eine ›angemessene‹ Sprache für die ›sexuelle Aufklärung‹ gibt. Daß die harmlose Einführung, die mit der Befruchtung der Blumen beginnt und schüchtern und ungenau dann sich den Tieren und Menschen zuwendet, den gewünschten Effekt oft nicht erreicht, ist außer Frage. Auf andere Weise problematisch ist die »Ingenieursprache«, gegen die der Psychologe Helmut Kentler unlängst in der *Zeit* (vom 7. Februar) polemisierte. Er zitiert aus einem der, wie er sagt, vernünftigsten Aufklärungsbücher (von Sten Hegeler) folgende Beschreibung, die eine Mutter ihrem Kinde geben sollte: »Eines Tages, als wir uns sehr liebhatten, hat der Vater sein Glied in meine Scheide gesteckt. Da kamen die Samenfäden aus seinem Glied und schwammen zu dem kleinen Ei in meiner Höhle . . .«

Kentler zitiert dazu den vorwurfsvollen Ausruf eines solchermaßen aufgeklärten Kindes: »Das ist aber gar nicht schön. Da finde ich das mit dem Klapperstorch viel schöner.« Und fügt, die Sprache des ›Aufklärers‹ kritisierend, hinzu: »Nichts wird ihnen (den Kindern) gesagt von den Empfindungen und Gefühlen, von der Bewegtheit und Lust der Eltern . . .«

Aber der Zweifel ist erlaubt, ob diese »Empfindungen und Gefühle« wirklich vermittelt werden können (der Hinweis des Psychologen auf die sexuellen Empfindungen des kleinen Kindes ist kaum überzeugend; auch scheint es problematisch, ob die frühkindliche Onanie dem Kinde selber so deutlich zu Bewußtsein gebracht und zum Verständnis der Sexualität der Erwachsenen benützt werden sollte). Im Grunde handelt es sich hier um ein allgemeines Sprach- oder Übersetzungsproblem: wie nämlich ein Geschehen, das einem ekstatischen Zustand entspringt, einem nicht ekstatischen, einem nüchternen Zuhörer dargestellt werden kann. Da dies in sachlicher Sprache eigentlich nicht möglich ist und die »Empfindungen« so nicht wirklich mitgeteilt werden können, reduziert sich das Ganze auf die Vermittlung des ›technischen‹ Vorgangs, der *als solcher* nicht nur für das Kind, sondern eigentlich für jeden nüchternen Außenstehenden etwas Befremdliches, um nicht zu sagen Ridiküles hat: wie für einen Nüchternen das Torkeln und Lallen eines Betrunkenen. (»Die Gefühle sind ja sehr schön und wirklich erhebend, aber die Bewegungen, die sind einfach lächerlich . . .«: die Auskunft eines Schweizer Jünglings, der zum ersten Mal mit einem Mädchen beisammen war. Darstellen aber lassen sich eben in sachlicher Aufklärungsrede nur die ›Bewegungen‹ . . .)

Daß bei der ersten Begegnung mit einem Menschen dieser sich sogleich in einer für ihn typischen Verhaltensweise darstellt, auch wenn die Begegnung ganz zufällig ist: diese merkwürdige Erfahrung kann man nicht selten machen. Mir erging es beispielsweise so mit Hermann Hesse: als ich vor Jahren, kurz nach Hesses 80. Geburtstag, in Montagnola war, rief ich ihn nach einigem Zögern (ich hatte früher einmal recht kritisch über sein mich langweilendes *Glasperlenspiel* geschrieben) von einer Bar aus an. Sofort kam das Gespräch auf den Geburtstagsartikel von Martin Buber, der kurz zuvor in den *Neuen Deutschen Heften* (deren Mitherausgeber ich damals war) gestanden hatte: alle Welt, so ließ sich die nörgelnde Stimme vernehmen, spricht von diesem Artikel, und ich selbst hab ihn noch nicht gesehen. Können Sie mir ein Heft schicken? Kann ich 20 Sonderdrucke haben? – Als ich drei Tage später nach Berlin kam, fand ich schon eine Karte Hesses vor, mit der er mich an mein Versprechen erinnerte.

Daran mußte ich bei der Lektüre des jetzt erscheinenden Briefwechsels zwischen Hermann Hesse und Peter Suhrkamp denken.

Wie erbost sich da Hesse über jedes Gedicht, das nach 1945 unerlaubt von einer deutschen Zeitung nachgedruckt oder vom Rundfunk gesendet worden ist, wie wird da diese zumeist gar nicht böswillige, sondern aus der Not geborene Praxis als Zeichen für die Korruption in deutschen Landen gedeutet. »Ihr dort drüben«, schreibt er einmal voll Zorn, »seid immer die Stärkeren gewesen, auch noch im Elend.«

Dies in einer Zeit, da das Elend in Deutschland wahrhaft ungeheuer und die Schwierigkeiten des Verlegers Suhrkamp immens waren. Der abseits – und schön – im Tessin lebende Dichter hingegen, und dies war seine Stärke und seine Schwäche zugleich, insistierte auf seinem eigenen Unglück (den Beschwerden des Alters, seiner organischen und seiner medizinisch kaum faßbaren Krankheit). So brachte er es fertig, dem durchs KZ hindurchgegangenen Suhrkamp zwar die Erfahrung des »Fegefeuers« zuzugestehen, sich selber aber die »Hölle« vorzubehalten und in einem Brief (vom 15. Januar 1947) den patronisierenden Satz zu schreiben: »Die Hölle, in der ich seit etwas mehr als zwei Jahren ohne Pause lebe, ahnen Sie dennoch nicht, mein guter Suhrkamp.« Wozu einem noch die Verzweiflung einfällt, mit der in diesem Band – und auch in einem Brief an Thomas Mann – Hesse von den Menschen berichtet, die unablässig um sein Haus »schleichen« und ihn besuchen möchten. (Als ich damals nach dem Telefonat in Montagnola sein Haus mir noch ansah, musterte mich die eben heimkommende Ninon Hesse so mißtrauisch, als hätte ich gerade silberne Löffel gestohlen.)

Gut kommt in den Briefen das Eigensinnige Hesses heraus, die Unabhängigkeit seines Charakters und Urteils; mir am liebsten seine ingrimmige Ironie, wenn er etwa von dem Schmähbrief »eines an George erzogenen deutschen Edeljünglings« berichtet oder wenn er von den Ärzten schreibt: ». . . wenn sie auch wenig für den Patienten übrig haben, so lieben sie doch ihre Technik sehr, und triumphieren, wenn sie einen beinah Toten noch einmal zurück kitzeln können.« Wahrscheinlich war der Mensch Hesse origineller als der Schriftsteller, der seit langem, so scheint es, auf die Weise veraltet, wie es boshafterweise Nietzsche von Schiller behauptet hat: daß er zunehmend nur noch von sehr jungen Menschen gelesen und geliebt wird . . . Der Zwiespalt zwischen Geist und Sinnlichkeit, dem sich so viele Erzählungen Hesses verdanken, interessiert nur mehr wenig; auch dürfte der ›Weg nach Innen‹, den Hesse ging und empfahl, einer jüngeren Generation, die nicht mehr das Individuum, sondern die gesellschaftlichen Zusammenhänge studiert, als Irrweg oder Sackgasse erscheinen. Diesem Prozeß allmählichen Vergessens aber wirkt die im Vorjahr erschienene Korrespondenz mit Thomas Mann und auch dieser Briefband entgegen; beide regen dazu an, ein zum Klischee verkommenes Bild dieses Schriftstellers zu revidieren.

Vom privaten Leben Peter Suhrkamps wird in diesen Briefen, die in erster Linie Briefe eines Verlegers an seinen Autor sind, wenig sichtbar; aber dieses wenige bewegt. Im ersten Brief vom November 45 schreibt er: »Immerhin arbeite ich jetzt wieder, und mehr denn je und klarer denn je steht meine Aufgabe vor mir.« Der unwiderrufliche Entschluß eines Menschen, der sich einem strengen Dienst weiht. Wobei ›Dienst‹ hier mehr ist als nur unermüdliche Arbeit und Pflichterfüllung, sondern etwas vom Charakter des Abenteuers hat: ein beharrliches Vorrücken bis an jene Grenze, wo der Dienst das Menschliche verzehrt und jenseits der Arbeit der Bereich einer beklemmenden Einsamkeit beginnt. Ein Mensch nicht ohne Geheimnis, nicht ohne Dämonien – Max Frisch schrieb einmal von Suhrkamps »Drang nach Selbstgefährdung«. (In einem Brief an Hesse aus dem Jahre 1954, in dem von dem »Bewußtsein seiner Einsamkeit« die Rede ist, heißt es einmal: »Du berührst hin und wieder meine Dir unverständliche Lebensart, daß ich daran arbeite, mich kaputt zu machen. Du solltest wissen, daß es der Ausfluß dieses Nichtgenügens ist, ein Rasen gegen Anspruch und Verzicht.«)

Vor einiger Zeit besuchte mich ein jüngerer Mann, der mir Gedichte zeigen wollte, in der Redaktion; das Gespräch kam auf die Wahl Heinemanns zum Bundespräsidenten. Da wendet sich Heinemann, so empörte sich mein Besucher, gegen das Prestige-Denken, und dann sieht man im Fernsehen, wie er sich von seinem Chauffeur die Wagentür aufmachen läßt! – Diese Bemerkung, dumm wie sie ist, hat zugleich etwas Erschreckendes, zumal wenn sie mit so viel Selbstsicherheit vorgebracht wird: weil dieser Angehörige einer aufbegehrenden Generation nichts mehr konzedieren will, weil er so rigoros seine – utopischen – Forderungen an die Welt vorbringt . . .

Wozu es paßte, daß mein Besucher nicht nur dem Zwang eines Berufs sich entzogen hat, sondern daß er auch in seinen Gedichten, die ich mit ihm zu diskutieren hatte, bewußt die Konkretion vermeidet und sich im relativ Allgemeinen hält: frei auch hier von den Zwängen und Verpflichtungen des ›Materials‹ und nicht gewillt, jenen Preis zu zahlen, der für jede künstlerische Realisation zu entrichten ist – man will Literatur machen, ohne deren Voraussetzungen zu akzeptieren.

Über den Kritiker Günter Blöcker habe ich oft nachgedacht: über die unbestreitbare Sicherheit und Brillanz seiner Formulierung, seine mir nicht immer einsichtigen Urteile (warum er beispielsweise Henry Miller feiert, während er sich bei anderen ›freimütigen‹ Autoren zuweilen eher prüde zeigt); vor allem aber darüber, warum seine Rezensionen mich nie neugierig auf die von ihm besprochenen Bücher machen. Manchmal kommen mir seine Rezensionen wie glatte, polierte Steine vor: irgendwie zu perfekt – kein Problem bleibt offen und regt zum Nachdenken an, die Rechnung des Kritikers geht immer auf. Auch scheint mir sein Hang zum Mythos, zur Tiefe und den ›Urvokabeln‹ in Widerspruch zu stehen zu seiner eigenen Existenz, die sich in seinen Texten nicht nur ganz ohne Dunkelheit darstellt, sondern eigentlich überhaupt nicht. Nur der Urteilende wird sichtbar, niemals der Mensch. Und dem entspricht es, daß in den Rezensionen auch die Literatur wie eine von der ursprünglichen Erfahrung abgehobene Sphäre erscheint und der Kritiker sich am Prozeß der Kreation uninteressiert zeigt. Wozu es wiederum paßt, daß Günter Blöcker das Diktum von Karl Kraus, der Kritiker solle keine Autoren kennen, wie kein anderer beherzigt und als Person fast so unbekannt ist wie seinerzeit Traven . . .

Aber was man auch immer gegen Günter Blöcker einwenden könnte: gegen Peter Hamm (›Der Großkritiker. Literaturkritik als Anachronismus‹ in dem Hanser-Bändchen *Kritik/von wem/für wen/wie*) müßte man ihn in Schutz nehmen, falls dies überhaupt notwendig wäre. Mit dem Begriff »Großkritiker« hat sich Hamm einen Popanz aufgebaut, gegen den zu polemisieren sich kaum lohnt. So wenn er im Hinblick auf Blöcker und Reich-Ranicki feststellt: »Die Autorität des Kritikers ist so groß geworden, daß sogar viele Autoren schon beim Schreiben den Kritiker vor Augen haben, der einmal über sie entscheiden wird, die Art der Konsumtion entscheidet da bereits über die Produktion.« Was der bare Unsinn ist und nur diktiert von dem Verlangen, Literatur als Ware auf einem Markt zu verstehen, den angeblich der Kritiker reguliert.

Im übrigen wäre anzumerken, daß Blöckers Rezensionen zwar seit Jahr und Tag in einigen großen Tageszeitungen wie *SZ* und *FAZ* erscheinen, daß er als Kritiker aber trotzdem nie »Autorität« besaß; jedenfalls nicht bei den Schriftstellern.

Am Rande sei vermerkt, daß Hamm in seinem Aufsatz es Blöcker – und anderen Kritikern – zum Vorwurf macht, daß er sich auf anspruchsvolle Romane beschränkt und die osteuropäische wie auch die Trivial-Literatur links liegenläßt. Wieder ein Vulgärmarxist, der die Arbeitsteilung verurteilt – während doch sein eigener Aufsatz ihn darüber belehren könnte, wie weit man kommt, wenn man schneidig über Dinge schreibt, über die man zu wenig nachgedacht hat.

Angeregt wurde meine Reflexion über den Kritiker Blöcker durch seine Besprechung des Romans *Die Messe* von Günter Herburger im Literaturblatt der *FAZ* (vom 25. März). Man kann, glaube ich, die Schwächen dieses Romans, der alle Arbeitsprozesse bravourös beschreibt und ansonsten kaum etwas zu sagen hat, nicht genauer erfassen, als Blöcker das tut. So wenn er beispielsweise feststellt: »Vor Herburgers fundamentaldemokratischer Feder ist alles gleich, für sie gibt es nur Anlässe erster Ordnung, vom Geschirrspülen über das Aufwärmen von Ravioli bis zum sachgerechten Verputzen einer Vorhangschiene.« Oder wenn er im Hinblick auf den Helden Hermann Brix sagt: »Er ist in dieser Potpourri-Konzeption kaum mehr als der Mann, der auf den Knopf drückt, um jeweils einen neuen Schauplatz in Günter Herburgers Weltpanorama erscheinen zu lassen.« Auch treffen Formulierungen wie »sinnfreie Faktizität«, »Faktenvöllerei« oder »Akkumulationstalent« sehr genau ins Schwarze – eine Kunst, die man nicht geringschätzen sollte.

Was Herburgers Roman selber betrifft: er scheint von einem Menschen geschrieben, der sich zu gut auskennt und auch dann sein Wissen an den Mann bringen will, wenn überhaupt niemand vorhanden ist, der informiert werden möchte. Ein Beispiel unter zahllosen, das ich mir bei der Lektüre notiert habe: beschrieben und aufgezählt werden Geweihe, die in einem Schloß hängen (»Spießer, Schaufler, Löffler . . .« – immer weiß Herburger das genaue Wort), und schon das wäre mehr als genug. Nicht jedoch für den Autor, der uns noch die folgende sachkundige Mitteilung macht: »Mißbildungen wie Perücken- und Hüttenrauchgeweihe, die durch Verletzungen oder Verkümmerungen der Geschlechtsorgane entstehen, wurden über den Türstöcken befestigt.« Wer will das wissen – und welche Funktion hat eine solche Mitteilung im Kontext des Romans?

Natürlich wäre es denkbar, daß Günter Herburger in seinem Roman absichtlich darstellen wollte, daß unsere Welt vollgepackt ist mit Waren, Geräten und Plunder, mit funktionierenden Apparaten und dazu noch mit einem Bewußtsein, das dem gegenwärtigen Zivilisationsstand entspricht und jederzeit Bescheid weiß. Auch Günter Blöcker bedenkt in seiner Rezension eine solche theoretisch mögliche künstlerische Absicht, deren Gelingen er jedoch mit den Worten verneint: »Wird man mit dem Monströsen fertig, indem man es im heiteren Selbstgenuß eines glücklichen verbalen Talents als etwas Monströses abspiegelt, statt es durch kritische Darstellung, durch erzählerische Analyse, durch gezielten Ausdruck zu überführen? Wir glauben es nicht.«

Womit der Kritiker nun freilich doch wohl zu weit geht, indem er der Literatur eine Aufgabe zuweist, die sie nicht unbedingt als die ihre ansehen muß: »fertig werden« in diesem Sinn muß oder will die moderne Literatur mit der Welt nicht – hier verrät der Kritiker seinen Glauben an eine Literatur, die eine heillose Welt ins Heile denken soll; glaubt er noch an eine Literatur, welche, unbetroffen vom Verhängnis, die Welt ihrer Verderbtheit überführen könnte . . . Eine Theorie, die nun einen letzten kritischen Blick auf Günter Blöcker ermöglicht: besteht seine Gefahr – oder Versuchung – nicht darin, daß er das Bewußtsein des Kritikers, der als Urteilender intakt sein muß, mit dem Bewußtsein des Schriftstellers identifiziert und verwechselt? Rührt seine Sicherheit und problematische Perfektion als Kritiker nicht davon her, daß er, bei aller Hinwendung zum literarischen Objekt, doch immer ›bei sich‹ bleibt und niemals in die dunklen oder trüben Gewässer eintaucht?

Bei einer Einladung erwähnt jemand beiläufig, daß die Leute im Theater so oft an den »falschen Stellen« lachten: bei primitiver Komik oder auch, wenn es im Grunde überhaupt nichts zu lachen gebe, während sie auf sublimere Ironie oder Witz oft nicht reagierten. – Eine Erfahrung, die man immer wieder machen kann und die einen auf den Gedanken bringen könnte, das Theater werde heute von einer negativen Auslese frequentiert. Nur ein junges Mädchen,

Oberschülerin, widersprach grundsätzlich: niemand könne entscheiden, ob an einer bestimmten Stelle zu Recht gelacht werde oder nicht – mit schwachen Argumenten, aber hartnäckig bestritt sie die Möglichkeit eines solchen Urteils.

Eine ›fundamentaldemokratische‹ Ansicht auch dies: alle Reaktionen und Urteile sind gleichen Ranges, es gibt keine kritische Instanz. Das Merkwürdige daran ist, daß eine solche Ansicht, die früher nur dem Unverstand zugeschrieben worden wäre, heute eine Zeittendenz reflektiert, der man allenthalben begegnen kann. So wenn anläßlich der letzten Documenta-Ausstellung ein Kritiker in der *Zeit* ohne kritische Stellungnahme konstatierte, früher sei unter dem Gesichtspunkt der *Qualität*, diesmal unter dem der *Aktualität* ausgewählt worden. Wahrscheinlich wäre auch in der heute beliebten Totsagung der Kritik (»Welche? Die bürgerliche, die herrschende«) neben anderem dieser Impuls aufzuspüren: mit der falschen soll auch die kritische Autorität abgeschafft werden, die in gleicher Weise wie jene als Zwang empfunden wird.

Zu denken, daß hier wirklich ein wahrhaft ›fundamentaldemokratischer‹ Impuls vorhanden ist und sich ausbreitet; zu denken auch, welche vitalen Interessen hier am Werk sind, welche die kritische Instanz zum Verschwinden bringen wollen . . .

Nachdem ich den ganzen Tag und den Abend mit Menschen beisammen war, kehre ich nachts zu John Updikes Roman *Auf der Farm* wie ein Durstender zu einer Quelle zurück – und stoße auf den Satz: »Wie schön Wasser ist! Nichts, weder das Stillen der Lust noch das Sichten von Land, befriedigt ein tieferes Wesen in uns als das Löschen des Durstes.«

Kein bedeutender, aber ein sympathischer kleiner Roman, in dem der Autor glücklicherweise seinen Hang zu mythologischer Überhöhung besser unter Kontrolle hat als in dem Roman *Der Zentaur*, den ich zuletzt von ihm gelesen habe (wenn auch die Mutter des Helden, die er mit seiner Frau auf ihrer Farm für ein Wochenende besucht, schon ein bißchen wie eine ›Erdmutter‹ angelegt ist). Was ich liebe, ist Updikes Neigung zum konkreten sinnlichen Detail: »Gegen Mittag begann der Himmel, gleichsam ermattend, luftigen, bläulich durchsichtigen Wolken Raum zu geben . . . Das grüne Heu nahm einen öligen Ton an, als kleine Wolken, eine um die andere, es in Schatten tauchten . . .« Wobei ich mich manchmal frage, aus welchem Grund mich diese genaue Anschaulichkeit so mit Lust erfüllt und aus welchem anderen Grund andere Leser bei solchen Schilderungen nicht die gleiche Freude empfinden.

Vielleicht muß man ein gebrochenes Verhältnis zur Welt haben, um ihre Auferstehung in der Sprache zu begrüßen: ihre Auferstehung ohne das Bedrängende, das sie als wirkliche hat; ihre Verwandlung in ein Immaterielles, wobei sie abwesend ist und dennoch gegenwärtig . . .

Ein paar Frauen, neben einem Zeitungskiosk stehend, die sich über »Schnittmuster« unterhalten: die penetrante, quäkende Stimme der einen mit undefinierbarem Dialekt, die von der Herstellung solcher »Schnittmuster« erzählt und was man damit verdienen kann (ihre Tochter lernt das), die beiden anderen, auf dicken Stempelbeinen stehend, die dem Gewäsch mit der bewußtlosen Geduld von Kühen zuhören – und am westlichen Himmel eine blaugraue Wolkenwand, während, wie seit Tagen, Polarluft einströmt, in den ausgehängten Zeitungen wühlt und die »Schnittmuster« der vielleicht doch leicht sächsischen Stimme nicht hochwirbelt und in den fast winterlichen Himmel davonträgt . . . und zu Hause dann einen Satz, irgendeinen, aus dem Aufsatz von Peter Schneider im *Kursbuch* (16): »Nachdem die Bourgeoisie in ihrem Bedürfnis nach einem stets ausgedehnteren Absatz für ihre Produkte um die ganze Erdkugel gejagt ist . . .« – und ich denke, wie schon manchmal, an das Befreiende, Entlastende einer solchen Betrachtung, die von den miesen Konkretionen der Welt absieht, um sich dem Klassenkampf und der Kulturrevolution zuzuwenden in der festen Überzeugung, daß der »Kapitalismus reif für seine Beseitigung« ist . . .

Das studentische Milchgesicht mit Vollbart gestern abend auf einer Party, und schon war, als ich mich zu der Gruppe gesellte, von der Konsumgesellschaft heute die Rede, wurde der erzwungene »Triebverzicht« beklagt und die Forderung nach »erfüllter Arbeit« erhoben, welche in der heutigen Gesellschaft nicht möglich sei – die Uniformität der Anschauungen und des Vokabulars der jungen Leute ist erstaunlich, und einen Augenblick lang hatte ich den Eindruck, diese Sprache ist wie Dünnbier, das man auf Flaschen gezogen hat. Aber da man selber sein Leben lang an diesem Problem laboriert und zumal das Verhältnis zur Arbeit immer heikel geblieben ist, erkundigt man sich, was man sich unter »erfüllter Arbeit« vorzustellen habe und wie sie etwa für den Arbeiter am Fließband aussehe, und da die Antwort mehr als dürftig ausfällt, beginnt man, schon ohne Überzeugung und im leichten Alkoholdunst, von der Arbeit zu palavern, die als solche, wenn sie etwas anderes ist als nur beiläufige Beschäftigung, immer weit weniger Befriedigung abwirft, als man sich dies wünschen möchte, fragt mit schon schwerer Zunge noch einmal nach dem Sinn von »erfüllter Arbeit« und gibt nach wieder unbefriedigender Auskunft dem jungen Vollbart unterderhand zu verstehen, daß er vermutlich mit Arbeit im strengen Sinne noch kaum nähere Bekanntschaft gemacht haben dürfte, und Horst Krüger kommt hinzu und erklärt, als wiederum die Befriedigung der Triebe aufs Tapet gebracht wird, mit schöner autoritativer Sicherheit, daß Solidarität von Menschen unendlich wichtiger sei als diese postulierte Triebbefriedigung – und hat dabei fortwährend das Gefühl vollkommener Vergeblichkeit: weil die Ansichten des übrigens gar nicht aggressiven jungen Mannes überhaupt nicht – oder nur zum geringsten Teil – Ergebnisse seines Denkens sind, sondern übernommene Meinungen eines Kollektivs, nämlich seiner Generation, mit der er sich in einer Weise solidarisiert, von der man sich als Einzelgänger kaum eine zureichende Vorstellung machen kann.

Aber wäre es nicht trotz allem möglich, daß in diesen Ansichten die Zukunft sich ankündigt: stammelnd und ungar, eben weil sie noch nicht da ist? Eine Zukunft, charakterisiert durch totale Automation, welche stumpfe Arbeit wirklich überflüssig macht, und durch einen Überfluß an Gütern, der das Ethos von Verzicht und Askese nicht mehr braucht . . . Vielleicht muß man sich entschließen, manche Meinungen von Menschen anders zu sehen – primär nicht als Resultat der Reflexion, obgleich sie als solche ausgegeben und von dem Betreffenden so verstanden werden, sondern als ›Vorschein‹ der Zukunft: was auf jeden Fall kommen wird, taucht vorerst als Meinung und Postulat auf und ist eben aus diesem Grund rational kaum angehbar.

Ein Vorgang, der animalische Entsprechungen hat. Die Zugvögel fliegen fort, weil die Zukunft der Winter ist; könnten sie ihr Tun rationalisieren, würden sie wohl nicht von der Zukunft reden, sondern eine Analyse der Gegenwart geben und ihr Fortfliegen so begründen . . .

Ich frage mich, warum ich bei Menschen dies etwas verachte. Vielleicht, weil ich bewußtlosen Gehorsam – hier dem Leben, der Zukunft gegenüber – verachte.

Wenn gescheite Frauen über Bücher, Geschichte oder Politik sprechen, hört sich das manchmal an, als sei von Haus und Garten die Rede: man spürt keine Anstrengung der Reflexion, die Gegenstände, auch die geistigen, sind ›zuhanden‹ und das Problem, wie man überhaupt aus sich heraustreten und der Objekte habhaft werden kann, scheint sich nicht zu stellen.

Im übrigen läßt sich diese Beobachtung natürlich nicht *nur* an Frauen machen. Merkwürdig war mir zum Beispiel immer, wie leger etwa Walter Höllerer von diffizilen Problemen der Lyrik oder des Romans sprechen kann. Hörte man nicht genau hin, konnte man immer glauben, es sei davon die Rede, wie man eine Schleuder macht oder wohin in den Ferien gefahren wird – das jungenhafte Verhältnis zur Welt wurde in der späteren Beschäftigung mit geistigen Dingen beibehalten.

Mit Verspätung lese ich die Rezension des Herburger-Romans *Die Messe* von Reich-Ranicki in der *Zeit* (vom 4. April). Wie gut gelaunt und auf der Höhe sich ein Kritiker zeigt, wenn er ein Buch verreißen kann. Wobei sich in Reich-Ranickis Besprechung wirklich einige bemerkenswerte Feststellungen finden, z. B. wenn er von der Neigung zum Infantilen und Pubertären bei vielen deutschen Erzählern der letzten Jahre spricht und dann zu der ironischen Feststellung kommt: »Damit mag auch zusammenhängen, daß in der neuesten deutschen Epik unaufhörlich masturbiert wird. Übrigens scheint mir das auffallende Interesse für die Onanie das einzige Element zu sein, das die Schriftsteller der ehemaligen ›Kölner Schule‹ – Brinkmann, Seuren, Wellershoff und nun auch Herburger – immer noch miteinander verbindet.«

29. APRIL   Die *Frankfurter Rundschau* berichtete dieser Tage, auf wie abscheuliche Weise Adorno daran gehindert wurde, seine Vorlesung zu halten. Ein von der ›Basisgruppe Soziologie‹ (dem SDS nahestehend) inszenierter Terror, weil seinerzeit Adorno zusammen mit v. Friedeburg das besetzte Institut hatte räumen lassen; eine ›Abrechnung‹ mit dem früher Bewunderten, weil dieser zu keiner

Zeit gesonnen oder fähig war, den Weg von der Theorie und Kritik der Gesellschaft zur Praxis zu gehen.

Der Bericht der *Frankfurter Rundschau* erklärt diese Scheu vor der Praxis biographisch: »Wer den Faschismus am eigenen Leib gespürt hat, wird notwendig allergisch gegen den kleinsten Anflug von Terror.« Eine, genau besehen, ungenaue, auf jeden Fall aber unzureichende Erklärung. Allergisch gegen Gewalt wird Adorno nicht *geworden* sein – allenfalls wird sich sein Abscheu vor ihr durch Erfahrungen verstärkt haben –, er wird es immer gewesen sein. Intellektualität seiner Art, die Hand in Hand geht mit äußerster Sensibilität, ist nicht denkbar ohne Gefühl für Verletzbarkeit und wahrscheinlich auch nicht ohne Angst: alles Begegnende betrifft, geht an, hinterläßt eine Spur, die man fast als Wunde bezeichnen dürfte – wen nichts ›angeht‹, dessen Denken kommt nicht in Gang. Denken ist hier die Antwort und die Aktion, und wer sich *diesem* Geschehen von *challenge* und *response* ganz überantwortet hat, kann schwerlich im Sinne unserer jungen Revolutionäre auch noch ›äußerlich‹ handeln.

So betrachtet, untersteht Adorno selber ganz und gar dem Prinzip der Arbeitsteilung, das er in seiner Theorie als gesellschaftliches Verhängnis beklagt. Was weder gegen die Person noch gegen die Theorie spricht. Daß die jungen Revolutionäre *alles* fordern, die Theorie *und* die Praxis von einem, der nur die Theorie geben kann, enthüllt mehr als alles andere deren utopischen Charakter und eine erschreckende Ahnungslosigkeit in psychologischen Dingen – eine Ahnungslosigkeit, die fast schon identisch ist mit Brutalität, so daß deren Ausbruch kaum mehr überrascht.

Schlimm, daß man die Brutalität noch rational zu rechtfertigen sucht. Als ich vor einiger Zeit einem Ultralinken von scheußlichen Vorkommnissen im Habermas-Seminar berichtete, wurde mir erwidert: da es auf rationale Weise mit Habermas keine Verständigungsmöglichkeit mehr gebe, müsse man versuchen, auf andere Weise mit ihm in Kontakt zu kommen. Wer nicht hören will, muß fühlen. Ein faschistisches Rezept.

In einer Wochenzeitung lese ich in einem Artikel mit der Überschrift ›,Goethe-Grass’ bezog sein Bonner Quartier‹ folgende Sätze: »Auch das Dritte Reich hatte – neben aller Schuld und Trübsal – hervorragende Dichter, die einem Goethe gar nicht einmal so fern standen.

Wir nennen hier nur den Lyriker E. G. Kolbenheyer. Er beging das Verbrechen, sich nicht als geistiger Widerstandskämpfer gegen Hitler demonstriert (sic) zu haben. Dafür ist er heute als ›Nazi‹ verschrien und verfemt.«

Interessant im ersten Satz, der uns zu verstehen gibt, daß es damals so schlecht nicht bestellt war, wie manche heute noch immer glauben, ist die Feststellung, daß das Dritte Reich »Trübsal hatte« –: wer von uns wäre schon auf diese Idee gekommen? Allerdings »hatte« es daneben auch »hervorragende Dichter«. Ein großes, aber auch ein ungenaues Wort: wie hätten wir uns einen Dichter vorzustellen, der Goethe »gar nicht einmal so fern« stand? Im ersten Augenblick könnte vielleicht ein unberatener Leser an Thomas Mann denken. Ihn aber kann der Skribent schwerlich gemeint haben; denn hätte das ›Dritte Reich‹ Thomas Mann wirklich *gehabt*, dürfte dieser kaum mit dem Leben davongekommen sein.

Die ersehnte Aufklärung wird uns im zweiten Satz nicht vorenthalten: Kolbenheyer, dieser »ondulierte Pandur«, wie er einmal genannt wurde, war einer dieser »hervorragenden Dichter«. Wobei es nun wirklich überrascht, Kolbenheyer, der doch in erster Linie als Romanautor und Urheber einer fragwürdigen Philosophie bekannt war – »Handle so, daß du der Überzeugung lebst, mit deinem Handeln dein Bestes und Äußerstes dazu getan zu haben, die Menschenart, aus der du hervorgegangen bist, bestands- und entwicklungsfähig zu halten« –, hier als »Lyriker« apostrophiert zu sehen. Offensichtlich müssen dem Verfasser dieser Sätze beim Gedanken ans ›Dritte Reich‹ Autoren wie Anacker und Baldur von Schirach gegenwärtig gewesen sein, die Hitler und die Hakenkreuzfahne besungen haben. Kolbenheyer, so wird er dunkel empfunden haben, muß einer jener Barden gewesen sein. Eine interessante Fehlleistung.

Damit jeder sofort weiß, in welchem Lande solcher Schwachsinn wieder gedeiht, nennt sich das Presseerzeugnis, in welchem ich die zitierten Sätze fand, *Deutsche Nachrichten*. Ihr Herausgeber: Adolf v. Thadden.

Die Trockenheit der Luft und die – dadurch bewirkte – ungeheure Strahlkraft der Sonne; nachts die leuchtende Fläche des Mondes, die das Auge blendet. (Und irgendwo zwischen dieser halbkreisförmigen Scheibe und der Erde die drei amerikanischen Astronauten: ein

Menschheitstraum, der, wie jeder verwirklichte, mühsam und ausführlich und ganz unromantisch ist.)

Bei solcher Strahlung scheint eine das Leben schützende Hülle
durchbrochen, und ich fühle mich einem unaufhörlichen und auf die
Dauer fast tödlichen Beschuß ausgesetzt. Wozu es Parallelen gibt:
wenn Hoffnungen, Illusionen oder Dumpfheit, die wie Nebel oder
eine Art Aura uns umgeben, sich zuweilen ganz verflüchtigen und
das Leben als ständiger Terror sich darstellt. Eine Erfahrung, der
sich die moderne Literatur nicht verschlossen hat, obgleich sie als
reelle schwer wiederzugeben ist: die asketische Notation des Zustands vermittelt ihn kaum, ein Zuviel an Sprache aber hüllt ihn
wiederum ein, während sein Spezifisches gerade in seiner schreck-
lichen ›Nacktheit‹ besteht.

26. MAI   Die Fernsehübertragung von der Landung der amerikanischen Astronauten im Pazifik: die Dünung der blauen See im
Morgengrauen, die an drei Fallschirmen herabsinkende Kapsel, die
blinkenden Hubschrauber über der Aufschlagstelle, die Ankunft
der Männer auf dem Schiff . . . Millionen auf der Welt sehen das
gleichzeitig. Und diese optische Repräsentation ist dem Vorgang
nicht äußerlich.

Immer war ihm an sich aufgefallen, wie eilig – und gern – er wegging:
als Student aus den Vorlesungen, später aus Sitzungen, Konferen-
zen, aus Städten und Orten. Der Gedanke an Aufbruch, auch an
Abschiede stimulierte ihn. Spät erst ging ihm auf, daß er nie ernsthaft über Zwang und Lust dieses Fortgehens nachgedacht hatte.

Heinrich Manns Roman *Empfang bei der Welt* zu lesen begonnen.
Wie diese Prosa nicht Schritt vor Schritt setzt – es gibt, zumal auch in
den Dialogen, seltsame Sprünge, als seien Zwischenglieder ausgelas-
sen. Der Eindruck des Federnden rührt daher: der Gedanke schnellt
wie ein Tänzer, die Stelle des Aufsetzens ist nicht ganz vorher-
sehbar.

Überhaupt drängt sich die Vorstellung von Bühne und Theater
auf: Bühnenfiguren – Vater und Sohn, Mutter und Tochter – sitzen
in einem Lokal, die Paare gruppieren sich, ein Autounfall dann, der
nun eher ans Kino erinnert – auf der einen Seite ein Abgrund, es sieht
schlimm aus, aber die Akteure sind gefeit und beginnen sogleich

wieder ihre seltsam funkelnde Konversation, die zu verstehen man sich anspannen muß: als handle es sich um eine fremde Sprache, die man zwar gelernt hat, aber keineswegs mühelos beherrscht.

Ein paar Dutzend Seiten im Heinrich Mann weitergelesen. Die geheime ›Idee‹ dieses künstlerischen Schaffens – das Theaterhafte – verkörpert sich: Arthur besucht mit Sohn André seinen 90jährigen Vater Balthasar, dieser öffnet, als sein eigener Diener verkleidet, die Tür, zieht sich zurück und betritt als Geheimrat wieder die Bühne. Es folgt, nachdem Arthur nach erfolglosem Pumpversuch abgetreten ist, ein gespenstisches Mahl: die alte Haushälterin und der Enkel, beide maskiert, mimen die verstorbene Frau und den verblichenen Freund des Uralten und tafeln in dem heiter-makabren Kapitel ›Völlerei der Gespenster‹ mit ihm.

Merkwürdig, wenn man beim Lesen plötzlich, es ist wie ein Anhauch, spürt: es ist hohe Kunst. Irgend etwas in einem strafft und spannt sich in dieser Begegnung mit einem Stärkeren – die Denk- und Sehweise des Romans wird suggestiv und erscheint als eine authentische – und ansaugende – Auslegung von Welt. Der potentielle Künstler in uns wird aktiviert. (Eine Erfahrung, die man von Ausstellungen her kennt, nach deren Verlassen man die Straßen und Häuser *wie* auf den Bildern sieht.)

Die Einwirkungen des Wetters, dessen und meine Schwankungen: wenn ich sehr private Erfahrungen hier festhalten wollte, müßte ich jeden Tag davon sprechen. Was, zumindest für andere, so langweilig wäre, wie ich in der Literatur erzählte Träume fast immer langweilig gefunden habe. Hier, beim Wetter: weil es die reine Subjektivität betrifft; und auch, weil diese unablässigen Veränderungen der Befindlichkeit sprachlich schwer darzustellen sind. Nur das Faktische läßt sich bequem aussagen, indem man etwa sagt: in der vorletzten Nacht nahm ich, nach Lektüre im Bett, ein leichtes Schlafmittel; nach kurzer Schläfrigkeit wurde ich heller und wacher und nahm ein zweites, die geistige Wachheit nahm immer noch zu, ich nahm eine dritte Tablette, und nach langer Zeit schlief ich endlich ein . . .

Aber mit ›Wachheit‹ und ›hell‹ sind Zustand und Vorgang kaum erst markiert, was zum Teil davon herrührt, daß die Wörter ihre metaphorische Kraft verloren haben – ›hell‹ wäre sonst, wenigstens annäherungsweise, tauglich zur Beschreibung: wie in diesem Zustand jeder Denkimpuls unablässig produktiv wird und etwas ins Licht hebt, was im Augenblick zuvor noch unsichtbar, im Dunkeln war; wie jeder ›Gegenstand‹, den der Impuls berührt, aufscheint und leuchtet; wie Unabsehbares unter einem unaufhörlich sich erweiternden Horizont sich anbietet. Ein Erwachen nach langem Schlaf, so könnte man sagen, eine Art Geburt oder Wiederauferstehung: als sei man lange tot gewesen (man war es in der Tat: wegen der seit Tagen einströmenden Polarluft) . . .

Bei der Lektüre eines Aufsatzes über Kafka finde ich in den Anmerkungen, daß ein Helmut Richter in der Poseidon-Geschichte »eines der bei Kafka seltenen Beispiele unbeschwerten Humors und der Zeitsatire« erblickt.

Man erinnere sich: Kafkas Poseidon, der die Gewässer der Erde zu verwalten hat und an seinem Arbeitstisch in der Tiefe des Weltmeeres unablässig rechnet und dabei zuweilen zornig an die Leute denkt, die glauben, er kutschiere mit seinem Dreizack durch die Fluten; Poseidon, der hofft, er werde kurz vor dem Weltuntergang wenigstens einmal noch eine Rundfahrt machen können; Poseidon, Prototyp hier des großen ›Verwalters‹, des an sein Werk geschmiedeten Künstlers auch, der an den Herrlichkeiten nicht teilhat, über die er rechnend regiert.

Zum Lachen reizend – und zum Verzweifeln – ist diese Vorstellung des Meergotts, der in der Epoche Kafkas schon seinen Tribut ans technisch-bürokratische Zeitalter zu entrichten hat; zum Lachen – und zum Verzweifeln – wie jede groteske Diskrepanz zwischen der Meinung der Menschen von der Wirklichkeit und dieser selber; zum Lachen – und zum Verzweifeln – wie jene unvergeßliche Szene in Joseph Conrads Buch *Über mich selbst*, die wie keine andere an Kafkas Poseidon und jene makabre Diskrepanz zwischen Vorstellung und Wirklichkeit erinnert: die Szene, in der Joseph Conrad schildert, wie er, abgeschieden von der Welt, erschöpft und dem Zusammenbruch nahe, die letzten Kapitel eines Romans über eine ferne Küste und das Meer schreibt – »ich wußte seit Wochen nicht mehr, ob die Sonne schien und die Sterne über mir noch ihre vorgezeichnete Bahn zogen« – und eine unangemeldete Besucherin in sein Arbeitszimmer eindringt und ihrer Meinung Ausdruck gibt, es müsse doch »bezaubernd« sein, hier den ganzen Tag zu sitzen und zu schreiben . . .

»Unbeschwerter Humor«: nur ein germanistischer Dummkopf kann auf diese Idee kommen.

9. JUNI Wie ein politisches Faktum – Syrien erkennt die DDR an – in einer Glosse serviert werden kann, dafür bietet die *FAZ* von vorgestern ein Beispiel: »Daß nun auch Syrien in die Reihe der Staaten getreten ist, die die Spaltung Deutschlands durch Aufnahme diplomatischer Beziehungen mit dem Ost-Berliner SED-Regime zementieren wollen, läßt hierzulande die meisten ziemlich kalt.«

Wenig überrascht, daß dieser Satz ›drüben‹ keinen Staat, sondern nur das »Ost-Berliner SED-Regime« entdeckt: weil nicht sein kann, was nicht sein darf. Mehr hingegen, daß Syrien und andere arabische Staaten mit der Anerkennung »die Spaltung Deutschlands zementieren wollen«. Verstünde man von Politik so gut wie nichts, dürfte man diese Deutung trotzdem absurd nennen. Staaten, das ist ihr gutes Recht, sind auf ihren eigenen Vorteil bedacht, politische und wirtschaftliche Interessen sind entscheidend; Syrien dürfte da schwerlich eine Ausnahme machen. Kaum vorstellbar darum, daß Damaskus seinen Entschluß gefaßt haben sollte ausschließlich im Hinblick auf Deutschland: um dessen Spaltung zu verewigen. Wobei das den Politikern seit langem liebe Wort »zementieren« nicht fehlen darf, obwohl es hier, bedenkt man es genau, unsinnig ist. Versteht man ›Spaltung‹ als Kluft, wird, wie bei einem hohlen Baum, der Zwischenraum durchs Zementieren ausgefüllt, was die beiden Hälften doch verbindet. Oder?

Daß ich Heinrich Manns *Empfang bei der Welt* jederzeit weglegen kann und wirkliche Spannung nicht aufkommt, dürfte nicht nur eine subjektive Leseerfahrung sein. Der oft gegen den Strich gebürstete Satz, reich an Überraschungen, funkelnd wie ein Diamant, der im Licht bewegt wird, so daß man gespannt seine unberechenbaren Strahlen verfolgt, lenkt die Aufmerksamkeit von den Figuren und ihren Geschicken in der Zeit ab. »Schlank aufgerichtet, hell und kühl betrachteten sie den theatralischen Vorgang. Nachahmung verdient er kaum. Realistisch ist nicht die Welt allein, wir sind es vor allem.« Selbst die eingestreuten französischen Sätze und Brocken erscheinen wie Raritäten (»Je donne dans les vieilles«): gleichsam ein anderes Französisch, und sehr verschieden von dem, das im *Zauberberg* des Bruders der illuminierte Hans Castorp mit Madame Chauchat spricht.

Zu beobachten auch, wie die überraschenden Wendungen, welche die einzelnen Sätze enthalten, sich immer wieder zu einer Energie summieren, die den Autor und das Geschehen über alle realistische Wahrscheinlichkeit hinaustragen: ins Groteske, in die große Oper. Übrigens ist die Hauptszene des Romans, ein großer Empfang, den der Impresario Arthur für Industrielle, Künstler und Halbwelt gibt, reines Theater.

Im Gegensatz zu Thomas Mann bezieht der Autor dieses Romans den Leser nicht ein. Der Künstler bleibt für sich, allein wie ein Artist unter der Kuppel; wie ein Zauberer, der seine Kunststücke zwar vorführt, aber nicht aufdeckt. Thomas Mann hingegen wirbt um verständige Anteilnahme, ist dem Publikum zugewandt und scheint auf eine treuherzige Weise seinen Verstand mit dem seiner Leser zu solidarisieren. Was augenscheinlich gelingt: der solchermaßen aufgenommene Leser wird, während er Thomas Mann liest, über seine eigenen intellektuellen Verhältnisse emporgetragen: er wird ›illuminiert‹, wie es Hans Castorp, wie es Leverkühn durch die Krankheit geschieht. Was also in den Romanen den *Helden* passiert, erfährt der *Leser* auch an sich. Mehr als alles andere ist *dies* die Zauberei Thomas Manns.

11. JUNI   Der Fernsehkommentar von Matthias Walden galt gestern abend der Moskauer Weltkonferenz. Der Block bröckelt auseinander, und China muß Feind sein, weil der amerikanische Imperialismus und der angebliche deutsche Revanchismus nicht mehr ausreichen, um das Lager zusammenzuhalten: so etwa. Und dann hieß es: »Die Einheit des Lagers ist zerbrochen. Aber jeder Jäger weiß, daß er sich vor waidwund geschossenem Wild besonders in acht nehmen muß.«

Die Rede eines überlebenden Kalten Kriegers, der den Kommunismus gern als gejagtes und bereits angeschossenes Wild, den Westen als Jäger haben möchte . . .

Ob es reiner Zufall ist, daß der *SFB* sich diesen Springer-Herren als Chefkommentator leistet? Oder ob dieses Faktum etwas aussagt über diese Stadt und ihren politischen Geist?

12. JUNI   Im letzten *Spiegel* wird von einer Diskussion zwischen

Klaus Rainer Röhl (Eigentümer und Herausgeber von *konkret*) und Mitgliedern des Hamburger Republikanischen Clubs berichtet. »Die Diskussion verlor sich lange in die Frage, ob die ›Sex-Scheiße‹ – so der vielfach wiederholte und von beiden Seiten akzeptierte Ausdruck – in *konkret* denn wirklich sein müsse.« Eine begrüßenswerte Wortverbindung, wenn man an den ganzen kommerzialisierten Rummel denkt. Man müßte den Ausdruck propagieren.

Ödön von Horváths *Don Juan kommt aus dem Krieg* gestern abend im Schloßparktheater. Wie sehr dieser Dramatiker offenbar die Möglichkeit zu profilierten Figuren bereitstellt, obschon wahrscheinlich die 24 Bilder dieses Schauspiels, wenn man es läse, so viel an konkreten Verweisen gar nicht enthalten dürften.

Möglich, daß eben dies, vor allem sonst am Text Aufzeigbaren, den genuinen Dramatiker ausmacht, als der sich Horváth von Mal zu Mal mehr darstellt: daß er Raum läßt für das Eintreten von Figuren; daß dieser Raum, den er mit seinem Stück schafft, gleichsam von sich aus Figuren hervorbringt – sie drängen herein wie die Schatten der Unterwelt, nachdem man ihnen Blut gespendet hat (während der Nicht-Dramatiker, so sehr er zu konkretisieren sucht, immer nur seine Absichten wie Kleiderpuppen behängt). Diese Spende oder dieses Opfer, das man bringen muß, damit die Schemen mit Blut sich füllen und vortreten, müßte begriffen werden . . .

Die Zeit, die geschichtliche und die während der Handlung verstreichende, determiniert bei diesem Dramatiker die Figuren vielleicht nur wenig. Diese sind, was sie sind, nur die Konstellationen wechseln. Wobei es natürlich vorkommen kann, daß eine Konstellation so beschaffen ist, daß sie Fatales freisetzt: ein Unheil, das immer schon möglich war. So auch in diesem Stück. Dieser Don Juan, der nicht wirbt, nur auf eine irgendwie fragende Weise da ist, und die Mädchen und Frauen stürzen in sein Fragen: dieser Don Juan wird, nach anderen Episoden, von einer Minderjährigen der Verführung bezichtigt, geht selber zur Polizei (was unwahrscheinlich ist) und flieht hernach doch . . . Ein zufälliger Vorgang in der kaleidoskopartigen Abfolge der Bilder, keine Notwendigkeit. Auch der Krieg, aus dem dieser Don Juan kommt, ist hier kaum anderes als eine Konstellation, eine böse . . . Wie der herabstürzende Ast, der Horváth am 1. Juni 1938 auf den Champs-Élysées erschlug.

Genial übrigens schon, wie Horváth aus dem, soll ich sagen: strizzihaften Fragen und Suchen seines Don Juan – die Frauen erinnern ihn immer an jemanden, mag sein, an eine Geliebte, die er vor dem Krieg verlassen hat – den Schluß seines Stückes zieht. Der flüchtige Held ist am Ende zu dem Ort gekommen, wo die von ihm Verlassene gestorben ist, eine Magd zeigt ihm auf dem Friedhof das Grab. Er bleibt auf dem Stein sitzen, als die Frau fortgeht: »Ich wart noch auf jemanden.« Und mit einem Blick zum winterlichen Himmel: »Dauert's noch lang?«

Nach beendeter Lektüre möchte ich geglückt im ganzen Heinrich Manns *Empfang bei der Welt* doch nicht nennen. Die Manöver und Intrigen dieses Personals aus Rüstungsindustriellen, Konservenfabrikanten, Sängern und Sängerinnen, Intendanten und Agenten, Halbwelt und einem Kriminellen, der zuletzt, im Besitz der ergaunerten Schecks, zum zartfühlenden Ehrenmann wird –: Stil und Geist Heinrich Manns haben für die massiven Realitäten dieser Welt keine Äquivalente aufzubieten; man glaubt noch die Gespräche der Künstler, die Machenschaften der Mächtigen aber bleiben fabulös wie die Darbietungen von Jongleuren, die man bestaunt, aber nicht begreift. Müßte ein Autor nicht am Geist der Macht partizipieren, um die Mächtigen authentisch im Werk zu dokumentieren? Im Frühwerk Heinrich Manns mochte dafür der Haß einstehen, ein starker Affekt, wenn auch kein Trieb wie der nach Macht. In diesem Alterswerk fehlt auch er, die Welt wird zum Maskentreiben: ein Rüstungsindustrieller ist hier ein Mensch, der auf der Bühne dieses Romans als Rüstungsindustrieller auftritt. Was nichts anderes besagt, als daß der späte Künstler alles ins Medium der Kunst, *seiner* Kunst übersetzt: *er* spielt, *er* schafft Rollen, *sein* Geist ist die Bühne ...

Zauberhafte, geisterhafte Sätze, wie man sie in Alterswerken großer Künstler findet. Beim Anblick des toten Balthasar: »Es ist der Friede. Es ist, wie immer, der Friede und sonst nichts.« – Eine Szene mit André und Stephanie, den beiden vom Autor zärtlich geliebten: »»Du sagst es‹, versicherte er ihr mit aller Entschiedenheit und legte sie ohne viel Langmut auf den Rücken, zwischen zwei Büsche. Der eine funkelte von blauen Kelchen, so erscheint die Sehnsucht. In mindestens drei abgestuften Rot strahlte der andere die drängende, währende und erfüllte Lust. Sie war sogleich einverstanden.« Ein Stil ohne Pedanterie, voll Anmut der Bewegung, die heiter sich darstellt, weil das Bewußtsein des Todes anderes nicht zuläßt.

Wie bin ich sicher, während ich dies notiere, daß man Sätze wie den dritt- und vorletzten dieses Zitats nur schreibt, wenn das Herz den Tod nicht mehr abweist: man spürt seinen wissenden Schlag . . .

Der alte (und schlechte) Film *Menschen im Hotel* mit Greta Garbo gestern abend im Fernsehen. Eine melancholische Wiederbegegnung: wie unanfechtbar erscheint es einem jetzt, daß sie nie eine große Schauspielerin war; wie klein ist ihr mimisches und gestisches Repertoire – der eurythmisch dargebotene Jubel (nachdem die vereinsamte Tänzerin eine Nacht mit einem Mann verbracht hat); der beseelte Blick und die Zwiesprache mit dem stumm bleibenden Telefonhörer (der Geliebte, sie weiß es noch nicht, ist bereits tot – o Schicksal!); die tragische Pose einer Frau, die dem Leben die Alabaster-Schönheit ihres Gesichts entgegenhält, die Haare aus der Stirn gekämmt, damit auf ihr, wie auf einem Altar inmitten einer niedrigen und bösen Welt, der Ruhm aufleuchtet . . .

Merkwürdig, wie wenig diese Garbo-Schönheit heute uns noch ergreift, wie sehr nicht nur ihr Spiel, sondern auch ihre Schönheit uns heute äußerlich vorkommen. Frauentypen und Idole sind vergänglich wie die Moden.

Aber nicht dies eigentlich wollte ich sagen. Was ich beim Anblick des Films zu begreifen glaubte, war der Autismus der Garbo und die Sterilität ihrer Schönheit. Ein Gesicht, man spürt das, welches nicht altern konnte und mochte, so daß die älter Gewordene später sich immer hinter dunklen Brillen verbarg, weil sie nicht anders denn strahlend der Welt erscheinen mochte. Eine Frau, die sich weder mit dem Altern noch mit den anderen irdischen Bedingungen wirklich einlassen wollte – die Welt war erträglich nur als Reflex der eigenen Schönheit, als Bühne, auf der die eigene Einsamkeit kostbar zelebriert wurde: eine Einsamkeit, die zu dieser Art von Schönheit gehört wie ihre Aura. Und natürlich sollte diese Einsamkeit auch ein Schutz sein vor der Zeit und ihren Verheerungen: wer sich nicht überantwortet und nichts in sich eindringen läßt – noch ihre Küsse im gestrigen Film waren die eilig-ekstatischen Küsse eines kleinen Mädchens, das sich für ein neues Kleid bedankt –, will sich erhalten wie er ist, für immer.

Nichts aufschlußreicher als der Wunsch der Garbo, den sie vor Jahrzehnten einmal geäußert hat: den Dorian Gray zu spielen. Die nicht alternde Schönheit, während auf einem verborgenen Porträt das Leben Tag für Tag seine verräterischen und grausamen Spuren einzeichnet.

In der Akademie: die über 300 graphischen Blätter Pablo Picassos, diese ungeheure Ausbeute des letzten Jahres.

Die Frau als zentrales und fast ausschließliches Thema dieser Folge: eine Besessenheit und ein *adoration perpétuelle*, das geht ineinander über. Fast keine Landschaft (ein paar Bäume nur), nichts an Natur sonst. Eine triumphale – und beschwörende – Darbietung von Brüsten und Geschlecht bei oft angehobenen gespreizten Schenkeln, bis am Ende, auf den letzten Blättern, die Kopulation in einem Sturm der Linien vollzogen wird. Neben dem Paar das Gesicht eines alten Magiers oder Königs, verbannt in sein Alter, seine Ferne.

Als ich die Abfolge begriff, erschrak ich, wie man erschrecken würde, wenn nach der langen Beschwörung eines Regenmachers plötzlich aus dunkler Wolke der Regen fällt.

2. JULI   Die Amtseinführung Gustav Heinemanns. Niemals habe ich in meiner Zeit die Rede eines deutschen Staatsmannes oder -oberhauptes gehört, die mich so direkt angegangen wäre; zu keiner Zeit meines Lebens hat es einen Kanzler oder Präsidenten gegeben, der in mir so sehr das Gefühl von Solidarität geweckt hätte und daß das, wofür er einsteht, auch *meine* Sache ist. Nach den langen Jahren, in denen der Haß auf Hitler und seine Gesellen einen wie vergiftete, so daß man sich Identifikation mit einem Staat überhaupt nicht mehr vorstellen konnte; nach Adenauer, dessen taktische Manöver, wenn es darauf ankam, seinen Sinn für Redlichkeit immer mühelos annullierten; nach Theodor Heuss, der sich allzusehr als Landesvater gab und seine Wahrheiten mit so orgelndem Baß und Gemüt vortrug, daß man vom Mitdenken freiwillig Abstand nahm (von Lübke und Erhard zu schweigen): ist Gustav Heinemann der erste, dessen rationale Argumentation sofort Aufmerksamkeit erzwingt. Er will nicht überreden oder die Risse und Unzulänglichkeiten mit Gesinnung verschmieren, sondern er versucht, eine Landschaft zu erhellen, die auch die unsere ist. Ein Glücksfall in der Geschichte der Bundesrepublik.

Als Kind terrorisierte ihn manchmal vor dem Einschlafen der Gedanke an die Unendlichkeit der Zeit. Daß nach Tausenden oder Millionen von Jahren immer wieder Tausende und Millionen von Jahren kommen, daß es kein Aufhören gibt: diese Unvorstellbarkeit eines Endes, diese taumelerregende Unabsehbarkeit – er hatte das immer gleiche Gefühl, in einen bodenlosen Abgrund zu blicken.

Aber er versank nicht ganz in ihm und behielt der Vorstellung gegenüber eine gewisse Freiheit; er konnte sie aufrufen und, in Grenzen, abweisen. Was ein Leben in mancher Hinsicht auch arm macht, war ihm schon in dieser kindlichen Erfahrung dunkel gegenwärtig: die Kraft des Sich-Zurückhaltens, und daß kein Strom ihn forttragen würde.

FRANKFURT, 10. JULI Nach einem langen, mit Gespräch verbrachten Abend führte mich Horst Krüger spätnachts noch durch sein Viertel. Die Prostituierten auf der Straße: nie noch erschienen sie mir so sehr als Berufsgruppe (man ist fast versucht, sie nach dem Namen ihrer Gewerkschaft zu fragen), Arbeiterinnen wie andere am Fließband oder wie Serviererinnen, und mit dem nicht schamlosen, sondern selbstverständlichen Gehaben von Menschen, die im Dienst sind. Im offenen Hausflur eines Bordells saßen einige dieser Dunkelwimprigen auf Hockern, über sich, auf den Briefkästen des Hausflurs, Weingläser; eine öffnete ein Kästchen und entnahm ihm ein Päckchen Zigaretten. Eine nächtliche Szenerie mit einer flakkernden Intensität von Licht und Dunkel. Vor dem Hausflur, auf dem Gehsteig und auf der Straße die Voyeurs, die ich schon vom Zimmer aus gesehen hatte: wie sie sich früher auch bei öffentlichen Hinrichtungen gedrängt haben mochten. Hier erinnerten sie mich an Nachtschwestern in Krankenhäusern, wenn sie sich mit ihren Rosenkränzen am Bett der Sterbenden einfinden.

Immer ist es mir läppisch vorgekommen, daß man unter dem großen Wort *Aufklärung*, das eine geschichtliche Epoche und einen durch alle Geschichte wirkenden Impuls bezeichnet, umstandslos oft nur jene Information versteht, die man Heranwachsenden über Sexuelles gibt. Wie jahrhundertelang beschränkte Eiferer alle moralischen Probleme wesentlich auf solche der sexuellen Sphäre reduziert haben, so hat das Bürgertum den Menschheitsimpuls der

46

Aufklärung auf die Frage heruntergebracht, wann und wie man es den Kindern sagt, woher die Kinder kommen.

Die Reduktion des großen Wortes auf dieses Eine, seine Verabsolutierung und Verkümmerung zugleich ist das vollendet Spießige: Menschheitsgeschichte als peinliche Zwiesprache in guten Stuben und Wohnküchen. Im übrigen gibt es noch andere Wörter, die in der bürgerlichen Umgangssprache eine seltsame und triviale Einengung erfahren haben. »Sie hat eine schwere Enttäuschung hinter sich« –: jedermann weiß auf der Stelle, daß das betreffende Mädchen nicht ein berufliches Fiasko erlitten hat oder erfahren, daß es auf der Welt Hunger und Krankheit und Tod gibt – sondern daß nur dies gemeint ist: daß das Mädchen in einer Liebesbeziehung enttäuscht worden ist.

Man müßte Wörter und Redewendungen sammeln, die man verabscheut, und dann untersuchen, aus welchen Gründen man sie verabscheut. Beispielsweise das Wörtchen *just* (»Es ist just diese Eigenschaft, welche . . .«); das klingt wie ein Vogelpfiff oder wie das Flitzen einer Gerte, ich wundere mich, wie das jemand in seinem Satz aushält.

20. JULI   Die amerikanischen Astronauten sind mit ihrer Fähre auf dem Mond gelandet. Ein epochales Ereignis – und erstaunlich ist, wie wenig die Wissenschaftler und Kommentatoren im Fernsehen, wie wenig man selber dazu zu sagen hat. Wobei es, vielleicht, nicht so sich verhält, daß einem der Vorgang die Sprache verschlagen hätte. Das eigentliche Geschehen, sozusagen sein Kern, ist vielmehr selber sprachlos: Zahlen, Berechnungen, Mathematik, Resultat von Technikern und Comuptern. Die Sprache scheint für Taten und Ereignisse geschaffen, welche innerhalb der Grenzen der menschlichen Erfahrung liegen. Die Besteigung des Mount Everest, die Vorstöße zu den Polen waren faßbare menschliche Leistungen; und das wohl auch deswegen, weil in diesen Erkundungen die Erde nicht verlassen wurde – so wie auch Kolumbus damals auf seiner abenteuerlichen Fahrt nicht über die Welt hinausgesegelt ist. Vielleicht hört jenseits unserer Welt die Sprache auf, oder es muß für diese Räume erst noch eine angemessene Sprache gefunden werden – die sprachlichen Mitteilungen aller Astronauten über ihre Eindrücke zeichnen sich durch große Dürftigkeit aus.

Gewiß auch scheint, daß auf diese Reise zum Mond das Wort

Abenteuer kaum mehr anwendbar ist. Ein Abenteuer ist Sache eines einzelnen oder weniger, und Einsamkeit gehört, glaube ich, unabdingbar dazu. Die Astronauten hingegen waren Funktionäre oder Exponenten von Hunderttausenden, die das Unternehmen vorbereitet hatten, und während ihrer Fahrt waren sie mit dem Kontrollzentrum wie mit Schnüren ständig verbunden. Die Astronauten selber, Spezialisten, die jahrelang für ihr Unternehmen trainiert wurden, sind alles andere als Abenteurer-Naturen. Möchte man trotzdem künftig auf das Wort ›Abenteuer‹ nicht verzichten, wäre wohl nur an die Technik insgesamt zu denken, von der diese Astronautenfahrt nach der Atombombe das bislang spektakulärste Resultat war. Abenteuer also als kollektiver Vorstoß ins Unbekannte . . .

21. JULI Unnötig, sich Gedanken zu machen, im (heutigen) *Spiegel* steht schon alles! Die Astronauten, schreibt Hermann Schreiber, »sind Ausführende einer massierten Technologie, sie sind Exekutoren. Was sich hier vollzieht, ist die Exekution eines Traums.« Und: »Astronauten hassen es, Abenteurer genannt zu werden.«

Die riesige Balkenüberschrift der *Bild*-Zeitung von heute lautet: »Der Mond ist jetzt ein Ami.« Las man die Nachricht unter dieser idiotischen *headline*, entdeckte man, daß ein NASA-Techniker dies Wort im Scherz gesagt hatte. *Bild* aber, daran ist nicht zu zweifeln, meint das ernsthaft: nicht nur, weil es die Überschrift nicht als Zitat kenntlich macht; nicht nur, weil es gänzlich unwahrscheinlich ist, daß eine Zeitung das große Ereignis, daß Menschen zum ersten Mal einen anderen Himmelskörper betreten haben, unter einer spaßigen Überschrift bringt. Der famose Chefredakteur dieses Blattes schreibt in seinem Leitartikel, in dem natürlich von einem »amerikanischen Sieg« und vom »harten Wettlauf mit den Russen« die Rede ist, den Satz: »Die Weltmacht Amerika braucht das Gefühl, daß der Mond ein Ami ist.«

Abgesehen davon, daß hier ein Menschheitsereignis ganz unter nationalistischer Optik gesehen wird und die *headline* natürlich Blödsinn ist – auch der Nanga Parbat, den deutsche Bergsteiger zum ersten Mal bestiegen haben, ist ja seitdem nicht ein ›Deutscher‹ oder ein ›Fritz‹ –: das Ereignis der Mondlandung wird hier auf jenes Sprachniveau von Deppen heruntergebracht, von dem die Redak-

48

tion der *Bild*-Zeitung offensichtlich glaubt, es sei das ihrer Leser. Wie denn überhaupt festzustellen ist, daß dieses Blatt mit seiner Auflage von mehr als fünf Millionen sprachlich und gedanklich sich mit Kretins zu solidarisieren trachtet, die freilich in dieser Zahl erst durch die Lektüre von *Bild* hervorgebracht werden müßten – im Augenblick, so möchte man hoffen, ist diese Solidarisierung mit Millionen noch fiktiv und eilt den Tatsachen voraus.

Noch einmal den Aufsatz von Hannah Arendt über Bertolt Brecht gelesen (›Quod licet Jovi . . . Reflexionen über den Dichter Bertolt Brecht und sein Verhältnis zur Politik‹), den der *Merkur* in Fortsetzung in seiner Juni- und Juli-Nummer veröffentlicht hat. Die Schwächen und großen Fragwürdigkeiten dieses Aufsatzes treten bei zweiter Lektüre noch schärfer hervor. Gewiß, Hannah Arendt kann einen großen Essay komponieren – wie wenige können das heute in Deutschland! –, und sie hat zu ihrem Gegenstand gleichzeitig jene Nähe und Distanz, die Einsichten ermöglicht – oder ermöglichen könnte. Und dank ihrer Ferne zum Dichterischen läßt sie sich selber nicht zum schönen Wort verführen: die von ihr zitierten Gedichte Brechts leuchten stark in ihrem Text auf, was ich, ohne Ironie, als Verdienst ihres Aufsatzes verbuche. Gut auch einige Bemerkungen zum Brecht der *Hauspostille*; am besten, was sie über Brechts »Leidenschaft des Mitleids« sagt.

Die Hauptthese des Aufsatzes aber, von der sie so viel Aufhebens macht, erweist sich bei näherer Betrachtung als Schaum: daß Brecht sein Mitmachen – oder Schweigen – drüben, nach der Rückkehr, mit dem Verlust seiner dichterischen Potenz bezahlen mußte. (»Mit seiner Produktivität war es aus, sie erlosch von einem Tag zum anderen, nachdem er endlich wieder zu Hause sein konnte . . . Er hatte sich in Verhältnisse begeben, war in sie vielleicht nur hineingestolpert, in denen Schweigen schon ein Verbrechen war, von gelegentlichen Lobpreisungen der Herrschenden gar nicht zu reden.«) Dergleichen muß man ein Scheinproblem nennen; eine Frage, die man nicht aufwirft, weil sie schlechterdings unbeantwortbar ist. In Wahrheit stellt Hannah Arendt weder das Problem, noch behandelt sie es: die nie zu beweisende Antwort steht für sie von vornherein fest. Wobei man während der Lektüre unablässig zu spüren glaubt, auf welche Weise die Essayistin ihre Gewißheit gewinnt: weil Brecht in Ostberlin irgendwie paktiert hat, hört er auf, ein Dichter zu sein;

daß er drüben (vermeintlich) aufgehört hatte, ein Dichter zu sein, wird zum Beweis, daß er paktiert hat . . .

Weder das eine noch das andere wird von Hannah Arendt untersucht und belegt. Sie macht es sich leicht (und gewiß leichter, als Brecht es sich gemacht hat); einmal, indem sie die Verhältnisse in der DDR schlicht und bündig als »kommunistische Diktatur stalinistischer Prägung« beschreibt; zum anderen, indem sie ebenso schlicht und bündig erklärt, daß mit dem drüben Entstandenen, einschließlich der *Buckower Elegien*, »nicht viel Staat zu machen« sei.

Kein Gedanke wird an die Frage verschwendet, wieviel von Brechts Produktivität in den Ostberliner Jahren in die doch ungemein ergiebige Theaterarbeit – und die theoretischen Schriften zum Theater – eingegangen ist; nicht der leiseste Zweifel wird laut, ob überhaupt jemals schlüssig beantwortet werden kann, warum im Leben eines Schriftstellers manche Jahre produktiver, andere weniger produktiv sind.

Wie feine Unterscheidungen die doktrinäre Essayistin zu machen weiß . . . In den frühen dreißiger Jahren war Brechts positive Einstellung zum Kommunismus »nicht mehr als ein Irrtum«; auch daß er während der Moskauer Prozesse sich nicht öffentlich dagegen aussprach, wird noch nicht als »Sünde« verbucht; auch gestattet Hannah Arendt es dem Schriftsteller, daß er das Jahr 1939 verkraftet und potent bleibt – der diesbezügliche hanebüchene Satz muß zitiert werden: »Auch zur Zeit des Hitler-Stalin-Paktes hat er sich nicht geäußert und seine Beziehungen zur Partei nicht abgebrochen, ohne daß dies irgendwelche Folgen für die Qualität seiner Produktion gehabt hätte.«

Völlig neue Aufschlüsse gibt der Aufsatz dem Leser über die Zustände im Hitlerreich und über das Verhältnis Brechts zu diesem Reich. »Dichterisch wurden Brechts Sünden zum ersten Mal nach der Machtergreifung der Nazis offenkundig, als er sich als Flüchtling mit den Realitäten des Dritten Reiches auseinanderzusetzen hatte . . . Jetzt begann er zum ersten Mal zu lügen, und heraus kamen die hölzernen Dialoge, in *Furcht und Elend des Dritten Reiches* . . . Brechts Schwierigkeit damals lag darin, daß es in Hitlers Deutschland weder Hunger noch Arbeitslosigkeit mehr gab, also doch jeder Grund für Brecht wegfiel, dagegen zu sein.« – Das darf man eine sensationelle Erkenntnis nennen: Brecht hätte gar nicht dagegen sein müssen, das Ganze war ein Mißverständnis! (*Furcht und Elend* wurde in den Jahren 1935–1938 geschrieben, die Aufführung fand im Frühjahr 1938 statt; schon damals hatte, der generösen Interpretin zufolge, Hitler das Problem des Hungers und der Arbeitslosigkeit völlig gelöst. Was ja auch die Nazi-Presse meinte, die anläßlich einer Sammelaktion der Bonzen einmal schrieb: Wenn am kommenden Sonntag die Spitzen von Partei und Staat mit ihren Büchsen auf den Straßen sammeln, dann wissen wir: die soziale Frage in Deutschland ist gelöst . . .

Liest man nach dieser abenteuerlichen Einsicht den Aufsatz noch weiter, muß man bald feststellen, daß Hitler Hunger und Arbeitslosigkeit in Deutschland gar nicht lange beseitigen mußte, weil – es sie nicht gab bzw. weil sie mit ihrer Machtübernahme umgehend – »schlagartig« hätte der Braunauer gesagt – verschwunden waren. Hannah Arendt weiß dies genau, wie ihr Kommentar zu Brechts Gedicht ›Begräbnis des Hetzers im Zinksarg‹ zeigt:

». . . Das Gedicht handelt davon, wie ein im Konzentrationslager zu Tode Geprügelter im plombierten Sarg nach Hause geschickt wurde, wie das damals so üblich war. Brechts Hetzer hatte dies Schicksal erlitten, weil er ›Zum Sattessen/Zum Trockenwohnen/ und zum Die-Kinder-Füttern‹ gehetzt hatte – offenbar ein Verrückter, denn in Deutschland hungerte damals niemand, und das Schlagwort von der ›Volksgemeinschaft‹ war keineswegs bloße Propaganda . . .« Da das erwähnte Brecht-Gedicht bereits *im Jahre 1933* geschrieben wurde, war also schon im ersten Jahr des tausendjährigen Reiches alles fast bestens; und auch die Volksgemeinschaft war kein leerer Wahn, wie zumal der im KZ zu Tode Geprügelte nachdrücklich beweist.

Wie schlecht man im Zorn schreibt und denkt, der Gedanke wird ständig vom Affekt überspült . . . Aber nachdenken darf man trotzdem darüber, was Hannah Arendt veranlaßt hat, ihre haltlose These aufzustellen, und diesen Unsinn über die ersten Jahre des Hitler-Regimes vorzubringen. Originalitätssucht wird vielleicht nicht der einzige, wohl aber der Hauptgrund sein: sie behauptet etwas, von dem sie weiß, daß es auf jeden Fall schockiert; und um so mehr schockiert, weil man es von einer jüdischen Schriftstellerin am wenigsten erwartet.

Wie die Frauen, denen man bei dieser großen sommerlichen Hitze unter dem lichten Grün der Bäume begegnet, alle als Verheißungen sinnlichen Glücks erscheinen . . .

In dem Gedichtband *Stichwörter Flickwörter* von Hans Peter Keller heißt es in dem Gedicht ›Kritik des Flieders‹:

> wir dulden ja daß er blüht
> wer tut was
> dagegen
> jeder April oder Mai steckt ihm
> das Licht an
> blau oder weiß
> es kommt so wie es kommt
> und geht

In dem Bändchen eher eine Ausnahme: Natur wird auch von Keller kaum noch ins Gedicht hineingenommen. Im übrigen scheint es mir fraglich, ob das Wesen des Flieders hier wirklich erfaßt wird. Der sinnliche Eindruck der blauen oder weißen Dolden wird mit ›angesteckten Lichtern‹ kaum genau wiedergegeben – die Dolden, zumal die blauen, wirken dichter, auch dunkler; eigentlich eine lautlose Explosion von perlender und sich kräuselnder Substanz, nicht von Licht.

Und dann die Frage »wer tut was/dagegen«: wie macht sie deutlich, daß das Verhältnis zur Natur sich verändert hat, Widerspruch und Auflehnung nun in sich birgt. Dieser Einspruch gegen das jährlich wiederkehrende Blühen könnte eine kraftvolle Gebärde der Auflehnung sein, Absage und große Weigerung. Hier aber geschieht die Auflehnung ohne Energie, ist eine resignative Frage, die kraftlos neben dem ungeheuren Gewicht des Wirklichen steht.

2. AUGUST Witold Gombrowicz ist gestorben, die Nachricht kommt merkwürdigerweise aus Warschau, obwohl der Schriftsteller in den letzten Jahren in Vence gelebt hat, zusammen mit einer Frau, die er in einem Brief an mich »jeune et sympathique« genannt hat.

Überraschend oder vielmehr: zufällig war vieles in seinem Leben: daß er vor Kriegsausbruch nach Argentinien fuhr, wo er dann in einer zufälligen Umgebung Jahrzehnte seines Lebens verbrachte;

daß die Ford Foundation ihn 1963 nach Berlin einlud; daß er von dort nicht, wie es seine Absicht gewesen war, nach Argentinien zurückkehrte, sondern in die Nähe von Paris ging, wo er die *jeune femme* kennenlernte, mit der er dann nach Vence zog. All das hätte, dieser Eindruck drängt sich auf, auch ganz anders sein können, Gombrowicz steuerte sein Leben nicht.

Und irgendwie zufällig wirkt sogar sein Schriftstellertum: als hätte er sich nie ganz dazu entschlossen, oder als versuchte er, durch Ironisierung der »Form« seine Verpflichtung der Literatur gegenüber zu annullieren oder zumindest zu lockern. (». . . ich begehre, mich Polen zu entziehen, wie ich mich der Form entziehe«, heißt es in seinem *Tagebuch*.) Ein Mensch, der sich nicht festlegen wollte und konnte, weil er in jeder Festlegung den Tod spürte – ich habe in seinem *Tagebuch* die Eintragung über einen Aufenthalt in Mar del Plata nachgeschlagen, die mich seinerzeit bei der Lektüre so bewegt hat: ». . . ich gehe am Ufer dahin wie jemand, der an die Wand gedrückt ist. Dieses Bewußtsein – daß ich schon geschehen bin. Schon bin. Witold Gombrowicz, diese beiden Worte, die ich an mir trug, schon vollbracht. Ich bin. Ich bin zu sehr . . . Inmitten dieser Unbestimmtheit, Veränderlichkeit, des Fließens, unter dem ungreifbaren Himmel bin ich, schon gemacht, vollbracht, umrissen . . . ich bin und ich bin so sehr, daß mich das aus dem Bezirk der Natur hinauswirft.«

Als er in Berlin war, habe ich ihn ein paarmal besucht; er wohnte im obersten Stockwerk eines Hochhauses im Hansaviertel. Einmal zeigte er mir, es war Abend, die Lichterkette des Kurfürstendamms und was sonst von der City auszumachen war. Die Gespräche waren nicht intensiv, was wohl nicht nur an den Sprachschwierigkeiten lag. Es war kaum seine Art, im Gespräch seine Intelligenz ganz zu mobilisieren und nach vorne zu bringen; bei ausgeprägter, etwas konventioneller Höflichkeit schien er auf vage Weise abwesend, vielleicht mit der Dechiffrierung seiner Empfindungen beschäftigt.

Was zu seiner Literatur paßt: Geschehnisse und Gedanken werden mehr ertastet als resolut gestaltet. Übrigens hatte auch sein Gesicht etwas Abwartendes, vielleicht auch Witterndes: das Witternde nicht des Jägers, sondern des Wilds, das weiß, daß die Treiber schon unterwegs sind. Wobei, in seinem Fall, die Treiber nicht außen, nicht in der Welt agierten – in dieser Hinsicht schien er mir ohne Angst zu sein, oder ich habe diese Angst nicht gesehen –, sondern im Innern. Nur schreibend, so drückte er sich im Gespräch einmal aus, könne er sich der Dämonen erwehren; nachts, wenn er schlaflos liege, sei es schlimm . . .

Er war viel krank damals in Berlin, und als ich ihn das letzte Mal sah, schien er mir der gefährdetste Mensch zu sein, dem ich begegnet war. Später las ich in seinen *Berliner Notizen*, daß er auf seinen Spaziergängen durch den Tiergarten, beim Geruch gewisser Kräuter, von Wasser und Steinen nicht nur dem Polen seiner Kindheit zu begegnen glaubte, sondern auch seinem Tod.

Witold Gombrowicz hatte sich weit vorgewagt – oder war von jenen Kräften, denen er sich überließ, weit in dämonische Bezirke gerückt worden: ein Verführer und ein Verführter, der in seinen schlanken Romanen mit sinistrer Munterkeit zu Abenteuern aufbrach, die zwar nicht für den Ich-Erzähler, aber manchmal für die anderen tödlich endeten. Auch in diesen Tod des anderen wagte er sich noch vor – schrecklich und unvergeßlich die obszöne Gebärde, mit der der Erzähler in *Indizien* den Finger in den Mund eines Erhängten steckt und nach der fremden Zunge tastet . . .

7. AUGUST Der Tod Adornos gestern. Daß die Welt ärmer geworden ist, spüre ich seit der Nachricht fast ohne Unterbrechung. Ich habe seine *Aufzeichnungen zu Kafka* wieder gelesen, dann den Kafka-Aufsatz Walter Benjamins und noch einmal die *Aufzeichnungen* . . . Ich starre auf die Karte, die er mir vor Jahren aus Sils Maria geschrieben hat, aber die Schrift läßt ihn nicht erkennen . . .

Die Horizonte aufreißenden Sätze seines Kafka-Essays; beispielsweise wenn er schreibt, daß Kafkas Askese ihn an manchen Stellen seines Werks mit der tiefsten Beziehung zur Musik beschenkte –: »Indem seine spröde Prosa alle musikalischen Wirkungen verschmäht, verfährt sie wie Musik. Sie bricht ihre Bedeutungen ab, wie Lebenssäulen auf Friedhöfen des neunzehnten Jahrhunderts, und erst die Bruchlinien sind ihre Chiffren.« Was Adorno in seinem Aufsatz über den Essay sagte – »er möchte mit Begriffen aufsprengen, was in Begriffe nicht eingeht . . .« –, wird in solchen Sätzen realisiert, in denen unter der Kraft der Reflexion der angeschaute Gegenstand plötzlich wie durchsichtig wird und den Blick freigibt auf Erinnertes, an dem der Gedanke noch einmal aufscheint, transponiert und in jene Ferne gerückt, aus der er in anderer Sprache zu sprechen beginnt.

Nicht zu übersehen, wie oft solche sinnlichen Erinnerungen gerade an den Höhepunkten seiner Reflexion einschießen und Welt-Fragmente in seine Prosa eindringen lassen: früh Erfahrenes und lange Vergessenes, dessen, fast möchte man sagen: weissagende Stunde jetzt gekommen ist. »Kafka versündigt sich gegen eine althergebrachte Spielregel, indem er Kunst aus nichts anderem fertigt als aus dem Kehricht der Realität.« Adornos Einzigartigkeit macht es aus, daß ihm bei unendlicher Reflektiertheit die frühe Erfahrung noch gegenwärtig blieb. Kein Leser, dem Kafka mehr wurde als ein Stück Literatur neben anderer, wird bei der ersten Begegnung nicht schockartig empfunden haben, daß sein Werk aus sonst Verworfenem, aus dem Bodensatz der Wirklichkeit gestaltet ist; fast keiner aber auch, der das über einer jahrelangen Beschäftigung mit Kafka nicht völlig vergessen hätte. Adornos Gedächtnis bewahrte solche ersten Eindrücke auf, Erfahrungen und Obsessionen der Kindheit auch, die ihr Glück nur als erinnerte freigibt – und die ihn den schönsten Satz über die erste Seite der Proustschen *Recherche* schreiben ließ, in dem der Erzähler sein Einschlafen beschreibt, in das Erinnerung an Gelesenes dringt: »Das Chaos der Kulturgüter verdämmert in der Seligkeit des Kindes, dessen Leib sich eins fühlt mit dem Nimbus der Ferne.«

Verglichen mit Benjamins Sprache ist die Adornos unendlich komprimierter. „Das Vergessene – mit dieser Erkenntnis stehen wir vor einer weiteren Schwelle von Kafkas Welt – ist niemals ein individuelles.« Ein solcher Satz Benjamins, in dem der Prozeß des Fortschreitens deutlich markiert wird, wäre bei Adorno schwerlich zu finden. Daß alles gleich nahe zum Zentrum liegt, hat Adorno vom Essay behauptet – der Satz findet sich, glaube ich, auch noch an anderer Stelle –, und nichts charakterisiert sein eigenes Schreiben genauer. Aus ebendiesem Grunde liebte er in seinen Arbeiten Absätze nicht – wenn es nach ihm ginge, schrieb er mir einmal (als ich mit keckem Redaktionsstift in einem seiner Essays Absätze eingetragen hatte, was er dann großmütig akzeptierte), würde er überhaupt keine Absätze machen; immerhin sind es oft nur so wenige, daß seine dichten Seiten an die Prousts erinnern, dessen Abneigung er in diesem Punkt teilte.

Dank seiner stupenden geistigen Präsenz konnte er auf umständliche Annäherungen an seinen Gegenstand, welchen auch immer, verzichten, schon mit dem ersten Satz war er völlig bei ihm (sozusagen, wenn man an die Reflexionshöhe denkt, in hochalpiner Landschaft, die ihm – Sils Maria, Zermatt – wohl gemäß war). Dies auch darum, weil sein Denken, wie zumal der Kafka-Essay zeigt, auch und gerade die Schwierigkeit des Gegenstands und der Annäherung sofort als Spezifisches der Sache begriff und für deren Erkenntnis nutzbar zu machen verstand; auch natürlich, weil seinem Ingenium die herkömmliche Unterscheidung zwischen Wesentlichem und Beiläufigem fremd war, und er gerade auch das scheinbar ephemere Detail zum Sprechen brachte.

Hierin war ihm Benjamin vorausgegangen – ein Satz wie der folgende könnte, bis in den Duktus, auch bei Adorno sich finden: »Unter den Gebärden Kafkascher Erzählungen begegnet keine häufiger als die des Mannes, der den Kopf tief auf die Brust herunterbeugt.« Anders aber als bei Adorno, erst im Vergleich wird das deutlich, dominiert bei Benjamin nicht in gleicher Strenge und in jedem Augenblick die Tendenz, alles gleich nah zum Zentrum zu halten. Benjamins Sprache, jedenfalls in diesem Kafka-Essay und in anderen, ist vergleichsweise ungezwungen, durchweht noch von einer Luft und getragen von einem Atem, wie es sie auch draußen, in der äußeren Welt gibt. Aus diesem freien Raum mit seiner bewegten Luft hat Adornos Sprache sich weit entfernt; das »hermetische Prinzip«, von dem er im Blick auf Kafka sprach, ist auch das seine. Wahrscheinlich war es ihm aus diesem Grunde möglich, eine Einsicht zu gewinnen, die Benjamin versagt blieb: daß alle Geschichten Kafkas »in demselben raumlosen Raum« spielen.

Nicht undenkbar, daß eben diesem Hermetismus und dieser Ferne sich auch Erkenntnisse gerade über die sinnliche Verfassung der Kafkaschen Welt verdanken, welche solche von Benjamin übertreffen oder richtigstellen. Daß, beispielsweise, Benjamin von den »hurenhaften Frauen« im Werke Kafkas spricht, und daß dieser Ausdruck fällt, nachdem er Sätze aus der berühmten *Schloß*-Szene zitiert hat, in der K. das Schankmädchen Frieda »in den kleinen Pfützen Biers und dem sonstigen Unrat« umarmt, nimmt doch wunder. Was es mit dieser Szene und den Frauen Kafkas auf sich hat, erkennt Adorno unvergleichlich genauer, wenn er sagt: »Mitten im Trüben fischt Kafka nach dem Bild von Glück. Es ist aus dem Staunen des hermetisch abgeschlossenen Subjekts über das Paradoxon erzeugt, daß es gleichwohl geliebt werden kann.« Und so schön wie wahr an dieser Stelle Adornos Feststellung: wenn Frieda sich Klamms Geliebte nenne, »so strahlt die Aura des Worts heller als in den erhobensten Augenblicken bei Balzac oder Baudelaire«.

SEELISBERG, 5. SEPTEMBER Als ich vor zwei oder drei Monaten den Roman *Örtlich betäubt* von Günter Grass las – eilig und ohne mir Notizen zu machen –, beeindruckte mich streckenweise die Sprache: die virtuose Sicherheit, mit der Grass eine trockene Materie handlich macht; die Geschichte von Zement und Bims oder die Zahnbehandlung (beide Bereiche hängen zusammen, wie die rhetorische Frage – an den Zahnarzt – zeigt: »Weiß dieser Zahnklempner eigentlich, daß seinen Schleif- und Poliermitteln Bimsstein in Pulverform beigemengt ist!«); wie sich die richtigen Wörter einstellen, so daß man fast das leise Geräusch des ›Einrastens‹ zu hören glaubt. Dieser Reiz, kein sehr großer, aber immerhin ein zuverlässig sich einstellender, ist nun bei zweiter und genauerer Lektüre geringer. Und spürbar wird, wie sehr diese ganze Zement- und Zahngeschichte ein Bravourstück eines seines Könnens sicheren Artisten ist – wie seinerzeit etwa das Gedicht über die Schweinekopfsülze –: Bravourstück, das dem Roman relativ äußerlich bleibt und kein tieferes Interesse weckt.

Gewiß wird, im Blick auf die Protestbewegung der Jugend, der Eifel-Zement die Funktion haben: aufzuzeigen, daß es vor und neben den politischen Bewegungen eine industrielle Produktion gibt, die völlig unabhängig von diesen Bewegungen ist; zweifellos wird am Beispiel der Zahnbehandlung das Problem von Therapie und Sanierung, das sich auch im Hinblick auf die gesellschaftlichen Verhältnisse stellt, aufgeworfen werden (hatte nicht auch schon die »Wurzelbehandlung« im *Doktor Faustus* auch für anderes einzustehen?). Aber Zement und Zähne, nach den ersten fünfzig Seiten ist dieser Eindruck unabweisbar, spielen hier eine gar zu große Rolle . . .

SEELISBERG, 6. SEPTEMBER Der Blick von meinem Balkon: eine abfallende Wiese, die am unteren Ende begrenzt wird von einer Baumkulisse; ein paar hundert Meter tiefer der Vierwaldstätter See (eigentlich hier Urner See), den aber der Nebel verhüllt. Unsichtbar auch das gegenüberliegende Ufer; für kurze Zeit nur leuchtet im matten Licht eine Felswand auf und manchmal dicht am Ufer ein Segel. Eine ins Unsichtbare sich zurücknehmende Gegenwart . . .

Merkwürdig aber ist, daß, unabhängig vom milchigen Nebel, alles hier irgendwie zurückgenommen wirkt: viel weniger intensiv als Vergleichbares in den bayerischen oder österreichischen Bergen (von der emphatisch aufgeschlagenen Sichtbarkeit südlicher Landschaft zu schweigen). Ähnliches empfand ich seinerzeit bei meiner Übersiedlung von München nach Berlin: daß in der nördlichen Stadt ein Garten, ein Baum so viel weniger real, intensiv, gegenwärtig ist als in der südlichen Stadt. Eine seltsame und schwer zu definierende Erfahrung, ich fand sie später in Hofmannsthals *Briefen eines Zurückgekehrten* beschrieben.

Lustlos weitere 60 Seiten von *Örtlich betäubt* gelesen. Wie wenig Grass seinen Studienrat Starusch, trotz aller Progenie und Gebißregulierung, ›von unten her‹ aufbaut, vom Leib – ebensowenig wie den Zahnarzt, die Kollegin Seifert, den Schüler Scherbaum, die Schülerin Vera Lewand. Es sind redende ›Meinungsträger‹, und dies ist auch der Grund, warum sie dem Leser kaum Interesse abfordern. Und rückblickend auf die früheren Werke, auf viele Gedichte, frage ich mich, ob *Örtlich betäubt* nicht zumindest das mit den einstigen Arbeiten gemeinsam hat: daß häufig die Gestalten sich wesentlich einem *Einfall* verdanken (Zwergenwuchs in der *Blechtrommel*, überdimensionaler Adamsapfel in *Katz und Maus*). Entgegen der landläufigen Meinung arbeitete dieser Autor wahrscheinlich stets sehr intellektuell: von oben nach unten, die Idee geht der Gestalt voraus. Die Sprache, souverän und virtuos, spielt *über* dem Boden der Wirklichkeit.

Eben darum die Tendenz zum ganz Konkreten: der Autor muß sich an die Wirklichkeit binden, seine freifliegende Phantasie an ihr verankern. Eben darum in den früheren Werken – nicht in diesem – auch seine Neigung zum Fäkalbereich, zum kraß Sexuellen.

SEELISBERG, 8. SEPTEMBER Ein Tag ohne Nebel, nur um die höheren Berge lagert Wolkiges; drunten die Schiffe auf dem gleichförmig geriffelten Wasser. Eine überschaubare Szenerie, brav und aufgeräumt; und nichts rührt mich an.

SEELISBERG, 11. SEPTEMBER Weiter im Grass. Die Argumente, die

Starusch gegen den Schüler Scherbaum vorbringt (der, um an Vietnam zu erinnern, vor den tortenessenden Damen im Kempinski seinen Hund verbrennen will); die Gespräche, wirklich oder fiktiv, zwischen Starusch und dem Zahnarzt über Zahnbehandlung, über Revolution oder Reform (der Zahnarzt plädiert für »weltweite Krankenfürsorge«) –: das Für und Wider wird genau bedacht, die möglichen Positionen werden klug durchgespielt. Aber Günter Grass rückt alles zu sehr nach vorne, an die Rampe: es wird *alles* gesagt, und deutlich gesagt, aber man vermißt gerade das Ungesagte: daß die Figuren mehr sind, als sie sagen. Hier ist es umgekehrt: sie sagen viel mehr, als sie sind, und die Figuren wirken wie Kleiderpuppen, die der Autor mit Sprache und Argumenten behängt hat.

SEELISBERG, 13. SEPTEMBER In diesen Spätsommertagen präsentieren sich jetzt leuchtend die Schneefelder auf den südlichen Bergen, das Panorama von der Hotelterrasse mit den Felsmassiven der Mythen ist imposant. Trotzdem wirkt die Landschaft wie berühmte impressionistische Gemälde, von denen man zu oft Reproduktionen gesehen hat: abgesehen. Auch sehr ›eingemeindet‹ – ein Terrain, das allenthalben von Schulklassen durchwandert wird, die zum Rütli und anderen Schweizer Gedenkstätten am See unterwegs sind. Das alles ist Heimat, die täglich in Besitz genommen wird; und ganz ohne den Zauber der Ferne . . .

Rückblickend auf den jetzt beendeten Roman von Grass: es ist das Werk eines virtuosen Jongleurs, der seltsamerweise zeitkritisch engagiert ist (auch wenn das Plädoyer für reformfreudige Liberalität immer wieder ironisch gebrochen wird oder auch ausgesprochen lustlos wirkt); eines Artisten, der freilich immer noch über einige blendende ›Nummern‹ verfügt.

Von den Rezensionen des Romans – die relevanten scheinen einmütig negativ zu sein – kommt mir die von Horst Krüger (in der *Zeit*) am treffendsten vor. Am schärfsten wurde hier die fundamentale Schwäche des Romans gesehen: »Grass, das spürt man in diesem Roman zum ersten Mal deutlich, fehlt es am Geschmack für Ort und Augenblick, es fehlt ihm an Sinn, das heißt an tieferer poetischer Sinnlichkeit für die Dramatik seines Gegenstandes.«

Wahrscheinlich wäre es kaum eine halbe Wahrheit – Horst Krüger bringt sie nicht vor –, wenn man sagte, daß Günter Grass nur an

Danzig erzählerisch fruchtbar wird – wann immer in der *Blechtrommel* oder den *Hundejahren* diese Stadt verlassen wurde, verlor der Roman spürbar an Vitalität und Authentizität (weshalb jemand einmal die witzige Bemerkung machte, das letzte Viertel der *Blechtrommel* gehöre zum Unbekanntesten der neuen deutschen Literatur). Vielmehr wird es so sein, daß Danzig *als Stätte der Kindheit* den Erzähler immer ungleich mächtiger mobilisierte als die Wirklichkeit der Bundesrepublik, die in einem späteren Lebensalter erfahren wurde: eine tiefere Kraft ruft das zweifach Verschollene auf.

BERLIN, 11. NOVEMBER   Als ich neulich die Briefe von Joyce las – den ersten jetzt deutsch vorliegenden Band, die Jahre 1900–1916 umfassend –, entdeckte ich, was ich schon wußte: daß ich diesen Iren nicht *in mir* habe. Proust, jedenfalls wesentliche Züge von ihm, kann ich in mir finden, wenn ich meine Sensibilität mir unendlich gesteigert vorstelle, wenn ich meine schlummernde Begabung zur Neurose voll entfaltet mir denke, und wenn ich couragierter an jenen Rand vortreten würde, wo das Leben sich so mit seiner eigenen Unmöglichkeit konfrontiert sieht, daß jede einzelne Entscheidung des täglichen Lebens eine kaum mehr zu lösende Aufgabe ist. Diesen Iren mit seinem Fundus draufgängerischer Unbekümmertheit, seiner zähen – woher gespeisten? – Kraft, mit der er die jahrelange Misere als Sprachlehrer in Triest ertrug: diesen Mann kann ich nicht unmittelbar lesen . . .

Überschaubarkeit, Ordnung im Raum, räumliche Beziehungen . . . Denkbar, daß jeder Mensch sein eigenes Raumgefühl hat, eine individuelle Raumerfahrung; was man übersieht, weil wir mechanisch den äußeren, meßbaren Raum mit dem erlebten gleichsetzen. Aber wie etwa ›Höhe‹ für den einzelnen Verschiedenes bedeutet – die Helden Stendhals haben, wie Proust feststellt, ihre Erlebnis-Höhepunkte immer auch an hochgelegenen Orten, während etwa ein Neurotiker im 10. Stockwerk ›Zustände‹ bekommt –, so auch der Raum insgesamt. Er wird intensiv oder weniger intensiv empfunden, ist für den einen gleichsam leer, ohne Faszination, für einen anderen reich, voll Verweisungen und Bezüge, hat für einen dritten etwas Bedrohliches oder Unübersichtliches . . .
Was wir Orientierungsvermögen nennen oder, im Hinblick auf

einen Künstler, plastisches Vermögen, deutet auf terminologisch schlichte Weise auf diese Unterschiede der Raumerfahrung hin: was sich *zeigt*, je nachdem sich einer etwa in einer Stadt leicht zurechtfindet oder nicht – Trotzki, der sich in dieser Hinsicht schwertat, nannte sich einen »topographischen Kretin« –, oder je nachdem einer Organ für Dreidimensionales hat oder nicht. Das Eigentliche, was dem Orientierungssinn oder dem plastischen Vermögen zugrunde liegt und sie bedingt, ist schwer zu fassen: weil die Sprache so weit nicht denkt und nur für das Erscheinende Wörter bereithält.

Denkbar auch, daß nicht nur Individuen ein je verschiedenes Raumbewußtsein haben, sondern auch – insofern generalisierende Aussagen sinnvoll sind – die einzelnen Völker *und* deren Sprachen . . .

Um aber nochmals auf Joyce zurückzukommen: das in den Raum Ausgreifende seines Lebens, die Stationen Dublin – Paris – Dublin – Pola – Triest – Rom – Triest – Zürich – Paris – Zürich . . .: ich möchte glauben, daß seine Beziehung zum Raum sich auch in seinem Gehen ausgedrückt hat (sofern das nicht später durch seine verminderte Sehkraft reduziert wurde), in einem nicht zögernden, sondern energisch die Straßen seines freiwilligen Exils durchmessenden Schritt, dem das Ziel wichtig war, nicht so sehr das Gehen selber. Dieser Zielgerichtetheit entspräche der unverwandte Blick auf Dublin: als lägen nicht Länder und Meere zwischen ihm und der Stadt am Liffey . . .

Die Aphorismen zweier Schriftsteller, die ich kenne und die im wesentlichen nur Aphorismen geschrieben haben: wie Leuchtspurgeschosse, die Schiffbrüchige oder Verirrte in den Himmel schießen zum Zeichen, daß sie noch leben, auch wenn sie die Hoffnung auf Rettung schon fast ganz aufgegeben haben.

Christoph Schwerin schließt im *Monat* seine Besprechung des Romans *Ehepaare* von Updike mit den Worten: »Wir haben mehr erwartet von John Updike. Wir müssen Abschied nehmen von einem Dichter.« – Zugegeben, der Roman Updikes ist, trotz mancher vortrefflicher Szenen, auf die Dauer langweilig, ist mit seinem Wechselt-das-Bäumchen-Muster etwas altmodisch geraten: wie heute fast notwendigerweise ein Roman altmodisch geraten muß, der einen Wirklichkeitsbereich zu erforschen sich anschickt – der Stoff und die Lust an seiner Darstellung überwiegen. Aber warum deswegen gleich Abschied von einem Dichter nehmen? Ich erinnere mich, wie Elias Canetti vor Jahren einmal voll Verachtung von jenen sprach, die meinten, Dylan Thomas sei »zur rechten Zeit« gestorben, er habe sich »ausgeschrieben« gehabt. Welches Recht haben wir, über eine fremde Zukunft urteilend zu verfügen – während wir selber immer ›im Offenen‹ leben wollen?

Aus zwei Gründen, möchte ich vermuten, hat Updike in diesem Roman sich so eingehend mit Sex befaßt. Einmal weil er, für einen Schriftsteller kein sehr nobles, aber nicht ein unbedingt ehrenrühriges Motiv, einen Bestseller schreiben und zu viel Geld kommen wollte; was ihm gelungen ist. Zum anderen hat ihn das Sexuelle *wie alles Sinnliche* immer schon stark interessiert, oder genauer: ein Schriftsteller, der wie Updike soviel Organ hat für Natur, für Landschaft, für Stimmungen und deren Wechsel, *muß* vom Erotischen und Sexuellen fasziniert sein. Dort wie hier wird ›libidinös besetzt‹ – die Linie einer Düne am Meer, gemähtes Gras, das unter einem heraufziehenden Gewitter plötzlich eine ölige Farbe annimmt, eine Allee, die in einem bestimmten Winkel auf einen schilfbestandenen See führt: dies Gesehene ergreift wie die Linie einer Wange oder einer Brust, wie ein Gesicht, das sich in einem Lächeln plötzlich erhellt, wie die seidige Glätte auf der Innenseite eines Schenkels.

Wahrscheinlich bestehen noch weitere intime Affinitäten zwischen der künstlerischen und der erotisch-sexuellen Sphäre. Wie in der Kunst durch eine bestimmte Gruppierung, eine gewisse rhythmische Struktur, durch die Wiederholung gewisser Bewegungen eine rätselhafte ›Aufladung‹ erfolgen kann, so daß man fast sagen möchte, an sich neutrales Material oder neutrale Partien würden plötzlich zu erogenen: so gewinnt auch in der Liebe eine Figur, eine Bewegung und die Wiederkehr dieser Bewegung jäh an Bedeutsamkeit. Dort wie hier wird das Leibliche in gesteigerter Form erfahren – und transzendiert; denn der so entstandene Zauber ist dort, etwa im Gedicht, mehr als nur eine bestimmte Anordnung von Vokalen und Konsonanten, hier, in der Liebe, mehr als nur die taktile Sensation . . .

Es zeichnet die pornographische Darstellung aus, daß sie dieses Transzendieren ganz unberücksichtigt läßt und die Erfahrung völlig

an den Körper bindet. Wobei das der erotisch-sexuellen Sphäre
Eigentümliche ›mehr‹ und ›noch mehr‹ insofern auch hier gilt, als
die Pornographie in einer allerdings rein linearen Progression sich
gehalten sieht, immer Gewagteres aufzuspüren. Im übrigen besteht, so seltsam das klingen mag, zwischen der Pornographie, die
auf alles Beiwerk verzichtet und nur das »Eigentliche« dem Betrachter oder Leser zeigen will, und der *Poésie pure* eine gewisse
Verwandtschaft: in beiden Fällen soll ein abgegrenzter Bezirk, hier
die Kunst, dort das Geschlecht, ohne allen Lebensballast ›rein‹
dargeboten werden.

Inniger noch als mit der ›reinen‹ ist die Pornographie vielleicht
mit der konkreten Poesie verwandt. »Hier wird nicht *über* etwas
geredet, hier *ist* etwas«, schrieb unlängst der Kritiker Jörg Drews in
einer Besprechung des Bandes *Worte sind Schatten* von Eugen
Gomringer. Wie die Pornographie alles auf den Körper reduziert,
so die Konkrete Poesie alles auf den Sprachleib. Nur dieser ist ›da‹
und ist das Eigentliche, alle Bezüge und Transparenzen sind einge-
zogen –

> ping pong
>   ping pong ping
>   pong ping pong
>   ping pong

In diesem Gomringer-Text ist das Wort vollkommen verdinglicht
wie in der Pornographie das Geschlecht, und wie in dieser handelt
es sich auch in der Konkreten Poesie in der Hauptsache um ›Stellungen‹, um Kombinationen und Konstellationen. Wobei die gra-
phische Anordnung der Wörter oder Wortpartikel bei der Konkreten Poesie das Gemeinte ›abbilden‹ soll, was noch einmal an die
pornographische Darstellung erinnert: das Sichtbare ist die Sache
selber, es gibt kein ›jenseits davon‹.

Zum Roman Updikes: ich weiß nicht – und entnehme den Rezensionen, daß andere es auch nicht wissen –, ob amerikanische Paare
der von Updike dargestellten Gesellschaftsschicht (gehobener Mit-
telstand, Akademiker) wirklich so ordinäre Wörter gebrauchen,
wie in dem Roman dies die Männer und auch die Frauen tun. Zur
Beurteilung des Buchs aber wäre das nicht ganz unwichtig. Wird in

der Tat so gesprochen, handelt es sich um eine realistische Darstellung; wird nicht so gesprochen: wie ist dann die obszöne Sprache des Romans zu deuten?

Verschiedene Interpretationen bieten sich an. Entweder bedient sich Updike dieser obszönen Sprache, weil er schockieren und so Erfolg erringen will. Oder er läßt seine Personen diese einstmals verpönten Wörter aussprechen, weil er grundsätzlich gegen die Tabuierung dieser Wörter ist und diese der Umgangssprache eingemeinden will. Oder er ist, weil selber im Bann dieses Tabus, so fasziniert von diesen *four letter words*, daß er sie auch bei unpassenden Gelegenheiten, nämlich in den Dialogen, verwendet. Oder er will, mit Hilfe des Obszönen, die Welt als eine Stätte der Verworfenheit darstellen, um dann aus diesem Dunkel das Licht, das Verlangen nach Reinheit und Heil hervorgehen zu lassen. (Ein nicht so abwegiger Gedanke – Piet, die vom Autor am liebevollsten ausgeführte Gestalt des Romans, ist so etwas wie eine ›unruhige Seele‹; und nicht zufälligerweise ist er unter den Männern des Romans derjenige, der mit den meisten Frauen schläft. –)

Überlegungen, die müßig wären, wenn Wichtigkeit abhängig wäre von dem Gegenstand, dem das Nachdenken gilt (der Roman *ist* unwichtig, und ich habe ihn nur obenhin gelesen). Was mich interessiert, ist nicht dieser Roman, sondern sind die gedanklichen Operationen jener, die über diesen Roman urteilen, etwa über den obszönen Charakter seiner Dialoge. Zweifellos prüft kein Urteilender alle Voraussetzungen, auf denen sein Urteil beruht. Prüft er, in einem zumeist gewiß sehr abgekürzten Verfahren, einige der Voraussetzungen? Prüft er überhaupt nicht richtig, sondern ›tastet‹ er sozusagen nur den Gegenstand ab und ist sein Urteil im wesentlichen diktiert von den Meldungen dieses Abtastens?

Wahrscheinlich, daß wir die Rationalität von Urteilen außerhalb des wissenschaftlichen Bereiches nicht hoch veranschlagen dürfen. Vielleicht hat das Urteilen sogar mehr Ähnlichkeit mit dem Verfahren, mit dem etwa eine fliegende Fledermaus den Abstand von den Gegenständen ›mißt‹ und ihren Flug danach richtet: indem sie Schallwellen aussendet, die vom Gegenstand zurückgeworfen werden. Auch der Urteilende – und vielleicht der Mensch überhaupt, auch wenn er nicht urteilt – schickt möglicherweise fortwährend solche ›Wellen‹ aus, mit denen er nicht die Entfernung, sondern die ›Verträglichkeit‹ der Gegenstände mit seiner psychophysischen Verfassung, mit seinem Wertsystem bestimmt.

Daß oft Menschen der Praxis ein sehr verläßlich funktionierendes Urteilsvermögen haben, wäre unter diesem Gesichtspunkt leicht zu verstehen: sie wissen, was sie *wollen*, ihr ›System‹ ist gewissermaßen immer in Funktion und kann prompt auf alles Begegnende antworten.

Indessen dem Denkenden, der ›absichtslos‹ die Gegenstände aufnimmt, eigentlich die Voraussetzungen für ein Urteil, jedenfalls für ein promptes, fehlen: nicht so sehr, weil er zuviel an den Gegenständen wahrnimmt – das vielleicht auch, was aber eher eine Folge des eigentlichen Grundes ist –, sondern weil in ihm jenes System nicht in Betrieb ist (oder nur schwach und unvollkommen funktioniert), das auf die ›Verträglichkeit‹ des Begegnenden antwortet und das heißt: über das Begegnende urteilt. Was beispielsweise in der Literaturwissenschaft dazu führt, daß der Interpretierende – wobei Interpretieren ein möglichst vollkommenes Wahrnehmen aller Momente und Bezüge des Werkes meint – in der Regel keine Werturteile über das Werk geben kann . . .

Zum letzten Mal Updike: ein Gespräch zwischen Mutter und verheirateter Tochter, die Mutter erkundigt sich nach den ehelichen Beziehungen:
»Stimmt im Bett etwas nicht?«
»Im Bett ist alles in Ordnung.«
»Hast du deinen Orgasmus?«
»Mutter. Selbstverständlich.«
Das widerwärtigste Possessivpronomen, dem ich je begegnet bin.

Der polnische Kurzfilm *Wenn Ira kommt*, den ich dieser Tage im Fernsehen sah: es passierte nichts, fast nichts; denn Ira, die der junge Mann in einem kleinen polnischen Provinzort erwartet, kommt nicht, vergeblich rennt er zu jedem ankommenden Bus, trinkt zwischendurch einen Kaffee, hinterläßt Nachricht für die Erwartete bei der Post, kauft ein Geschenk und dann noch eins, sitzt wieder im Café, ist wieder auf der Post, wirft sich aufs Bett, stürzt an die Tür . . .

Natürlich war auch dieses Warten eine Art Handlung, so etwas wie eine Fabel. Aber daß die Rechnung des jungen Mannes nicht aufging, daß das, worauf er wartete, nicht eintraf und eigentlich nichts begann, wirkte so merkwürdig wahr. Und plötzlich begriff ich – zum wievielten Male? –, daß das Unwahre so vieler Romane und Filme in ihrer übermäßigen Handlung, in der Dramatik ihres Geschehens, in der Kompaktheit ihrer Fabel besteht. Wobei die Fabeln die vorgegebenen Formen sind, in die man recht und schlecht den Lebensteig drückt, um die Muster und Figuren zu bekommen: die Geschichten. In Wahrheit, jeder weiß es, verläuft das Leben der meisten und das Leben die meiste Zeit über ohne ›Geschichten‹ – oder so wie in diesem polnischen Film: daß man immer darauf wartet, daß die Geschichte endlich beginnt. Und auch Menschen, die wirklich eine ›Geschichte‹ erleben, sind während der Dauer dieser Geschichte die meiste Zeit über mit Dingen beschäftigt, die mit dieser Geschichte in keinem oder nur dem losesten Zusammenhang stehen. Kompakt und rund wird ihre Geschichte eigentlich erst, wenn sie sie erzählen: weil sie dann nach Möglichkeit alles nicht Dazugehörende weglassen.

Wenn es schneit, wie heute nacht, oder auch kurz bevor es zu schneien beginnt, denke ich oft an den Schnee bei Kafka, beispielsweise im *Prozeß*. Heute aber habe ich endlich nachgeschlagen und zu meiner Überraschung entdeckt, daß es nicht, wie ich immer glaubte, in dem Kapitel »Im Dom« schneit (es ist das neunte) – hier ist es Herbst, Joseph K. soll einem italienischen Geschäftsfreund den Dom zeigen –, sondern in einem früheren, im siebten (»Advokat/Fabrikant/Maler«). Nicht getäuscht aber habe ich mich darin, daß Schnee hier assoziiert ist mit Müdigkeit und der Einsicht des Helden, daß seine Aufgabe bzw. was ihn bedroht, größer ist als seine Kraft. Und hier auch die Gebärde des tief auf die Brust gebeugten Kopfes, von der Benjamin festgestellt hat, daß wir keiner häufiger bei Kafka begegnen: »An einem Wintervormittag – draußen fiel Schnee im trüben Licht – saß K., trotz der frühen Stunde schon äußerst müde, in seinem Büro . . . statt zu arbeiten, drehte er sich in seinem Sessel, verschob langsam einige Gegenstände auf dem Tisch, ließ dann, aber ohne es zu wissen, den ganzen Arm ausgestreckt auf der Tischplatte liegen und blieb mit gesenktem Kopf unbeweglich sitzen.«

Diese Zuordnung des Schneiens zu einer bestimmten Verfassung des Helden ist mir immer im höchsten Maße zwingend vorgekommen; und dies nicht nur darum, weil ich mich erinnere, daß Schnee im Werke Kafkas immer für die Vergeblichkeit und für die Mühsal des Lebens steht: im *Schloß*, als K. auf seiner Wanderung durch den Schnee dem Schloß sich nicht nähern kann; im *Landarzt*, dessen Held am Ende mit seinem Schlitten durch eine Schneewüste fährt und nicht mehr nach Hause kommt. (Ähnliche ›Zuordnungen‹ gibt es bei Kafka noch für anderes: etwa für Wasser, für das Läuten einer Glocke, für ›Freitreppe‹ – ein Sachverhalt, der allein schon jede Dramatisierung seiner Romane, bei der natürlich optische und akustische ›Zeichen‹ willkürlich verwendet werden, zu einer Verfälschung macht.)

Natürlich gibt es solche Verbindungen auch bei anderen Schriftstellern: wenn beispielsweise in einem Roman eine dramatische Auseinandersetzung von einem Gewittersturm begleitet wird. Bei Kafka aber liegt, glaube ich, doch anderes vor. Er synchronisiert nicht mit künstlerisch planendem Verstand Inneres und Äußeres, sondern er scheint, mit Hilfe seiner Helden, das Wesen des Schnees – oder das Wesen des Wassers oder des Läutens einer Glocke – zu entziffern: das Wesen einer Sache in Relation zu einem bestimmten Menschen.

Daß sowohl der Held des *Schlosses* und auch der Landarzt Schneien und Schnee auf ganz ähnliche Weise erfahren, darf als Indiz für eine psychosomatische Verwandtschaft dieser Gestalten gelten. Es ist die psychosomatische Verfassung des Autors. Was den Schluß nahelegt, daß Kafka schreibend nicht, wie fast alle anderen Schriftsteller, etwas erfand, das so oder anders hätte sein können, sondern daß er schreibend seine eigene Wahrheit aussagte.

Die Allergie mancher Menschen gegen den Begriff »faschistisch« ist mir immer bemerkenswert gewesen. In einer hitzigen Diskussion über das Fernsehspiel *O süße Geborgenheit* wurde mir das wieder deutlich. Aussprüche wie »Wenn das mein Sohn wäre, den würde ich totschlagen« und ähnliche Reaktionen von älteren Passanten auf das Auftreten Jugendlicher –: nicht einmal solche Aussprüche, die man dem Fernsehspiel vorangestellt hatte, wollte man »faschistisch« nennen. Im übrigen, so wurde argumentiert, seien solche Aussprüche ja so ernst nicht gemeint, man dürfe sie so wörtlich nicht nehmen . . .

Als hätte man durch Erfahrung nichts gelernt! Als hätten beispielsweise nicht unzählige Juden im Nazi-Deutschland ihr Leben eingebüßt, weil sie zu lange glaubten, Aussprüche wie »die Juden sind unser Unglück« seien nur verbale Exzesse!

Gewiß ist zuzugeben, daß »faschistisch« auch nur ein Wort ist und »Faschismus« mehr umfaßt als die aggressiven Reaktionen von Menschen, die auf irgendeine Weise jene liquidieren möchten, die ihre »Ruhe und Ordnung« stören. Erfahren aber hat man, *wenn* man etwas erfahren hat, den Faschismus in Deutschland eben in dieser Form: als Ausmerzung der Juden, der Kommunisten, der Zigeuner. Und es ist nicht einzusehen, warum man den Begriff »faschistisch«, der sich geschichtlich solchermaßen konkretisiert hat, nicht auf Vergleichbares von heute anwenden sollte; jeder Vernünftige weiß ohnehin, daß absolut Gleiches sich nicht wiederholt; weiß, daß auch die Liebe oder die Eifersucht oder die Grippe von X nicht absolut gleich ist mit der Liebe, der Eifersucht, der Grippe von Y. Was uns indessen keineswegs hindert, die gleichen Wörter zu gebrauchen.

Woher also diese sehr starke, sehr instinktive Abneigung mancher Menschen gegen das Wort »faschistisch«? Ich denke mir, daß sie den Faschismus für eine abgeschlossene kurze Epoche halten *wollen*, die 1945 unwiderruflich zu Ende ging. »Faschistisch« waren die KZ – wir haben keine mehr; »faschistisch« war die Vernichtung der Juden – sie werden (bei uns) nicht mehr verfolgt; »faschistisch« war die Herrschaft einer Partei – wir haben eine Demokratie und mehrere Parteien: von »Faschismus« könne heute darum nicht mehr die Rede sein . . .

Aber das ist nicht alles; denn feststellen kann man auch, daß dieselben Leute, die heute sich weigern, eine bestimmte Gesinnung, eine bestimmte Rede- oder Handlungsweise »faschistisch« zu nennen, die Bezeichnung »Faschismus« auch für die Zeit von 1933–1945 in Deutschland ablehnen: Faschismus habe es in Italien gegeben, der Nationalsozialismus sei etwas anderes gewesen.

Unterschiede zwischen dem italienischen Faschismus und dem deutschen Nationalsozialismus sind zweifellos zu konstatieren. Aber ebenso sicher ist auch, daß sie vieles gemeinsam hatten (als de Gaulle seinerzeit an die Macht kam, bemühte sich die französische Zeitschrift *Esprit* darum, das Gemeinsame verschiedener faschistischer Regimes herauszuarbeiten). Das Ergebnis, gewollt oder nicht, dieser ›subtilen‹ Differenzierung dieser Leute besteht darin, daß jedes Bewußtsein einer möglichen faschistischen Gefahr – oder auch nur vorhandener faschistischer Tendenzen – unterbunden wird: weil es, diesen Leuten zufolge, den Faschismus ja überhaupt nicht gibt und bei uns nie gegeben hat . . .

Merkwürdig nur, daß diese Menschen, die scheinbar so genau unterscheiden, dies nicht immer, nicht in jedem Falle tun. Dann nämlich nicht, wie ich zuweilen beobachten konnte, wenn es in den letzten Jahren darum ging, den Kommunismus oder ein kommunistisches Regime mit der Behauptung zu verurteilen, der Mensch sei dort so unfrei und rechtlos *wie* im ›Dritten Reich‹, und kommunistische und nationalsozialistische Herrschaft seien sich überhaupt recht ähnlich. Was zuletzt den Schluß zuläßt, daß die Allergie dieser Menschen gegen den Begriff »faschistisch« innig zusammenhängt mit einem mehr oder weniger militanten Antikommunismus. Diesem ist es zuzuschreiben, daß nur der Gegner von links phänomenologisch und begrifflich dingfest gemacht wird – und sei es mit Hilfe des an sich verpönten Begriffs »faschistisch« –, während der wirkliche Faschismus und was von seinem Geist noch lebendig ist, der Identifizierung entzogen wird – und dies um so mehr, als ja seit Jahrzehnten von den Linken der Gegner von rechts als »faschistisch« abgestempelt wird . . .

Frau N., mit der ich während der Buchmesse zu einer Party ging, auf der, als wir verspätet kamen, schon jeder mit jedem sprach und das übliche Tohuwabohu herrschte: »Ich wundere mich immer«, sagte sie zu mir, »was die Menschen sich alles zu erzählen haben; ich habe nie etwas zu sagen.« Nachdem ich ihr versichert hatte, wie sehr mir dies Wort aus der Seele gesprochen sei, stürzte ich mich sogleich ins Getümmel.

30. NOVEMBER In dem NPD-Wochenblatt *Deutsche Nachrichten* war unlängst zu lesen, daß Enoch Powell, dieser fatale konservative britische Abgeordnete, eine »humane Heimbeförderung aller farbigen Einwanderer« gefordert habe. Mr. Powell, so kommentierte das Blatt, habe damit »das wahre Volksbegehren« zum Ausdruck gebracht.

Eine aufschlußreiche Sprache, sei sie nun genau die des Abgeordneten oder des NPD-Organs: der vorgeschlagenen brutalen Ausweisung wird das Mäntelchen »human« umgehängt, das Begehren der berühmten Volksseele, deren Ressentiments man geschürt hat, wird im Jargon der Eigentlichkeit das »wahre« genannt. Wobei ich fast annehmen möchte, daß jene, die eine solche Sprache sprechen, nicht nur den anderen, sondern bis zu einem gewissen Grade auch sich selber Sand in die Augen streuen. Ein »humaner« Abtransport, in Notfällen vielleicht mit einem kostenlosen Ticket und etwas Proviant, kann so schlimm nicht sein, das Adjektiv schließt Brutalität ja aus; und was »wahr« ist, nämlich das Volksbegehren, kann doch unmöglich das Falsche sein, das vertrüge sich schlecht mit dem Begriff . . .

Das Wort als Zaubermittel, als Fetisch: auch der *Bayernkurier* von Franz Josef Strauß nutzt nach Kräften diese Möglichkeit, wenn er Willy Brandt einen »Links-« oder »Verzichtskanzler« nennt, wenn er die Außenpolitik der Bundesregierung als »Ausverkauf Deutschlands« charakterisiert und von einem »zweiten Versailles« spricht oder die Bildung der Kleinen Koalition als »krasse Mißachtung des Wählerwillens« denunziert. Wird bei der »humanen Heimbeförderung« Brutalität in Menschlichkeit umgemünzt, so soll hier mit Hilfe bestimmter Wortprägungen und Slogans der Gegner und seine Sache verteufelt werden.

Indem diese Politiker und Publizisten auf die Zauberkraft des Wortes vertrauen, machen sie offenkundig, wo sie selber beheimatet sind bzw. ihre Leser beheimatet glauben: in einer magischen Welt, in der man mit Beschwörungen etwas erreichen oder vereiteln kann, in der durch ein gewisses Wortritual jemand zu verhexen ist.

Was alles in allem leider so abwegig nicht ist. Wörter determinieren, die Wiederholung bestimmter Wörter hat prägende Kraft; jeder hat dafür Beispiele. So daß man behaupten dürfte, jeder intellektuelle und moralische Fortschritt sei unmittelbar abhängig von der Einstellung zur Sprache. Daß das gedruckte – oder gesprochene – Wort seinen Fetischcharakter verliert, den es unterschwellig für die meisten von uns immer noch hat, wäre ein erster Schritt. Ein zweiter die Einsicht, daß ein suggestives oder auch gut gesetztes Wort in keiner Weise verbürgt, daß die damit gemeinte Sache auch existiert – oder so und nicht anders existiert. Zuletzt die Erkenntnis, daß die Logik der Sprache nicht notwendigerweise auch die der Wirklichkeit ist . . .

Freilich möchte dieser fast banal erscheinende Prozeß der Entmythologisierung der Sprache nicht ganz ohne Gefahren sein, deren wesentlichste darin zu erblicken wäre, daß das Verhältnis zum Wort sich lockert; dann eben was zerstört werden soll, der Fetischcharakter, ist zu einem guten Teil auch die Voraussetzung für die Aufmerksamkeit aufs Wort und daß man es ernst nimmt. Die Aufgabe wäre also auch hier, wie so oft, eine doppelte und in gewisser Hinsicht eine kontradiktorische: die magische Beziehung zur Sprache aufzulösen und trotzdem die Sprache so ernst zu nehmen, als hinge einzig von ihr die Rettung ab.

Nichts gibt mir so unmittelbar einen Eindruck von der Roheit der Menschen, als wenn sie im Theater oder im Kino an Stellen lachen, an denen die Misere oder die Trauer des Lebens nach außen tritt. »Kommt runter, Lily ist tot« – ein Satz in dem nicht weiter bemerkenswerten Stück *Das Spitzenabendkleid* von John Bowen, das ich heute abend im Schloßparktheater sah, und im Parkett wurde da und dort mit fröhlichem Lachen quittiert.

Nun könnte man sagen – und ein Bekannter, den ich in der Pause sprach und der wahrscheinlich zu den Lachern gehört hat, äußerte sich in diesem Sinn –, das Stück sei so schlecht gewesen, daß die Zuschauer nichts ernst zu nehmen vermochten: sechs abgetakelte Schauspieler, die in einer erbärmlichen Behausung zusammen leben, längst nicht mehr auftreten und, als Dilettanten, gleichwohl ihr lächerliches Schauspielergehabe kultivieren. Ein Ensemble von Vogelscheuchen, gewiß. Aber doch, bei aller billigen Komik, auch noch Menschen, die leben und sterben, und auch das Sterben einer Vogelscheuche bewegt: weil noch die unvollkommenste Darstellung an den vollen Begriff des Todes rührt. Und selbst wenn dieses Stück so erbärmlich gewesen wäre, daß ein Zuschauer grundsätzlich sich geweigert hätte, in ihm noch so etwas wie ein skurriles Abbild des Lebens zu sehen: warum dann dieses Lachen bei der Nachricht vom Tode Lilys?

Im übrigen lachen gewiß im Theater nicht alle an den unmöglichen Stellen; was man wiehern hört, ist eine Minderheit. Aber als ich heute abend angesichts des Todes das Gelächter hörte, begriff ich plötzlich, daß eine solche Reaktion das Urteil über das heutige Theater spricht, nicht nur über sein Publikum. Was zweifellos eine schlecht fundierte, eine irrationale Erkenntnis genannt werden muß: irrational wie die plötzliche Gewißheit eines Mannes, daß er im nächsten Jahr sterben wird oder daß seine Geliebte ihn betrogen hat, obwohl er keinerlei Beweis dafür hat. In Wahrheit handelt es sich bei solch blitzartigen Erkenntnissen auch nicht um logisch folgerndes Denken. Es ist, als ob die Nachricht von einer beschlossenen Sache uns erreicht, wir sind nur Vernehmende. Wobei das, bei dessen Anblick wir plötzlich begreifen, nicht einmal sehr signifikant zu sein und vielleicht mit der eigentlichen Sache in gar keinem sehr direkten Zusammenhang zu stehen braucht.

Die neue Übersetzung der *Dubliner* von Dieter E. Zimmer (im Rahmen der Frankfurter Joyce-Ausgabe), und zum ersten Mal erkenne ich, daß auch diese frühen Erzählungen von Joyce Meisterwerke sind. Und deutlich wird im Vergleich mit der alten Übertragung von Georg Goyert, wie fehlerhaft und wie unzulänglich diese war, wobei die stilistischen Fehler gravierender sind als die Sinnfehler, von denen sich freilich schon in der ersten Erzählung ›Die Schwestern‹ erstaunliche finden.

Wie häufig in den *Dubliner* am Ende der Erzählung eine Wahrheit aufleuchtet, das Muster eines Geflechts lesbar wird: wenn in der Geschichte ›Eine Begegnung‹ das seltsame Gerede des Mannes, dem die zwei die Schule schwänzenden Jungen auf ihrem Streifzug begegnen, plötzlich als Palaver eines Homosexuellen begriffen wird und den beiden die Welt als etwas unheimliche Stätte erscheint; wenn in ›Arabia‹ der Junge, der in einem Basar ein Geschenk für ein von ihm geliebtes Mädchen kaufen möchte, beim Einkauf versagt und er »voll Qual und voll Zorn« erkennt, daß das Leben die Erfüllung der sehnlichsten Wünsche vereitelt und er am Ende als Tor mit leeren Händen dasteht; wenn am Schluß der Erzählung ›Zwei Kavaliere‹ die Goldmünze auf der Hand des einen der beiden Galane leuchtet, der ein verliebtes Dienstmädchen dazu gebracht hat, sie ihm zu schenken oder für ihn zu stehlen, und im Glanz dieses Goldstücks die ganze Erbärmlichkeit offenbar wird; wenn am Ende von ›Entsprechungen‹ der von seinem Vorgesetzten gedemütigte Angestellte sein Kind grundlos verprügelt und das finstere Gesetz aufscheint, daß in dieser Welt die Geschlagenen immer auch die Schläger sind . . .

Was in dieser und anderen Erzählungen am Ende ›lesbar‹ wird, ist indessen nicht der *Grund* der Erzählung: als seien diese primär im Blick auf diese ›Schluß-Pointen‹ geschrieben worden und die Konkreta der Texte nur die Konstruktion, die zu ihnen führt. Was jeden

Schriftsteller charakterisiert, ist die Art und Weise, mit der er Konkretes, das noch in keinem Sinnzusammenhang steht, empfindet und darstellt. Und es ist charakteristisch für Joyce, daß er in diesen Geschichten das zunächst Sinnfreie, die sinnlichen Gegebenheiten – Kommen und Gehen und Begegnungen von Menschen, das Zufällige – ohne Wertung, ohne Vorurteile, (scheinbar) ohne Nebenabsichten wiedergibt: als Daseiendes. Nicht das beobachtende Auge allein hält dies oder jenes fest; nicht das Gefühl allein respondiert auf das Begegnende (wobei dann alles, was für das Gefühl nicht relevant ist, durch das Sieb fällt oder wie ein unbegriffener Fremdkörper im Kontext steht); nicht ein streng auf ›Sinn‹ erpichter Erzähler wählt aus der Fülle aus, was zur Demonstration seiner erzählerischen ›Idee‹ tauglich ist –: sondern hier, so scheint es, antwortet der Erzähler auf das Begegnende wie ein Mensch ohne Angst und ohne Prinzipien. Was Joyce im *Ulysses* zur grenzenlosen Erfahrung eines ›Weltalltags‹ befähigen wird, läßt sich an den *Dubliner* schon ablesen.

Wie aber kommt es dann, daß bei so weit sich öffnender Rezeptivität und bei (scheinbar) ungefilterter Erfahrung am Ende dieser Erzählungen eine Erkenntnis aufscheinen kann? Zwei Möglichkeiten sind denkbar. Einmal könnte es sein, daß die Welt, die Joyce in die Erzählung aufnimmt, so ungefiltert nicht ist, wie es den Anschein hat. Für diese Annahme spricht die doch sehr durchdachte Struktur, zeugen etwa die Methaphernreihen der einzelnen Erzählungen (von den Aufschlüssen, die das spätere Werk über das planende Künstlertum von Joyce erteilt, zu schweigen). Nicht auszuschließen ist es zum anderen, daß *alle* Erfahrung, wenn man sie ernst nimmt, am Ende eine Erkenntnis beschert: daß unter dem forschenden Auge des Künstlers zuletzt das Geflecht des Lebens zu einem lesbaren Muster sich entwirrt.

Daß man im Nachdenken über Literatur sich von der Gestalt des Werks und seinen Gestalten entfernt, weil man darüber reflektiert, welchen Voraussetzungen diese sich verdanken, und ›Nähe zur Gestalt‹ eben dies bedeutet: daß man *nicht* hinter diese zurückgeht, sondern bei ihr als einem Gegebenen verweilt –: diesem Nachdenken ist ein schlechtes Gewissen zugesellt. Denn weswegen man sich der Literatur gewidmet hat, wird auf dem Wege der Reflexion wieder verlassen: das Sichtbare, das für sich selber zeugt. So daß man eigentlich sagen dürfte, daß die literarkritische Reflexion, wenn sie energisch vorangetrieben wird, eine Tätigkeit ist, welche die des Künstlers rückgängig macht . . .

(Der Gemeinplatz, daß die Reflexion das Unmittelbare zerstöre, spielt wohl auf diesen Sachverhalt an. Aber was ihn, den Gemeinplatz, unannehmbar macht, ist seine das Denken niederknüppelnde Sprache, die Reflexion darüber nicht freigibt, was denn hier unter ›Reflexion‹, dem ›Unmittelbaren‹ und ›zerstören‹ zu denken sei; vor allem das Verbum ›zerstören‹ ist ruinös, weil es einen komplexen und im Grunde ganz anderen Vorgang nur von der – überdies falsch gesehenen – Wirkung her bezeichnet. So vereitelt der Gemeinplatz die in ihn eingegangene Erkenntnis, indem er sie artikuliert.)

Um noch ein Wort, im Hinblick auf Joyce, über das Verhältnis von Erfahrung und erzählerischer Idee zu sagen: es gibt in den *Dubliner* eine Szene in der Erzählung ›Die Pension‹, die Aufschluß darüber gibt, wie die Relation gedacht werden könnte. Polly, die Tochter einer Pensionsinhaberin, hat es verstanden, sich von einem Gast, Mr. Doran, kompromittieren zu lassen, die Mutter wurde ins Bild gesetzt, und an einem Sonntagvormittag wird er zu ihr gebeten: sie wird ihm zu verstehen geben, daß er verpflichtet sei, Polly zu heiraten. Während dieser Unterredung sitzt das Mädchen im Zimmer des genötigten Liebhabers, der Anblick des Betts weckt in ihr angenehme Erinnerungen:

»Sie wartete geduldig weiter, fast fröhlich, ohne Panik, und ihre Erinnerungen machten langsam Hoffnungen und Zukunftsvisionen Platz. Ihre Hoffnungen und Visionen waren so verwickelt, daß sie die weißen Kissen nicht mehr wahrnahm, auf die ihr Blick gerichtet war, und daß sie sich auch nicht mehr bewußt war, auf etwas zu warten.

Endlich höre sie ihre Mutter rufen. Sie sprang auf die Füße und lief zum Treppengeländer.

– Polly! Polly!

– Ja, Mama?

– Komm runter, Schatz, Mr. Doran möchte mit dir sprechen.

Da fiel ihr wieder ein, worauf sie gewartet hatte.«

»Geduldig«, »ohne Panik«, wenn auch wacher, wartet auch ein Künstler auf den Ruf; und wie Polly wird er ihn in einer langen Intrige vorbereitet haben. Wobei ein wesentliches Moment solcher

›Vorbereitung‹ bei dem Mädchen der Erzählung schon das Faktum des Geschlechts, beim Künstler die Erfahrung ist, über die er aufmerksam sich beugt, so daß am Ende, wenn das Vorbereitete Wirklichkeit wird – die Verwandlung des Pensionsgasts in den Bräutigam dort, die Erkenntnis, welche der Erfahrung entspringt, hier –, es von beiden heißen könnte: »Da fiel ihnen wieder ein, worauf sie gewartet hatten . . .«

1970

Den ganzen Vormittag Zeitungen gelesen: auf der vergeblichen Suche nach einem ›problematischen‹ Satz für meine dreiwöchentliche kleine Rundfunksendung »Sätze über Sätze«. Wenn man in unproduktiven, stumpfen Stunden nichts findet, worüber man schreiben könnte, so darum, weil man auf nichts anspricht: die Texte *sagen* uns nichts, weil wir, aus schwer durchschaubaren Gründen, nicht in der Lage sind, auf sie zu *antworten*; die Welt ist stumm oder ein Gewirr aus Stimmen, von denen wir keine einzelne deutlich vernehmen, und man selber ist es auch: stumm oder ein Bündel aus Antworten, von denen keine Kontur gewinnt. Die Analogie zur erotischen Ansprechbarkeit – oder Nichtansprechbarkeit – liegt auf der Hand.

Nach stundenlangem Lesen und Blättern fiel mir ein, daß mir vor einiger Zeit Horst Krüger eine Nummer von *Jasmin* gegeben hatte, in der ein Artikel über – Samuel Beckett stand. Daß in dieser ›Zeitschrift für das Leben zu zweit‹ – so der Untertitel dieser Illustrierten – auch ein Dichter vorgestellt würde, der wie kein anderer die unverbrüchliche Einsamkeit des Menschen zum Thema seines Werks gemacht hat: ich hätte es mir nicht träumen lassen. Einige biographische Fakten des Aufsatzes waren mir neu – auflagenstarke Zeitschriften können sich ein großes Archiv leisten, und Artikel dieser Art werden dort kompiliert.

Überraschend die Überschrift dieses Beckett-Artikels: »Was wissen wir schon von der Verzweiflung eines Mannes?« Handelt Bekketts Werk nicht von der Verzweiflung des *Menschen*, ist Beckett nicht vorab als Mensch verzweifelt? Ich durchblätterte die kolorierte Illustrierte und entdeckte hier auf fliederfarbenen Seiten einen 50 Punkte umfassenden Text über »Die sexuellen Qualitäten des Mannes«, dort einen Artikel mit dem Titel »Der Körper des Mannes – sein unglaubliches Innenleben«, hier war von Pillen die Rede, »ohne die der Mann heute nicht mehr leben kann« (durchaus nicht Hormonpräparate, sondern: Togal, Aspirin und ähnliches), an anderer Stelle wurde der Leser darüber aufgeklärt, daß es »sehr aufregend« sei, »eine Frau zu sein«.

Ich begriff die Mann-Frau-Polarisierung, die in dieser ›Zeitschrift für das Leben zu zweit‹ oberstes Gesetz ist, und ich begriff den Titel des Aufsatzes über Samuel Beckett: nicht der *Mensch* darf hier verzweifelt sein, sondern nur der *Mann*, im Grunde der Sexualpartner. Nur indem Beckett in diese Rille gedrückt wird, wird er für *Jasmin* ein möglicher, ein verwendbarer Gegenstand. Ein gefundenes Fressen für einen Glossisten. Zum Schluß zitierte ich noch ein Gedicht von Bertolt Brecht, das als die triftigste Replik auf die von *Jasmin* betriebene idiotische Verherrlichung des ›Lebens zu zweit‹ gelten kann: das kecke Lob eines gewissen Örtchens (in dem Stück *Baal*), von dem es heißt:

Ein Ort sei einfach wundervoll, wo man
Selbst in der Hochzeitsnacht allein sein kann.

Nichts gibt mir einen stärkeren Begriff von der Zeit und wieviel von der meinen schon vergangen ist, als wenn ich daran denke, wie ich vor Jahrzehnten durch die Straßen Münchens wanderte und manchmal plötzlich stehenblieb, weil in einer fremden Straße aus einem geöffneten Fenster Klaviermusik drang (– so gut wie nie höre ich das heute mehr, nur ein bläuliches Licht zeigt jetzt an, daß der Fernsehapparat eingeschaltet ist). Was man damals, in einer nächtlichen Straße oder vor einer mit Bäumen umstandenen Villa in Harlaching empfand: das Geheimnis eines fremden Lebens, von dem man noch nicht genau wußte, aber schon dunkel ahnte, daß es nur als unerreichbares seine Aura hat; Melancholie und Glück dieser Augenblicke und das alles durchdringende Gefühl ihrer vergänglichen Kostbarkeit –: wenn ich daran zurückdenke, will es mir scheinen, als hätten die Jahre nur dieses Eine, das Gefühl der Vergänglichkeit, besiegelt – die Jahre und Jahrzehnte, hinter denen jene Augenblicke von damals verschollen sind wie ein Küstenstreifen hinter Bäumen und Hügeln, wenn wir landeinwärts wandern, nur den salzigen Geschmack des Meeres noch auf den Lippen.

19. FEBRUAR   Die Auszüge aus der heutigen Bundestagsdebatte im Fernsehen. Offensichtlich sind die Regierungsparteien bestrebt, den Konflikt mit der Springer-Presse herunterzuspielen. Sehr erheiternd im übrigen, daß jetzt, bei veränderter Konstellation, die CDU sich zum Anwalt eines kritischen Journalismus macht; so wenn etwa der Abgeordnete Wörner erklärt, die Äußerungen von Ahlers und der

SPD über die Springer-Presse ließen die »bedrohliche Tendenz erkennen, kritische Journalisten zu verunsichern«.

Zu einem Vortrag von Dieter Wellershoff in der Buchhandlung Schoeller. Die Unfähigkeit, einem Gedankengang lange zu folgen ... die rote Schrift ›Picadilly‹ auf der anderen Seite des Kurfürstendamms leuchtete hinein in die gescheiten Überlegungen Wellershoffs zum Trivialroman, die seltsam schrägen Augen eines Mädchens mir gegenüber mischten sich in seine Gedanken über die Position des Schriftstellers heute, die Erfahrung, daß ich zwei- oder dreimal ein nicht ganz alltägliches Wort erriet, von dem ich glaubte, es müsse nun kommen und das dann tatsächlich kam – ein Faktum übrigens, das mir auf nicht rationale Weise die Qualität des Vorgetragenen zu verbürgen schien –: all das durchbrach immer wieder meine Aufmerksamkeit.

Was jedoch die Konzentration noch weiter erschwert, ist das Unvermögen, den einzelnen Gedanken ›hinzunehmen‹, um den nächsten nicht zu versäumen: er möchte bedacht werden, weil er einem richtig und falsch zugleich erscheint, man kann ihn nicht der Erinnerung überantworten, weil man *jetzt*, im Augenblick des Zuhörens, sich über ihn schlüssig werden möchte. Und während man beim Zuhören auch diese Unfähigkeit zum Zuhören noch bedenkt, stellt man aufblickend fest, daß nun die Leuchtschrift ›Picadilly‹ noch intensiver als zu Beginn ihr Rot in die Gedanken von Wellershoff herüberschickt, der vorlesend noch immer Blatt um Blatt wendet und von dieser Illumination seiner Gedanken keine Ahnung hat.

30. MÄRZ In der Wochenendausgabe der *FAZ* der Aufsatz ›Nelsons Aspekt‹ von Ernst Jünger, der in diesen Tagen 75 Jahre alt geworden ist. Bei der Lektüre reizte es mich, solche Sätze und Wendungen anzustreichen, die für diesen Autor charakteristisch sind: unverwechselbar, wie für einen Menschen bestimmte Gesten, wie er sich etwa verabschiedet, sich eine Zigarette anzündet oder beim Gehen die Schultern hebt, als ob ihn friere. Symptomatisch etwa der folgende Satz: »Bei Nelson finden wir das untrügliche Kennzeichen des geborenen Kriegers: Es wird schön Wetter, wenn die Kanone zu sprechen beginnt.«

Der Satz verrät eine auf den Typus zielende Seh- und Denkweise, wie sie diesem Autor seit je eigentümlich war: es gibt Ordnungen des Lebens, Muster, Gesetzliches. Zweifellos gibt es Gründe für eine solche Anschauung der Welt. Auch sind wir noch nicht allzuweit von jener Epoche entfernt, von der man sinnvollerweise sagen durfte, eine ihrer Figuren sei der Krieger, der »geborene Krieger« gewesen. Im übrigen weiß ich wohl, daß Ernst Jünger hier nicht von einer Gestalt der Gegenwart spricht, sondern daß er an *Nelson* »das untrügliche Kennzeichen des geborenen Kriegers« zu entdecken glaubt. Dennoch muß ich gestehen, daß ich diesen Satz aufrichtig hasse: wie man eine Welt haßt, deren Luft man nicht atmen kann, eine Welt, in der man weder leben könnte noch wollte. Abscheulich für mein Gefühl auch, wie Jünger in diesem Satz die alte Wendung, daß Kanonen zu sprechen beginnen, mit spürbarer Lust übernimmt, wie er durch die Umwandlung in den Singular den Ausdruck noch sinnfälliger, archaischer macht: als betrete mit dem ersten Kanonenschuß die mythische Gestalt des Kriegers die Szene . . . Und wodurch unterscheidet sich eigentlich die Formulierung, daß es schön Wetter wird, wenn die Kanone zu sprechen beginnt, noch vom Klischee und der Lesebuch-Legende des Kaiser- oder Hitler-Wetters?

Im übrigen hat auch der Haß seine Gründe. Unterdrückt wird in der Rede vom »geborenen Krieger« die Einsicht, daß diese Figur – und auch jene Redeweise, die an solche feste Typen glaubt – gesellschaftlich vermittelt ist. Krieger werden geboren, wenn die Gesellschaft so beschaffen ist, daß sie in ihrem Rollenrepertoire Krieger braucht – die Gesellschaft schafft und tradiert die Voraussetzungen dafür, daß Menschen mit ihren Aggressionstrieben zur Figur des Kriegers stilisiert werden können. Gegen diese Einsicht schirmt sich der Satz Ernst Jüngers ab, und wenn ich mich recht verstehe, wird mein Haß eben dadurch provoziert: durch diese Abschirmung gegen die Erkenntnis von der Relativität des vermeintlich Ursprünglichen, durch diese bewußte Absicht des Autors, das gesellschaftlich Bedingte als zeitlosen Typus auszugeben.

Es ist dieser *Wille*, das starke voluntative Moment im Denken Ernst Jüngers, was mir diesen Autor fremd macht. Denken ist hier oft nahe benachbart dem Dekretieren, dem Verfügen, dem Befehlen . . .

Vorangestellt sind diesem Nelson-Aufsatz übrigens zwei Zitate, von denen das erste lautet: »*La récompense des hommes est d'estimer leurs chefs.*« Gewiß wird auch dieser Satz eines (anderen) Kriegers eine Portion Wahrheit enthalten. Wichtiger und produktiver aber als das Aufspüren dieser Wahrheit scheint mir die Feststellung, daß dieser Satz reine Ideologie der Herrschaft ist. Das Glück besteht im Gehorchen; wenn die Anführer etwas taugen, haben die Soldaten und Untergebenen ihren Lohn dahin. Das möchte den Chefs freilich gefallen . . .

Als ich vor ein oder zwei Jahren den ersten Band der »Tagebücher« der von Henry Miller so maßlos überschätzten Anaïs Nin las, war mir vor allem dies merkwürdig: wie diese Frau in bestimmten Phasen ihres Lebens sich abwechselnd erhellt und verdunkelt, wie ihr Wesen sich gleichsam rundet und wieder schwindet – ein »Mondwesen«, so notierte ich mir damals, und vortrefflich paßte dazu das geradezu manische Tagebuchschreiben dieser Frau: nicht die primäre Erfahrung zählt hier, sondern erst deren schriftliche Fixierung, nur im mondenen Licht der Literatur wird die Erfahrung wirklich.

Bei der flüchtigen Lektüre ihres eben erschienenen Romans *Spionin im Haus der Liebe* entdecke ich nun, daß dessen Heldin »Mondbäder« nimmt, wie andere Menschen Sonnenbäder . . . Im übrigen ist der Roman so enttäuschend, wie zu befürchten war: ungeheuer narzißtisch. Wozu das Bild dieser Schriftstellerin aus jüngeren Jahren paßt: ein vor der eigenen Schönheit wie erstarrtes Gesicht, das aus Hochmut und aus Angst sich dem Leben verweigert.

PAGUERA (MALLORCA) 10. APRIL   In Berlin Kälte am Morgen und etwa 10 cm Neuschnee. Am Abend Flug nach Palma. Das Unwirkliche von Palmen im feuchtwarmen Seewind nach der Ankunft; das Unwirkliche während des Flugs: tief unten ein sich durch braungrünes Gelände windendes silbernes Band, die Rhône (eine Straße, an die ich im ersten Augenblick dachte, wäre viel schmaler), während in den Bordfenstern das feurige Rot der untergehenden Sonne stand.

Die – wie immer – unbeschreibliche physiologische Verwirrung des Reisenden, der sich wünscht, ein so guter Schriftsteller zu sein, um diese Verwirrung authentisch wiedergeben zu können: das wüste Orchester aus Gesprächsfetzen, visuellen und akustischen Eindrücken, Erschöpfung und dem vagen Bewußtsein, mit 130

anderen Reisenden einem Ziel entgegenzufliegen, das nur eine Abstraktion ist – ein Wort, das sich sofort nach der Landung in eine viel
zu deutliche und aufdringliche und das Bewußtsein wiederum läh-
mende Wirklichkeit verwandeln wird.

PAGUERA, 11. APRIL   Paguera ist nicht eigentlich ein Ort, sondern
eine Ansammlung von Hotels; schon bei einem ersten Rundgang
stellte ich das gestern nacht fest. Erträglich gerade noch, weil jetzt,
im April, die Touristen noch nicht die Bürgersteige und Fahrbahnen
verstopfen, wie dies zweifellos später der Fall sein wird; erträglich
auch, weil man nach dem endlosen Winter in Berlin in die Wärme
des südlichen Tags wie ins Leben zurückkehrt.

Die Luft merkwürdig leicht, ohne Gewicht gleichsam; übrigens
auch ohne Geruch, obwohl man viel Blühendes sieht.

Die Souvenirläden an der Hauptstraße, auf dem Gehsteig die
Verkaufsstände mit Sonnenschutzmitteln, mit Sandalen und Bade-
schuhen und Frottiertüchern, und immer neue Hotels, Playas,
Ambassador und Mar y Pins, und die schon gebräunten Touristen
unterwegs durch die Morgensonne mit ihrem Badezeug zum Strand,
vor den Schaufenstern stehend oder auf den Terrassen sitzend,
während dicht neben ihnen die Autos ihre Auspuffgase in diese
leichte und schwerelose Luft entlassen, und da und dort zwischen
den Häusern eine Lücke, ein kurzer abwärtsführender Weg, und
dazwischen blitzt das Meer wie ein blauer Scherben oder schickt eine
weiße Schaumkrone an den kiesigen Strand.

Wenn man beruflich und aus Neigung (wie man so sagt), sich
einen großen Teil des Tages mit Sprache beschäftigt, mit Leben, das
einem in der Literatur, im leichten und geistigen Medium der Wörter gegenübertritt, mit einem schon verwandelten Leben also, das
viel näher als der massiven äußeren Wirklichkeit dem Denken steht
und eben aus diesem Grunde das Denken leichter in Gang setzt:
dann macht die direkte Begegnung mit der Welt beinahe sprachlos.
Die Dinge sind, was sie sind; ihre opake Gegenwart ist sich selbst
genug. »Fremdheit« für diese Erfahrung wäre ein Wort, das, auch
als abgegriffenes, wenig leistete. Nicht fremd ist die Welt, sondern
in ihre Identität versenkt (während sie als in der Literatur geborgene
sie selber und zugleich sich entfremdet ist). Was den Schluß nahelegen könnte, daß man sich auch darum mit Literatur beschäftigt, weil
die ungemilderte Identität der Wirklichkeit einen lähmt . . .

PAGUERA, 12. APRIL   Das andere Traumleben an fremden Orten: als seien auch die Träume in Ferien. Aber wie immer kann ich kaum etwas von diesem freien und bewegteren nächtlichen Leben in den Tag hinübernehmen – mit dem Erwachen schließt sich eine Tür. (Und wie glaube ich zu wissen, daß man nur ein halber oder schattenloser Mensch ist, wenn man so abgetrennt von dieser Schattenwelt der Träume lebt.)

Am Vormittag eine Wanderung landeinwärts, und nach ein paar hundert Metern: Stille. Ich blicke zurück, noch ein oder zwei der weißen Hotelkästen von Paguera sind sichtbar, bald darauf sind auch sie verschwunden.

Eine grüne Welt, ohne Menschen. Olivenbäume, die mit ihrem kleinen silbrig-grünen Laub so still sind, weil die Sprache dieses Baums die plastische ist: die seltsam verknoteten, bizarren Skulpturen des Stamms und der Äste. Feigenbäume, die mit ihrem staksig nach aufwärts gebogenen Geäst gerne allein stehen, Einzelwesen von etwas ungelenker Musikalität der Formen (ein rauschender Wald aus Feigenbäumen ist nicht vorzustellen). Schön die dunklen Silhouetten der Johannisbrotbäume in den Feldern; fast hält man Ausschau nach den Hirten, die in der Mittagszeit in ihrem Schatten sich ausruhn . . .

In der Ferne Hügel und ein hoher, mit felsiger Flanke vielleicht tausend Meter aufsteigender Berg; eingerahmt von zwei Koniferen neben der Straße, erinnern Landschaft und Berg an die Szenerie mit dem Mont Ste Victoire, die Cézanne so oft gemalt hat.

Am Ende meines Wegs, einsam auf einem Hügel gelegen, ein großer Gutshof, eine Hazienda, die grünen Fensterläden zum Teil geschlossen. Gelber, von der Sonne wie mürber Stein, und eine Stille anderer Art. Man möchte sie tief nennen, wenn dies Wort die Vorstellung noch aufrufen könnte, der es sich vielleicht verdankt: eine glatte Wasseroberfläche, und man blickt vom Kahn hinab und durch das durchsichtige Element in grüne Dämmerung . . . Zwei braun-weiße Jagdhunde an der Kette ließen mich nahe herankommen, bis sie sich entschlossen, ohne rechte Überzeugung zu bellen. Niemand zeigte sich, während ich auf der Steinmauer des Vorhofes saß und auf das bebaute Land hinuntersah und hinaus zu einer am Horizont liegenden Ortschaft mit einer bräunlichen Kirche mit zwei starken Türmen, ich suchte den Ort auf der Karte, es mußte Calvia sein.

Nachmittags in der von Felsen eingerahmten sandigen Badebucht von Paguera. Der fröhlich-geschäftige Müßiggang der Menschen am Rande des Meeres, in dessen Wind die Rufe und das Kleinliche verwehen. Immer aber spürt man: es ist kein großes Meer, das hier mit weißen gestaffelten Schaumstreifen vor den auf den Sand gezogenen Tretbooten steht, vor den liegenden braunen Leibern, den Ballspielern und den mit Schaufeln und kleinen Eimern hantierenden Kindern.

PAGUERA, 13. APRIL   Am Morgen nach Puerto de Andraitx gefahren, einem kleinen, von grünen Hügeln umsäumten Hafenort westlich von Paguera. Die Poesie der Frühe, des kleinen Hafens mit Fischerbooten und Yachten auf dem kaum gekräuselten Wasser, der zarten Tamarisken vor dem weißen Hotel, in dem ich hätte wohnen mögen (und das ich ursprünglich buchen wollte), die Poesie der Korbstühle und Tische am Kai, wo ich sitzen könnte, wenn ich hier wohnen würde, um hier, in der Nachmittagssonne, endlich den frühen Roman von Henry James zu lesen, den ich besprechen muß und der noch immer unberührt in meinem unwohnlichen Hotelzimmer in Paguera liegt. Glück und Melancholie, die mir in diesem Augenblick des Erkennens beinahe identisch erscheinen, und ich wandere um die Bucht bis zu der Mole mit dem Leuchtturm und kehre zurück und denke mir: wenn ich hier bleiben könnte und lasse mir einige Zimmer in dem Hotel zeigen, trete in dem einen durch die Tür auf den Balkon hinaus: und vor mir liegt wieder der durchsonnte Morgen und in ihm die blaue Bucht mit den Booten und Masten, der Kai mit den Tamarisken, die Tische und Stühle unter dem wolkenlosen Himmel.

PAGUERA, 14. APRIL   Man lügt immer, wenn man schreibt und schreibend seine Eindrücke festhält, oder genauer: schreibend profiliert und übertreibt man, was notwendigerweise zur Folge hat, daß man vieles verschweigt. Ich war gestern glücklich in Puerto de Andraitx, gewiß; wie man glücklich ist, wenn man *seinen* Ort, *seine* Landschaft sieht, Augenblicke gleichsam des Wiedererkennens und als ob man aus einem langen Exil heimkehrte. Aber ich war natürlich nicht nur und nicht die ganze Zeit glücklich, sondern zwischendurch, als ich um die Bucht herumwanderte, auch müde und stumpfen Geistes, die Sonne brannte zu heiß, mit dem spanischen

Zimmermädchen konnte ich mich in dem Hotel nicht verständigen, ich benahm mich ungeschickt in dem kurzen Gespräch mit der Besitzerin, die wenig Zeit hatte, weil gerade Gäste ankamen, hernach konnte mir niemand Auskunft geben, wann und wo der Bus nach dem landeinwärts gelegenen Ort Andraitx abfährt, zuletzt hielt er 10 Meter von mir entfernt, ich rannte los, und im gleichen Augenblick fuhr er ab, und ich wanderte einige Kilometer unter der heißen Mittagssonne auf einer Straße mit ziemlich starkem Autoverkehr nach Andraitx, wo ich in einer tristen mittäglichen Straße wieder lange auf den Bus nach Paguera wartete, während ich verdrossen und mühsam Konversation mit einem gleichfalls wartenden Hamburger Ehepaar machte –: der übliche Ferienalltag also, mit Mißgeschicken und flauen Stunden.

Was mir manchmal vorschwebt: dies Geflecht aus Glück und Banalität, Gegenwart und Erinnertem, mit seinen die visuelle Erfahrung durchkreuzenden deutlichen oder vagen Gedanken, dies Geflecht aus Körperempfindungen, Stimmungen, Einverständnissen und Aggressionen: dies unendlich Verwobene und Verworrene in Sprache zu überführen. Literatur also als Darstellung der authentischen Erfahrung, wobei es recht gleichgültig wäre, ob die Erfahrung bedeutend oder trivial ist: nur auf die Authentizität, mit der das Unmittelbare wiedergegeben würde, käme es an. Aber diese Aufgabe wäre unendlich – eine unübersehbare, wimmelnde Welt im Wassertropfen unter dem Mikroskop, und die Lösung der Aufgabe liefe auf eine gigantische Pedanterie hinaus. Und auch der Leser dieser pedantischen Übung bliebe unbelohnt.

So wählt man schreibend und so wählt die Literatur aus: die Erfahrung wird in ein Koordinatensystem übertragen, das nur für relativ wenige und ausgewählte Daten vorgesehen ist. Konturierte und darum auch lesbare Aussagen sind nur auf diese Weise möglich, nur darf man diese Aussagen nicht als authentische Wiedergabe der Erfahrung verstehen und nicht als wahr unter diesem Gesichtspunkt: Wahrheit ist hier wesentlich Kreation.

Denkbar, daß jemand so stark an diese wimmelnde Unendlichkeit der unmittelbaren Erfahrung gebunden ist, daß er alle Literatur als Fabuliererei und Lüge empfindet.

Am Nachmittag in dem kleinen Garten meines Hotels. Unter dem Sonnenschirm des runden Tisches beginne ich den Roman *Die Europäer* von Henry James zu lesen. Kartenspielende Düsseldorfer an einem entfernteren Tisch stören kaum die Konzentration; zu James, wenn man schon viel von ihm gelesen hat, kehrt man wie nach einer langen Zerstreuung heim.

PAGUERA, 15. APRIL Urlauber, die am Morgen mit ihren Badesachen an den Strand gehen: eigentlich wirken sie wie Menschen, die sich zur Arbeit begeben, zum langsamen und geduldig betriebenen Geschäft des Sich-Bräunens, nur daß der Arbeitsbeginn nicht genau vorgeschrieben ist. Was es ihnen erlaubt, scheinbar müßig zu schlendern oder dann und wann auf ihrem Weg vor Schaufenstern stehenzubleiben, als ob keine Pflicht sie riefe.

Den Roman neben mir im Sand, blicke ich auf die Badenden und auf die Brandung, die über Nacht kleine Tanghügel aufgebaut hat. Die Zeit vergeht; am Meer zählen die Stunden nicht.

Nach dem Mittagessen, als ich in meinem Zimmer zu schlafen versuche, der übliche Lärm der Handwerker, die nebenan in dem Neubau arbeiten. Ihr weiches und melodisches Singen: wie eine Modulation der weichen Luft dieser Insel, und als sei es für diese Luft hier leicht, sich in Gesang zu verwandeln.

Nachmittags James gelesen. Das »internationale Thema« auch hier, in diesem frühen Roman *Die Europäer*: die Konfrontation von Europäern und Amerikanern, diesmal auf dem Boden Neu-Englands. Wobei es James auch hier ganz vermeidet, den Kontrast von Alter und Neuer Welt irgendwie auf Begriffe zu bringen; nirgends gibt es in seinen Romanen allgemeine Reflexionen und Exkurse. Eine wahrhaft erstaunliche Abstinenz – sofern es nicht einfach Unvermögen ist, abstrakt zu denken, von der er als Künstler unablässig profitiert, weil er so gezwungen ist, alles, was er zu sagen hat, konkret darzustellen.

Dieses Konkrete heißt für James in erster Linie Konversation: die fortwährenden Schwingungen, Verschiebungen und kleinen Entscheidungen, die auch in einem scheinbar banalen Gespräch stattfinden. Ich notiere einen für James überaus charakteristischen Satz, den ich, mit anderen Namen, Dutzende von Malen bei ihm gelesen zu haben glaube (was wahrscheinlich gar nicht stimmt): »Gertrude schwieg einen Augenblick; dann nahm sie das Gespräch wieder auf.« Wie wenn ein Stein in ein stehendes Gewässer geworfen worden ist, das Wasser zieht Kreise, die sich langsam erweitern (der Vorgang wird aufmerksam registriert), ein zweiter Stein folgt . . .

PAGUERA, 16. APRIL   Wanderung nach dem kleinen Ort Capdella im Innern des Landes – unterwegs immer wieder Wasser-Tankwagen, Paguera selbst hat kein Wasser – und dann weiter nach Calvia, dessen gebleichte Dächer und mächtige Kirche ich neulich von der Hazienda in der Ferne erblickte. Ich sehe kaum Menschen; niemand arbeitet auf den von Bergen umgebenen Obstplantagen. Über eine breite, zu beiden Seiten mit Blühendem gesäumte Steintreppe zu der hochgelegenen Kirche, die mir, wie oft an solchen Orten, viel zu groß und wuchtig erscheint: wie eine dunkle und geräumige Arche, in der sich die Menschen nicht nur dieser Ortschaft, sondern eines ganzen Landstrichs während einer Sintflut einschiffen könnten, um in der kühlen Dämmerung die dunklen und wüsten Zeiten der Erde zu überdauern.

Das Weltabgelegene einer einfachen Bar um diese Mittagszeit: der Patron, der schläfrig in einer Zeitung aus Palma liest (ich nahm sie später zur Hand), eine dunkel gekleidete Frau, die strickt, einmal ein Bauer, der an die Theke kommt und ein Glas Wein trinkt. Mehr als Exkursionen zu Sehenswürdigkeiten, die mir wenig bedeuten, mehr als die großen Ausblicke von berühmten Küstenstraßen aufs Meer, mehr als fast alles andere liebe ich solche Stunden der Rast im Süden: Stunden, in denen man, von der Sonne verbrannt und müde, an nichts denkt, in denen nichts passiert, in denen das Leben für immer stillzustehen scheint. Als ob man hier, in dem dämmerigen Raum hinter den Glasschnüren der Tür, vergessen werden könnte und wahrscheinlich schon vergessen ist, man denkt an niemanden und niemand denkt an einen, das Wort ›weit weg‹ wird hier wahr wie kaum sonst . . .

PAGUERA, 17. APRIL   Mit dem Auto an die Nordspitze der Insel, quer durch das Land nach Valldemosa, wo Chopin in einem ehemaligen Karthäuser-Kloster mit George Sand einen Winter verbracht hat, über die hochgelegene Küstenstraße nach Puerto de Soller, wo wir in einer Hafenkneipe mit dem Namen ›Der Pirat‹ zu Mittag aßen, weiter dann übers Gebirge, vor und neben uns das mächtige Felsmassiv des Puy Mallor, nach Pollensa dann und nach Cala San Vicente, wo ein kühler Seewind die Wellen in die felsige Bucht trieb. Man bekommt ein Bild von der vielgestaltigen Formation der Insel; man sieht, was ein Gegenstand für künftige Anstrengung nicht des Begriffs, sondern der Anschauung sein könnte: die zypressenumstandene Stille des ehemaligen Klosters in Valldemosa, die sich gegen die aus den Omnibussen quellenden Touristen noch behauptet – wieviel Stille muß hier in Jahrhunderten gespart und gesammelt worden sein, daß sie solchen Andrang übersteht! –; das Dorf Deya mit seinem wunderbaren kegelförmigen, in Terrassen aufsteigenden Hügel, ein spiritueller Ort, an dem man vielleicht arbeiten könnte, weil hier das großgefächerte Blatt des Feigenbaums und die Olivenbäume ihr sattes und silbriges Grün in den farblosen Raum des Denkens hineinhalten würden, ohne ihm fremd zu sein . . .

Im ganzen aber bestätigte sich auf dieser ganztägigen Autotour die alte Erfahrung: daß man zwar an vielem vorüberfährt, aber kaum etwas auf produktive Weise aufnimmt; man hat die Landschaften und Orte gesehen, aber sie nicht wirklich erlebt. Authentische Erfahrung ist so schnell und bequem nicht zu haben, und die leichte Zugänglichkeit der Welt ist die Weise, in der sie sich dem eiligen Touristen entzieht.

PAGUERA, 18. APRIL   Am Nachmittag mit meinem James-Roman im Garten und später, als die Sonne hinter die Bäume gesunken war und es zu kühl wurde, in einer Bar.

Von wie vielem dieser Autor abstrahiert: von gedanklichen Exkursen, von der Sinnlichkeit des Leibes – er kennt nur eine seelisch-spirituelle und daneben, kaum jedoch in diesem Roman, die Sphäre subtiler Zweideutigkeiten –, von den materiellen Gegebenheiten des Lebens weithin (seine Helden sind meist reich, aber verschwiegen wird gern, wie sie zu ihrem Reichtum gekommen sind). All das kommt dem Roman von James zugute: er ist konkret und kraft dessen, was er ausschließt, formell zugleich, eine einzigartige Mischung. Eben sie, die sorgfältige Auswahl der ›Zeichen‹, fordert beim Lesen angespannte Aufmerksamkeit; diese Konzentration macht das Glück dieses Romanciers aus und das seiner Bewunderer. Liest man James, wird einem fortwährend zu Bewußtsein gebracht, daß alles, auch das Geringfügigste, Bedeutung hat und daß das Leben insgesamt in keinem Augenblick seine moralische Relevanz einbüßt.

Merkwürdig schon, wie in den Romanen von James fast immer die Frage einer möglichen Heirat im Mittelpunkt steht. Heirat, fast eher als Liebe, ist das Thema dieses Romanciers, die bürgerliche Besiegelung des Gefühls. Wobei, ich sagte es schon, die physische

Bekundung des Gefühls tabuiert ist. Felix, der europäische Bohemien dieses Romans, und seine mit ihm schon ganz einige Kusine Gertrude, die er dem Puritanismus Neu-Englands abtrünnig macht, bei einem Rendezvous im nächtlichen Garten: »Er zog ihre Hand an sich, nahm sie unter den Arm, und sie gingen eine Stunde lang durch den Garten und sprachen miteinander.« Das ist das Äußerste, was James in dieser Hinsicht sich gestattet.

(Wie paßt es dazu, daß der alternde James, der Junggeselle geblieben war und der vielleicht nie leibliche Beziehungen zu einer Frau hatte, einmal gestand: er wünschte sich Enkel, nicht Kinder. Und wie stimmig auch, daß für ihn die Wörter *summer afternoon*, wie er irgendwo schrieb, die schönsten der englischen Sprache waren: Erinnerung an die Stunden, da das Tagwerk fast getan ist und die Schatten auf jener Erde, über die in seinen Romanen nie der Pflug geht, schon länger werden . . .)

PAGUERA, 19. APRIL   Zu Fuß nach Camp de Mar, einer Hotelsiedlung in einer kleinen Bucht, und von dort mit dem Auto wieder nach Puerto de Andraitx. In der von Hügeln geschützten Bucht ist wenig Wind, auch die Boote schaukeln nur leicht auf dem Wasser, aber man weiß und spürt es, daß jenseits der Mole das weite und bewegtere Meer liegt – das Idyllische öffnet sich der Ferne (während sonst idyllische Orte ohne diese Nachbarschaft von Abenteuer und vielleicht Gefahr wie ausgespart wirken, wie Relikte und beinahe unwahr). Und an Fahrt und Ferne erinnern natürlich auch die kleinen Schiffe und Yachten; deren hölzerne Rümpfe, Masten, Leinen und Segel sind Verbündete von Meer und Wind.

Am späten Nachmittag mit dem Roman im rückwärtigen Garten einer Bar. Der schrille Lärm von Wellensittichen und Taubengurren in einem großen Holzkäfig, an dessen einem Fuß ein angebundener Hund wütend herumspringt. Auf der Suche nach einem stillen Arbeitsplatz lande ich in einer anderen Bar. An der Theke ein angetrunkener Rheinländer, der einem fast stummen Zuhörer seine privaten Lebensumstände darlegt; dem sonoren Schnapsgrund seiner Stimme entringt sich die Kunde von erlittener Unbill – ein Schwager trachtet ihm nach dem Geld – und alkoholisch aufgeweichtes Gefühl, wenn er von seiner Frau und den Kindern spricht. Auf die Frage freilich, wie viele er habe, antwortet er lapidar: »Zwei Stück.«

PAGUERA, 20. APRIL   Der erste Tag mit trübem Himmel, ein leichter Nebel fällt. Am Meer, das mit stumpfer Farbe und höheren Brandungswellen gegen die Bucht rollt. (Merkwürdig die Neugierde und Spannung, mit der man immer darauf wartet, ob die nächste Woge höher ist als die vorausgegangene und ob das Wasser ein Stückchen weiter den Sand heraufkommt; wie in der Kindheit, wenn die Isar Hochwasser hatte und ich mit seltsamer Lust das Steigen des lehmgrauen Wassers am Pegel ablas oder an den überfluteten Wegen . . .)

Ein verlorener Vormittag: man geht zum Reisebüro, um aufs Barometer zu blicken, man wechselt Geld um, kauft Postkarten und Zeitungen, man unterhält sich ein paar Minuten mit Hotelgästen, die man auf der Straße trifft, man geht noch einmal ans Meer . . . Nachdenken darüber, warum, in den Ferien und eigentlich immer, solche kleinen Gänge und Besorgungen, die einen halben Tag ausfüllen, so maßlos verstimmen: dies Verzetteln der Stunden, das Fehlen eines Ziels und gewissermaßen eines Begriffs, die dem Ganzen einen Sinn geben könnten. (Natürlich könnte man fragen, welchen Sinn es hat, drei Stunden ins Landesinnere, etwa nach Calvia zu wandern, aber es charakterisiert den Unterschied, daß eine solche Frage überhaupt nicht auftaucht: das Gefühl von Aufbruch und Freiheit, das Unterwegssein, vielleicht auch das Moment von Arbeit, das sich mit einer größeren Wanderung verbindet, sind sich selber genug.)

Voraussetzung für die tiefe Unlust, wenn man die Stunden vertrödelt und den Tag verzettelt, ist wohl die Weigerung – oder das Unvermögen –, in den Alltag wirklich hineinzugehen: man bleibt ›draußen‹, fixiert an bestimmte Ziele und Vorstellungen (die keineswegs bewußt sein müssen), die Gegenwart bleibt leer.

Der Wind, der in Stößen durch den verdrossenen Tag weht; die dürftige Grunewald-Szenerie am Strand mit Sand und Kiefern; die schon zu oft gesehenen und wie abwesenden Straßen und Häuser von Paguera . . .

Am späten Nachmittag mit dem neuen Gedichtband von Ernst Meister *(Es kam die Nachricht)* in einem Lokal an der Hauptstraße. Stille, unterbrochen nur manchmal durch das Knallen neu aufgelegter Scheite im Kaminfeuer, neben dem ich saß. Etwas veränderte sich: wie wenn die schlaffen Seiten eines Instruments angespannt werden. Als ich ins Hotel zurückgehe, hat die Atmosphäre sich beruhigt; es weht kein Wind mehr.

PAGUERA, 21. APRIL   Nach dem Mittagessen einen Bootsausflug entlang der in gleißender Sonne liegenden Felsenküste zu der Mallorca im Westen vorgelagerten steinigen Insel Dragonera, die umschifft werden soll. Der starke Nordostwind trifft das kleine Schiff, als es den Windschatten der südlichen Küste verläßt, mit voller Wucht, zwischen den beiden Inseln rollen die Wogen heran, und der Cápitan wagt es nicht, die Fahrt in die »Nordsee«, wie er in seinem mühsamen Deutsch sagt, fortzusetzen. So komme ich anstatt nach San Telmo ein drittes Mal, diesmal vom Meer her, nach Puerto de Andraitx.

Zuvor sah ich, lange angekündigt und erwartet, einige Kormorane, die dicht über das Wasser strichen. War es der suggestive Name dieser Vögel, war es die Erinnerung an ein Gedicht von Georg Heym, in dessen langzeiligen und soviel Weite aufrufenden Versen, wenn ich mich recht erinnere, ein Kormoran seine großen Schwingen ausbreitet –: ich hatte mir statt der Vögel von der Größe etwa einer Ente oder einer Gans solche mit riesiger Flügelweite vorgestellt und war enttäuscht.

Die drei Männer, die sich, gewiß unnötig, am Steuerrad des kleinen Bootes ablösten: der sympathische Cápitan, in schwarzem Pullover, mittleren Alters; Harry, nur mit Hose und sorgfältig geflicktem blauem Hemd bekleidet (der starke Wind war kühl, aber er schien nicht zu frieren), ein fröhlicher und gefälliger Hansdampf in allen Gassen, den ich schon in einer bescheidenen Bar in Paguera gesehen hatte, deren Oberkellner, wie er behauptete, er in der Saison ist; ein kleiner Buckliger mit lange herunterhängenden Armen, der sich manchmal, sein fast affenartiges Aussehen bewußt herausstreichend, einen Rettungsring vor das grimassierende Gesicht hielt oder den Passagieren aus einer Schnabelflasche Wein in die aufgesperrten Münder goß. Unter den Reisenden, im Windschatten auf dem Boden sitzend, eine junge Frau, die ihre Augen hinter einer riesigen azurblauen Sonnenbrille mit breiten silbrigen Bügeln verbarg – Holländerin, wie ich später erfuhr, und Freundin des Cápitan –, unter hochgeschobenem Rock die Beine angewinkelt, wobei die Abgrenzung der Ober- und Unterschenkel gegeneinander undeutlich blieb, so daß der Eindruck einer verwirrenden Vielzahl gebogener Schenkel entstand – eine Art weiblicher Shiva, nur daß sie an Stelle der vier tänzerisch bewegten Arme vier Beine zu haben schien: als habe sie die schönen Besitztümer, deren Eigner das Steuer des schlingernden Schiffes bediente, durch Liebeszauberei vervielfacht, um sie auf dieser Meerfahrt vor der südlichen Sonne auszubreiten.

Ibsens *Gespenster* im Schloßparktheater. Um eine primäre Freude am Theater haben zu können, muß man, glaube ich, fünfe gerade sein lassen. Zum Beispiel: mich störte, daß eine Figur wie Pastor Manders, dieser steifleinerne Tugendbold, von Wilhelm Borchert gespielt wurde, der für diese Rolle die kultivierte Eleganz seiner Erscheinung und seiner Hände natürlich nicht auslöschen konnte. Das stimmt so wenig mit der Rolle überein wie der Sprechduktus dieses Schauspielers, der *ganze* Sätze spricht, während der in Moralkonventionen erstarrte Pastor Ibsens seine lebensfremden Äußerungen pedantisch *Wort für Wort* vorzubringen hätte.

Wie soll man im übrigen die *Gespenster* und wie Ibsen überhaupt heute spielen? Der Kritiker des *Tagesspiegel* schrieb: »Spielt man ihn aus seiner Zeit heraus, wird das Brüchig-Antiquierte mancher Verhaltensweisen, mancher Thesen und so mancher Argumentationen allzu offenkundig; versucht man, ihn auf die Ebene von heute zu transponieren, wird die Diskrepanz zwischen der Verwurzelung in seiner Zeit und dem Anspruch des Jetzt schmerzlich deutlich.«

Ein heikles, vielleicht auch ein seltsames Problem – seltsam, wenn man bedenkt, daß niemand auf die Idee käme, etwa Kellers *Grünen Heinrich* oder Fontanes *Effie Briest* »auf die Ebene von heute zu transponieren, um das Brüchig-Antiquierte mancher Verhaltensweisen« in diesen Romanen zu eliminieren. Oder sollte es sich so verhalten, daß jedes produktive Lesen älterer Romane immer zugleich auch eine Interpretation unter der Optik der Gegenwart ist?

Aber diese Interpretation des Lesers ist nicht die gleiche wie die eines Regisseurs. Was ein Roman darstellt, bleibt prinzipiell immer wahrnehmbar – die jeweilige Gegenwart erleichtert oder erschwert nur die Wahrnehmung gewisser Momente, rückt dies oder jenes mehr in den Vordergrund, setzt die Akzente anders. Die Interpretation des Regisseurs hingegen kann ein Stück in der Tat *verändern*: so, daß gewisse Momente des Stücks, die er kraft seiner Interpretation vernachlässigt oder völlig eliminiert, für den Zuschauer kaum oder überhaupt nicht mehr erkennbar sind (sofern er das Stück nicht vorher gelesen hat).

Das Selbstherrliche des Theaters, sein Usurpatorisches: die Stücke sind ihm Gelegenheiten, Vorlagen . . .

Nach einer ausgedehnteren Lektüre Ibsens ist mir jetzt deutlich, daß den Schauplätzen in seinen Stücken eminente Bedeutung zukommt. Schauplatz ist jeweils der Ort, wo das Glück nicht ist, wo man eigentlich nicht leben kann; das gilt für den Landsitz Frau Alvings in den *Gespenstern*, für den alten Herrensitz in *Rosmersholm*, den kleinen, an einem Fjord gelegenen Ort der *Frau vom Meer*, in welchem die Heldin fern von der See verkümmert, für die Tesmansche Villa in *Hedda Gabler* wie für das Gut, auf dem der Held von *John Gabriel Borkmann* unter seinem Fiasko leidet; und selbstverständlich auch für das Puppenheim in *Nora*. (Ich weiß nicht, ob diese Eigentümlichkeit der Ibsenschen Schauplätze bereits gesehen worden ist; in dem Vorwort Joachim Kaisers zu meiner Ibsen-Ausgabe findet sich kein Hinweis darauf.)

Warum sind diese Orte unglückliche? Es gibt verschiedene Gründe: in den *Gespenstern* ist von der Sonnenarmut die Rede, vom Regen, der Düsternis; in *Rosmersholm* ist der Ort irgendwie verwunschen, keiner der hier Lebenden lacht; Allida in der *Frau vom Meer* ist mythisch dem Meer verbunden, nur in seiner unmittelbaren Nähe kann sie leben; für Hedda Gabler ist alles unmöglich, der Mann, das Haus, Gegenwart und Zukunft . . .

Weil die Menschen Ibsens dem Unglück, dem finsteren Bann entfliehen möchten, gehen so viele von ihnen fort, auf Reisen oder in den Tod. Wobei zu fragen wäre, ob die Schauplätze der Stücke unglückliche ›an sich‹ sind, freudlos und verwunschen, oder ob sie zu solchen nur geworden sind, weil *diese* Menschen hier leben . . .

Von emphatischer Bedeutsamkeit aber sind bei Ibsen die Schauplätze, weil das, was hier zum Austrag kommt, noch bedeutsam ist: das Individuum, seine Wahrheit und seine Lüge, sein Verlangen nach Glück und nach *Leben* – ein Wort, das auch für diesen Dramatiker einen Goldglanz hat wie für andere Schriftsteller in der zweiten Hälfte des vorigen Jahrhunderts.

Und weshalb ist so vieles an diesen Stücken Ibsens vergänglich und vergangen? – verblichener, als es etwa die Romane von Henry James sind, an deren Konflikte und Dialoge man bei der Lektüre Ibsens oft denken muß. Weil James der größere Künstler war?

Diese Auskunft wäre zu pauschal. Wahrscheinlich verhält es sich so, daß es nur im Roman möglich war, jene tief ins Bürgerliche eingesenkten Figuren, Konflikte und Fabeln so darzustellen, daß sie mit dem Dahinschwinden der bürgerlichen Welt nicht zugleich vergilbten: kraft der ungeheuren Subtilität der Jamesschen Sprache und kraft eines kompositorischen Geflechts, in welchem die Konflikte und Figuren nur wie Muster im Gewebe wirken, vorhanden zwar, aber nicht isoliert wie im Drama. Präparierte man diese Muster aus dem unendlich zarten Gewebe seiner Prosa heraus, um sie isoliert zu betrachten, würde sogleich das Hinfällige und Artifizielle seiner Menschen und Konflikte offenbar – jener Figuren (im weiteren Sinne), die mit ihrer fragilen Konstruktion nur im Ozean seiner Kunst bestehen können.

In den Stücken Ibsens gibt es kein solch vergleichbares Medium, und seine bewunderungswürdige Dramaturgie leistet in dieser Hinsicht wohl nichts. Kommt noch hinzu, daß eben dank dieser perfekten Dramaturgie es oft kaum auszumachen ist, ob die Personen und ihre Konstellation den betreffenden Konflikt zeitigen, oder ob der Konflikt bzw. eine bestimmte Problem-Konstellation sozusagen die erforderlichen Figuren hervorbringt . . . seine Menschen sind wie Funktionen des jeweiligen – und oft recht zeitbedingten! – Konflikts und von diesem und was ihm an Vergänglichem anhaftet, kaum zu trennen.

Nach *Baumeister Solness* und *Wenn wir Toten erwachen* noch einmal den Text von Joachim Kaiser über Ibsen gelesen. Über *Die Frau vom Meer* schreibt er: Das Stück »handelt, wiederum, von einer nicht recht glücklich verheirateten, abhängigen, romantisch versponnenen Dame, die erst dann ihre Ehe bejahen kann, wenn der Gatte ihr die Freiheit gegeben hat, sie könne sich für den großen Liebhaber ihres Lebens entscheiden«.

Was den Kritiker Joachim Kaiser auszeichnet: daß Größe ihn nicht terrorisiert und zu bewußtloser Adoration zwingt, sondern daß er das Große – und das weniger Große – in das Koordinatensystem einer Vernunft überträgt, die dem gesunden Menschenverstand immer benachbart bleibt –: diese spezifische Begabung zeigt in diesem sehr lässigen Satz ihre Kehrseite. Glatt übersehen wird hier nämlich der – wie immer zu bewertende – mythische Gehalt dieses Stücks, dessen Heldin eben nicht eine »romantisch versponnene Dame« ist, sondern eine Frau, die erst zum Schluß den mythischen Bann brechen kann, der ihr die Teilhabe an der Menschenwelt verwehrt.

Unlängst fragte die Wochenzeitung *Publik* bei mir an, ob ich zu dem dort erschienenen Artikel ›Zeitschrift – Medium der Zukunft?‹ von Horst Bingel Stellung nehmen möchte. Nachdem ich Bingels Kolumne dreimal gelesen hatte, erwiderte ich u. a.:

»Gerne würde ich auf Horst Bingels Artikel etwas erwidern, aber nach mehrmaliger Lektüre geht es mir wie Prousts Bergotte, der im Hinblick auf die Suada des Diplomaten Norpois nur feststellen kann: darauf gibt es keine Replik.

Daß es im übrigen nicht leicht ist, substantieller über Zeitschriften zu reden, hat unlängst wohl auch das Konstanzer Gespräch über dieses Thema gezeigt. Zeitschriften – nach einer Reihe von Podiums- und anderen Diskussionen über diesen Gegenstand glaube ich das sagen zu dürfen – können ihr Dasein ebenso gut und ebenso schlecht ›rechtfertigen‹ wie die Literatur: Millionen von Menschen kommen ohne sie aus, und sie vermissen nichts dabei. Und selbst jene paar Tausend, die sowohl moderne Literatur als auch Zeitschriften lesen, würden die Selbstmordquote nicht in die Höhe schnellen lassen, wenn plötzlich die Buchproduktion drastisch gedrosselt und die meisten Zeitschriften verschwinden würden. Literatur und Zeitschriften sind für manche Menschen ein *notwendiger Luxus*; was das heißt, darüber müßte einmal nachgedacht werden . . .

Sinnvoller vielleicht als das allzuleicht ausufernde Gerede über Zeitschriften im allgemeinen sind einige Tatsachen. Zu ihnen zähle ich, daß viele bedeutende Aufsätze nicht geschrieben worden wären, wenn es keine Zeitschriften gäbe: keine Redakteure, die mit den Autoren ein Thema fixieren, die Autoren zum Schreiben verführen, sie drängen. Ein anderes Faktum: Autoren, die für den Rundfunk schreiben – und die meisten tun das –, täten dies, glaube ich, lustloser, wenn sie nicht wüßten, daß ihre Arbeit hernach in einer Zeitschrift gedruckt wird. Das gesprochene Wort verweht; welcher Autor könnte sich damit abfinden?«

Dem Augenblick verhaftet, folgt er wie ein Hund, den Kopf dicht am Boden, der Fährte; die Landschaft, durch die er sich bewegt, bleibt unerkannt.

Wie beim Bergsteigen ist auch im Denken von einer bestimmten Höhenlage an jedes Fortschreiten unverhältnismäßig schwierig – man leidet an Atemnot.

Vom Glück der andern macht man sich häufig eine übertriebene Vorstellung: das Gefühl des eigenen Unglücks wirkt wie ein Vergrößerungsglas.

Er scheint sehr klug zu sein, doch wird er in dieser Hinsicht überschätzt. Denn da es ihm an Stoff für sein Denken fehlt, wird von diesem meist nur die Schärfe sichtbar.

Literaturgeschichten: Vorführung von Bomben, die ein geschulter Sprengmeister entschärft hat.

Da ich nicht glaube, daß das Problem der Pornographie schon erschöpfend behandelt worden ist, versuche ich (als Redakteur einer Zeitschrift) immer wieder einen Schriftsteller oder Psychoanalytiker zu finden, der einen Aufsatz darüber schreiben möchte; bisher erfolglos. Ich denke mir: daß die Pornographie, obwohl selber nicht Kunst – die Grenzen sind allerdings fließend –, in einem weiteren Sinn künstlerisch zu sein hätte, soll sie gut sein und das heißt: soll sie die angestrebte Wirkung haben. Die Malerei habe ein Fest für die Augen zu sein – dieses Wort (von Delacroix?) verrät, worauf es Künstlern früher ankam: die anschaulich gemachte Welt sollte eine positive Erfahrung vermitteln. Um dies zu erreichen, mußte der Künstler *sehen* können, mußte Geist und Stil haben – mit der geistlosen photographischen Abschilderung ist es ja nicht getan. Eben dies aber tut, soweit ich sehe, weithin die heutige Pornographie: ›Stellungen‹ werden, wie man so sagt, knallhart photographiert, vom wirklichen sexuellen Verlangen – von Eros natürlich ganz zu schweigen – gibt das Bild keine Spur wieder. Oft hat man den Eindruck, die pornographische Photographie präsentiere dem Betrachter sehr merkwürdige, sehr ausgefallene gymnastische Übungen. Das grotoskeste Beispiel entdeckte ich kürzlich in einer Postwurfsendung, die mir von einem in dieser Hinsicht spezialisierten Verlag ins Haus kam: ein Farbphoto, auf dem eine bestimmte ›Stellung‹ von unzähligen, bis an den Horizont lagernden Paaren im Freien vorgeführt wurde – eine gymnastische Massenveranstaltung, die an das »Frisch, fromm, fröhlich, frei« des Turnvaters Jahn erinnerte oder an die Polizeisportfeste im Berliner Olympia-Stadion mit ihrer blödsinnigen Gruppenakrobatik auf Motorrädern.

Kann Pornographie noch geistloser und stupider sein? Kann die

Intimität, die doch gerade den Reiz der Sache ausmacht, vollkommener eliminiert und so jener Effekt gründlicher vereitelt werden, auf
den es die Pornographie doch abgesehen hat?

Nicht uninteressant die Frage, warum Intellektuelle, wie man sagt,
an Pornographie stärker interessiert sind. Wahrscheinlich müßte
man, um diese Frage zu beantworten, zwischen primärer und
sekundärer Wirklichkeit unterscheiden und dabei berücksichtigen,
daß für den Intellektuellen die sekundäre Wirklichkeit – Schrift und
Bild – stärker »libidinös besetzt« ist, weil er mehr als andere sich in ihr
bewegt. ›Nachrichten‹ aus dieser sekundären Wirklichkeit sprechen
ihn darum intensiver an als solche der primären Wirklichkeit, der er
nicht selten mehr oder weniger entfremdet ist: was Wirkung haben
soll, muß für ihn also ›übersetzt‹, muß vergleichsweise abstrakt sein.

Gefahr der Abstraktion: noch einen Schritt weiter, und du landest in
der Küche.

Jargon: die Sprache krempelt die Hemdsärmel hoch.

Es gibt glückliche Menschen, welche das Leben nie dazu nötigt, ihre
Dummheit nach außen zu kehren.

Einer denkt über Kunst nach und gibt folgenden Satz von sich: »Nur
wenig Gottbegnadeten hat zu allen Zeiten die Vorsehung die Mission
aufgegeben, wirklich unsterblich Neues zu gestalten.«

Der Satz klingt auf sehr vage Weise bedeutend, schon das Vokabular ist imposant: Gottbegnadete, Vorsehung, Mission, unsterblich
Neues . . . Übersetzte man den Satz in alltägliches Deutsch, würde er
lauten: Große Künstler sind zu allen Zeiten selten. Eine Binsenwahrheit.

Warum also die gehobene, die bombastische Sprache? Der Satz
selber und auch der Kontext, in dem er steht, geben keinen Hinweis
darauf, daß für den Schreiber Worte wie »Gottbegnadete« oder
»Vorsehung« einen bestimmten religiös-metaphysischen Sinn haben. Und selbst wenn ein solcher Sinn intendiert wäre, würde er
durch die Wortinflation des Satzes zugedeckt und erstickt. So liegt die
Vermutung nahe, daß hier eine Banalität in geschwollener Sprache
vorgetragen wird, um den Eindruck von Tiefsinn zu erzeugen und
den Zuhörern oder Lesern zu imponieren.

Aber warum will er imponieren und was bezweckt er mit seiner bombastischen und das Denken niederknüppelnden Sprache? – In den vorausgehenden Sätzen ist von den »Narren« die Rede, die die Welt durch die »Ausgeburten« ihres »kranken Hirns« beleidigen, werden jene »Stümper« angeprangert, die Neues »um jeden Preis« schaffen wollen. Damit aber wird der aufgedonnerte Satz nun schon lesbarer. Indem der Sprechende eine Banalität bedeutend zu machen versucht, möchte er in Wahrheit den Satz in eine Waffe verwandeln, mit der jene zu Boden gestreckt werden sollen, die in Dingen der Kunst eine andere Meinung haben. Sprache also nicht als Vehikel des Denkens, sondern als Instrument der Macht, als ein Mittel, die eigenen Anschauungen um jeden Preis durchzusetzen und Andersdenkende zu diffamieren.

Von dem selben Mann stammt auch dieser Satz: »Blut und Rasse werden wieder zur Quelle der künstlerischen Intuition.« In mancher Hinsicht erinnert dieser Satz an den vorigen, nur daß dieser in vernünftiges Deutsch schon nicht mehr übersetzbar ist: die Worte Blut, Rasse, Quelle und künstlerische Intuition sind so verblasen, daß man alles und nichts damit anfangen kann. Eben diese fatale Eigenschaft aber war dem Sprecher gerade willkommen; er wollte nicht rational über Kunst sprechen, sondern eine Beziehung knüpfen zwischen dem dubiosen Mythos von Blut und Rasse und der Kunst. Kunst, so wird suggeriert, ist abhängig von Blut und Rasse, und ganz im Sinne des Redners dürfen wir ergänzen: Wer nicht die richtige Rasse hat, wird auch keine rechte Kunst hervorbringen, sondern nur eine »entartete«.

Schön zu denken, daß über diesen finsteren Unsinn vom Blut seinerzeit nicht nur Hitler geschwafelt hat – von ihm stammen die zitierten Sätze –, sondern auch der große Komiker Karl Valentin. Allerdings auf andere Weise: so nämlich, daß er über das Geschwafel selber schwafelte und es solchermaßen denunzierte. »Das kann man nicht lernen«, sagt er bewundernd von einem Kunstradfahrer, »das ist angeboren. Das liegt bei den Artisten schon im Blut, im Artistenblut, in der Familie, im Familienblut, im Artistenfamilienblut, im artistischen Familienblut . . .«

Ohne Theorie, ohne feste Meinungen, ja eigentlich auch ohne Gesinnung trat er der Welt gegenüber, schutzlos und sozusagen nackt, während er von allen anderen den Eindruck hatte, sie seien von ihren Anschauungen, ihren Gesinnungen, auch von ihrem Temperament wie von einem Panzer umgeben. Nur zuweilen suchte ihn die Ahnung heim, daß das, was er an den anderen als Panzer sah, nur durch sein Hinsehen entstand und nur für ihn existierte, während sie in Wahrheit ebenso schutzlos waren wie er selber. Und er fragte sich, ob er nicht auch den anderen als Gepanzerter erschien: eingehüllt in eine Rüstung, welche die anderen mit ihren Argumenten wie mit Lanzen zu durchstoßen trachteten.

Er kämpfte allein mit einem mächtigen Gegner und tötete ihn, aber niemand konnte den Erschlagenen sehen. Zum Beweis zeigte er seine blutigen Hände vor.

Hoffnung beim Anblick grünen Schilfes: Ich werde aus jeder Welt in den Morgen dieser Erde zurückkehren.

Heute morgen eine kleine Fernsehaufnahme: ich sollte ein paar Minuten über den kürzlich erschienenen Band *Lauter Verrisse* von Marcel Reich-Ranicki sprechen. Wie immer bei solchen Aufnahmen ist man verblüfft über das Mißverhältnis zwischen dem aufgebotenen und auch notwendigen Apparat, den ganzen zeitraubenden Zurüstungen, und dem eigentlichen Vorgang: den paar Minuten, die man vor der Kamera zu sprechen hat, möglichst frei und natürlich, während die ganze Situation im höchsten Maße unnatürlich ist. Mißlich vor allem, daß man in so kurzer Zeit eigentlich nur Feststellungen vorbringen, nicht aber den Prozeß des Denkens aufzeigen kann, der zu diesen Feststellungen geführt hat. Man macht also genau das, was Peter Handke – in einer in den Band aufgenommenen Kritik – dem Kritiker Reich-Ranicki vorwirft, wenn er von dessen Rezensionen sagt: »Kein Satz argumentiert, etwa um zu einem Kommuniqué als Endsatz zu kommen: seine Sätze sind alle schon Endsätze, sind Kommuniqués.«
Wenn ich ernsthaft über den Kritiker Reich-Ranicki nachdenken sollte, würde mich vor allem dies interessieren: wie seine deutlichen Vorzüge mit seinen ebenso deutlichen Grenzen zusammenhängen. Zu seinen Vorzügen möchte ich rechnen, daß er das zu rezensierende Objekt auf genaue Distanz hält – er verliert es keinen Augenblick aus den Augen, mit gesammelter Aufmerksamkeit ist er darauf bezogen. Das klingt wie eine Selbstverständlichkeit, und ist so

selbstverständlich doch nicht; denn Aufmerksamkeit ist eine geistige Aktivität, die sehr verschiedene Intensitätsgrade haben kann.

Stark und unverwandt auf einen Gegenstand aber kann man nur bezogen sein, wenn dieser Akt nicht seinerseits zum Problem wird. Eben dies, möchte ich sagen, ist bei Reich-Ranicki der Fall: er ist mit sich einig, er zieht seine Kategorien und seine Einstellung nie in Zweifel. Angesichts einer Literatur, die sich fortwährend selber in Zweifel zieht und die überdies das, was dieser Kritiker schätzt – realistische Anschaulichkeit –, kaum mehr anstrebt, weiß Reich-Ranicki zu gut und zu sicher Bescheid. Im Grunde fordert er jene Rationalität und Deutlichkeit, die ihn als Urteilenden auszeichnen, auch von seinem Gegenstand, der Literatur. Aber diese Literatur geht oft so andere Wege, als der Kritiker möchte . . .

Im übrigen ist Reich-Ranicki unter den deutschen Kritikern wohl derjenige, für den der Akt des Urteilens, des Bewertens, die größte Wichtigkeit hat; hierin an einen Schulmann erinnernd, der die Leistungen der Schüler benotet, oder an ein Gericht, das am Ende der Verhandlung zu einer Verurteilung oder einem Freispruch kommen muß. Mit diesem Insistieren auf dem Urteilsakt hat Reich-Ranicki, was seine erbitterten Gegner selten wahrnehmen, eine wichtige Funktion im Rahmen der heutigen Literaturkritik. Indem er, nach seiner Überzeugung, das Gute gut und das Schlechte schlecht nennt, ohne viel Umschweife und Rücksichtnahmen, bringt er uns eine gewisse Schwäche mancher Kritiker zu Bewußtsein: daß sie oft mehr Interpreten sind und ein entschieden wertendes Wort vermeiden. So erinnert uns dieser Kritiker daran, daß der Akt des Wertens eine Sache sui generis ist und nicht jedermanns Sache: Es kann einer unendlich viel von Literatur und von einzelnen Werken verstehen und doch fast außerstande sein, ein konkretes Werk wirklich zu beurteilen – der jäh zusammenschießende Urteilsakt, zu dem eine gewisse Entschlußfreudigkeit gehört, bleibt aus.

Adressat der Rezensionen Reich-Ranickis ist ausschließlich das Publikum: ihm will er mitteilen, wie gut oder wie schlecht das letzte Buch von Bienek, Bichsel oder Nossack ist. Selbstverständlich muß er sich zu diesem Zweck schon ein gutes Stück in das Buch hineinbegeben. Interessiert aber ist er aber nur am fertigen Gebilde, nicht an der inneren Logik der Hervorbringung, an der Genese des Werks, dessen Male an diesem noch abzulesen sind. Reich-Ranicki, das ist seine Stärke und seine Schwäche zugleich, ist *nur* Kritiker, eigentlich nur Rezensent. So sind ihm weitgehend jene intimeren Einsichten versagt, die der Kritiker, der gleichzeitig auch ein (potentieller) Künstler ist, in die Organisation eines Werkes gewinnen kann.

Da er den Akt des Urteilens ungeheuer ernst nimmt, bringt er kaum je etwas vor, was diesen Akt nicht vorbereitet und was nicht unmittelbar zur Sache gehört: wir sehen ihn nie betroffen, bewegt oder gar ratlos, nie läßt er sich von seinem Gegenstand zu allgemeinen Reflexionen verführen (von Träumereien wagt man schon gar nicht zu sprechen); kaum je tritt er als Person, immer nur als Urteilender in Erscheinung. Wie kaum einer ist Reich-Ranicki ein Profi des kritischen Geschäfts. Die Frage aber ist: Müßte ein bedeutender Kritiker, bei aller Konzentration auf den Gegenstand, nicht mehr zu sagen haben als nur das, was ganz unmittelbar mit der Sache zu tun hat?

Dem entspricht seine Sprache. Es ist die Sprache eines reinen Rationalisten, scharf und flach in einem, hell und ganz ohne Aura, gesalbt mit dem Öl der Rhetorik, nicht ohne Witz und nicht untauglich zur Satire. Nimmt man einen seiner Sätze aus dem Kontext, mag er banal anmuten; im Verband aber wird er getragen vom rhetorischen und suggestiven Schwung des Ganzen, von der Verve eines in sich stimmigen Plädoyers und einer Argumentation, deren Triftigkeit manchmal, wie mir scheint, doch unterschätzt wird.

Ich weiß nicht, habe ich es irgendwo gelesen oder selber gedacht: daß die meisten Arbeiten über Thomas Mann heute so uninteressant sind, weil sie fast alle mit Kategorien arbeiten, die Thomas Mann in seinem Werk und in seinen Auslegungen dieses Werks selber bereitgestellt hat. Die Sogkraft dieser Auslegung und Selbstauslegung ist immer noch groß, und deren Suggestives, ja Zwingendes ein Moment seiner Größe ...

Als ich unlängst über den Gedichtband *Es kam die Nachricht* von Ernst Meister zu schreiben hatte, las ich zur Vorbereitung auch den Auswahlband *Gedichte 1932–64* dieses Autors und stieß dabei auf das Gedicht:

> Uns kann nicht leicht sein,
> Zuviel ist Totenbesitz.

Vor mancher Blume
gilt ein Verneigen.

Die Rosen zum Beispiel.
Hinter den Blüten
wahrscheinlich ein Spähn.
Man muß vorübergehen

im Sichverneigen.

Beim Lesen dieser Verse wurde mir plötzlich der im Vorjahr verstorbene Berliner Germanist Hans Egon Hass ganz gegenwärtig: eine
Szene in Wuppertal, wo er vor Jahren am Rande einer Tagung mir
und anderen dieses Gedicht vorlas und uns fragte, von wem es sein
könnte und was wir davon hielten. Den Autor des Gedichts erriet
niemand; an unsere Antworten erinnere ich mich nicht mehr genau.
Aber Hans Egon Hass, einen ungewöhnlich geduldigen und subtilen Leser von Gedichten, sehe und höre ich noch: wie er in den
Versen ein etwas preziöses Moment aufspürte; wie er, mit leicht
skeptischer Miene, die Aufforderung des Gedichts, daß man »im
Sichverneigen« an den Rosen vorübergehen müsse, prüfte und ohne
Schärfe verwarf, indem er, andeutungsweise, diese Gebärde des
Gedichts in die Wirklichkeit übertrug. Und weniger um tiefer ins
Geheimnis des Interpretierens und Wertens einzudringen, als vielmehr um etwas vor dem Tod und dem Vergessen zu bewahren,
fragte ich mich beim Wiederlesen des Gedichts, was den Verstorbenen zu seiner Einsicht befähigte. Vielleicht könnte man es *Takt*
nennen: daß man, indem man eine Sache prüft, den Umkreis dieser
Sache und das ihr Zukommende und Gemäße aufspürt. Ein Verhalten also, das gleichermaßen der Literatur wie dem Leben gegenüber
angebracht ist, eine Art subtiler Aufmerksamkeit, die man der Welt
erweist, weil man vernimmt, was ihr gebührt und was sie fordern
darf. Wobei – und dies mag von dem Menschen gelten, dessen ich
gedenke – dieses Vernehmen so unablässig und imperativisch sein
kann, daß man sich der Welt ohne Rücksicht auf die Erhaltung des
eigenen Lebens überantwortet . . .
    Vielleicht hätte ihm, dem einst so Vernehmenden, ein Gedicht aus
dem neuen Band Ernst Meisters vor allem gefallen, in welchem die
Welt sich aufsagt und dieses Aufsagen mit so schöner Emphase

einem anderen weitergereicht wird – ein Gedicht, das mit den Versen schließt:

> Die am Abend singenden Vögel
> laß ich dich hören.
> Fremd der Laut, das
> Licht des Entzückens in ihren
> Kehlen! – das Lied
> ohne Ohnmacht, das
> nichts als selige Lied
> laß ich dich hören.

12. Juni   Das Berliner Abgeordnetenhaus hat gestern dem Gesetzentwurf über die Anwendung unmittelbaren Zwangs bei der Ausübung öffentlicher Gewalt zugestimmt. Als einziger SPD-Abgeordneter plädierte der frühere Regierende Bürgermeister Albertz (der sich vom mittleren und rechten Flügel der SPD weit entfernt hat), zusammen mit den FDP-Abgeordneten, für Änderungen des Entwurfs. Der Berliner *Abend* berichtet heute über den Vorgang: »Dieser Auftritt von Albertz, der als Abgeordneter monatelang nicht in der Fraktion erschienen war, wurde von teilweise spöttischem Gelächter aus den Reihen der SPD begleitet. Auch der Parlamentspräsident Sickert trug dazu bei: ›. . . Herr Abgeordneter . . . wie heißt er doch gleich? . . . Ach, Albertz . . .‹«

Eine wahrhaft ekelhafte Szene; und ich frage mich, ob sie symptomatisch ist für die moralische Verfassung eines Teiles der Berliner SPD.

Bei einer Einladung neulich kam das Gespräch auf Marcel Proust – eine Studentin, Romanistin, erwähnte, daß sie eben den dritten Band der *Recherche* lese. Ich fragte, *was* an Proust sie am meisten fasziniere und inwiefern die Lektüre dieses Autors sie ›bereichere‹. Da sie nicht sogleich etwas zu antworten wußte, sprang ihr ein jüngerer Dozent bei: am meisten habe *ihn* bei Proust das Thema von der wiedergefundenen Zeit beeindruckt – daß das vergangene Leben, die »verlorene Zeit« im Roman Prousts wiederauferstehe.

Diese Auskunft schien mir recht pauschal, obwohl ich übertrieb, als ich erwiderte, ich hätte dieses fundamentale Thema Prousts immer getrost auf sich beruhen lassen. Daß die von Elstir gemalte Woge niemanden mehr netzt, ein Anzug auf einem Bild dieses Malers niemanden mehr kleidet und gleichwohl, der Zeit enthoben, *dauern* –: diese Feststellungen Prousts haben mich doch immer merkwürdig bewegt. Aber die genaueste Auferstehung der Welt in der Kunst, sei es der Malerei oder der Literatur, ist nicht die wahre, ist nicht die Auferstehung im Fleisch, wie sie die Christen sich einmal beim Jüngsten Gericht erhofften.

Seltsam übrigens, daß mir, wenn ich an Proust denke, so oft der letzte Satz des Bandes *Im Schatten junger Mädchenblüte* einfällt: die Szene, in der die Dienerin Françoise, während der kränkelnde Held noch im Bett liegt, gegen Mittag die Vorhänge des Hotelzimmers von Balbec zurückzieht und draußen ein zeitloser Sommertag »wie eine prunkvoll konservierte, jahrtausendealte Mumie« im Goldgewand aufstrahlt . . .

In den Jahrzehnten, die seit der Abfassung dieses Werks verstrichen sind und in denen sich der Begriff von Kunst so entscheidend gewandelt hat, scheint der goldene Sommertag, den Proust als zeitlose Mumie sah, zum Inbegriff der Kunst geworden zu sein – der Kunst, die, vielleicht, vergänglich ist wie alles übrige und womöglich gleichfalls nur noch eine »prunkvoll konservierte, jahrtausendealte Mumie«. Trotzdem möchte ich in einer anachronistischen Anstrengung die großen Momente der Literatur Prousts einmal ausspielen gegen eine Theorie, die sich nur noch für das gesellschaftlich Relevante der Literatur interessiert und inwiefern diese die Utopie eines besseren Lebens entwirft.

Man muß sich beschränken, um Gedanken über eine Sache zu haben; das Ganze ist sprachlos.

Die Grenzen eines Denkens sind oft weniger Grenzen des Verstandes als solche der Moralität. Wie die nationalen, werden auch die geistigen Grenzen durch die Selbstsucht gesetzt.

Daß man das nicht bekommt, wonach man sich am heftigsten sehnt, könnte als äußeres Verhängnis gedeutet werden. Aber man kann einsehen, daß der Dämon der Vereitelung in der Sehnsucht selber steckt: sie wäre nicht so verzehrend, wenn sie in sich nicht schon die Verweigerung trüge.

Anläßlich der Erdbebenkatastrophe in Peru wurde von der Presse und auch von der Tagesschau des Deutschen Fernsehens wieder jene Wendung gebraucht, die man in solchen Fällen immer zu lesen und zu hören bekommt: »Es bot sich ein Bild des Grauens.« Das Unbehagen am stereotypen Gebrauch dieses Ausdrucks hat psychologische und moralische Gründe. Es verrät einen Mangel an Sprach-, aber auch an moralischer Phantasie, wenn man auf ein Ereignis nur mit einer längst zum Klischee erstarrten Wendung zu reagieren weiß, die so automatisch kommt wie die Zigarettenpackung, wenn man in den Apparat das Geldstück eingeworfen hat.

Im übrigen ist natürlich »Das Bild des Grauens« nur ein Beispiel unter vielen. Eine andere, ungemein beliebte Wendung ist die vom »heißen Eisen«. Fortwährend und seit Jahr und Tag werden in Deutschland, in Wort und Schrift, heiße Eisen angepackt, es scheint bei uns unheimlich viele mutige und vor nichts zurückschreckende Menschen zu geben. In Wahrheit ist es natürlich so, daß viele sogenannte heiße Eisen so heiß längst nicht mehr sind – das Klischee gehört seit langem zum »alten Eisen« und sollte auf den Schutthaufen der Sprache geworfen werden.

Allerdings lassen sich manchmal selbst mit der abgenutztesten Wendung noch originelle Effekte erzielen. So wurde vor einiger Zeit in einer Fernsehsendung über das Oberammergauer Passionsspiel der zweite Bürgermeister des Orts gefragt, was er von einer Textänderung dieses Spiels halte, über die heftig diskutiert worden sei. Ohne mit der Wimper zu zucken erwiderte der Wackere: »Ja, es hat ein heißes Eisen um diese Frage gegeben.« Eine Formulierung, die von Karl Valentin stammen könnte; zumindest hätte der seine helle Freude daran gehabt.

Im Fernsehen *Einige Tage aus dem Leben Axel Springers*. Das Befangene, Gehemmte dieses Presseherrn, der Axel Cäsar heißt, auch ein (Zeitungs-)Imperium aufgebaut hat und trotzdem auf dem Bildschirm völlig belanglos wirkt: kein Satz, der nicht verblasen gewesen wäre. Einige Aussprüche habe ich mir notiert: »Das Wort Realität bringt mich um«, sagte er. Und: »Die Welt wird verändert durch Träume.« Im Hinblick auf Sätze wie diese spricht die Kritik dieser Sendung in der *Süddeutschen Zeitung* von der ungebrochenen *Bild*-Mentalität Axel Springers, seinem *Bild*-Gemüt. Im übrigen enthalten diese Sätze sogar ein Moment biographischer Wahrheit, wenn man das Wort »Träume« nur so banal auslegt, wie es dem Presseherrn gemäß ist: *Bild*, das anstelle von relevanter Information seinen Millionen Lesern Tratsch vorsetzt, hat zwar gewiß nicht die Welt, wohl aber, zusammen mit anderen Erzeugnissen des Hauses, den sozialen Status Springers stark verändert. Ein solcher Erfolg mag wohl dazu verführen, daß einer an die verändernde Kraft von »Träumen« glaubt und daß ihm, andererseits, die Realität wie ein Alptraum vorkommt.

In die Augen springend das vollkommen Unsubstantielle dieses Menschen, so daß die Frage müßig wäre, was hier echt und was gespielt ist. Bemerkenswert auch die ausgeprägten narzißtischen Züge: wie er sich immer wieder übers Haar streicht, sich fortwährend seines Leibes vergewissert. Sein Befangensein dürfte als Symptom dieses Narzißmus zu verstehen sein.

Nachdem im Hinblick auf Paul Celan so oft von der Gefahr des Verstummens die Rede war, berührt es fast seltsam, daß sein achter Gedichtband *Lichtzwang* nun nach seinem Tode erscheint: als könnte dieser Mund, allen Heimsuchungen zum Trotz, nicht verstummen; als ob dieser Dichter, ein anderer Orpheus, noch nach seinem Tode mit dem weissagenden Haupt und der Leier die Gestade der Lebenden erreichte . . .

Die großen Schwierigkeiten beim Lesen dieser Gedichte, und wie isoliert und vereinsamt diese Gedichte Celans in der Gegenwart stehen. Und wie beides zusammenhängt: schwierig sind diese späten Gedichte, weil Celan sich so weit von der Gegenwart und deren Selbstverständnis entfernt hatte – nicht nur von der zeitgenössischen Lyrik und ihren so anderen Tendenzen, sondern auch von dem, womit die Menschen handelnd und redend umgehen und worüber sie sich verständigen. Das überaus Angestrengte dieser Gedichte könnte so zu deuten sein: als ein Festhalten am Verlorenen, als ein Schwimmen gegen den Strom. Der »Gestus des Insistierens«, den Beda Allemann als ein der Lyrik Celans Eigentümliches begriff, bekäme auf diese Weise noch eine zusätzliche Bedeutung.

Auffallend auch in diesem Bande wieder die vielen zusammengesetzten Hauptwörter, für die Celan eine fatale Neigung hatte; in einem einzigen, kaum eine Seite langen Gedicht finde ich: Muschelhaufen, Geröllkeule, Eisheimat, Zwergbirkenhauch, Schalenurne, Durchbruchscheibe, Sternfuß-Fibel . . . Allein schon dieses Vokabular bezeugt, daß das Gedicht Celans keine uns halbwegs vertraute Wirklichkeit abbilden, sondern daß es Erfahrungen machen will in einer Welt, die im Gedicht erst erschaffen wird.

Freigegeben auch dieser
Start.

Bugrandgesang mit
Corona.

Das Dämmerruder spricht an,
deine wach-
gerissene Vene
knotet sich aus,

was du noch bist, legt sich schräg,
du gewinnst
Höhe.

Dieses vollkommen geglückte Gedicht – übrigens eines der leichteren dieses Bandes – rekurriert zwar auf einen bekannten Vorgang – Start eines Flugzeugs –, aber es *meint* ihn nicht: es geht um einen anderen Start und Flug, der unter Verwendung einiger technischer Vokabeln im Gedicht realisiert wird. Die Wörter werden also umfunktioniert, und in diesem Prozeß kommt es dann häufig zu den neuen, zusammengesetzten Wörtern – in dem zitierten Gedicht etwa zu dem Wort »Dämmerruder«, das gleichsam die Brücke zu schlagen hat vom technischen Vorgang eines Flugzeugstarts zu dem anderen, hier gemeinten Aufschwung. Sehr oft aber gelingt dieser Brückenschlag so überzeugend nicht. ». . . das Schutzwort/ im Überdruckhelm,/ ein Zeichen im Satz/ als Frischluftgerät« –: mit dieser metaphorisch verwendeten technischen Sprache kann das Gemeinte nicht recht deutlich gemacht werden – der Bezug wirkt gewaltsam und konstruiert, das Gedicht insgesamt vage, obwohl es dank der technischen Vokabeln sich gerade durch eine dichte Konkretion auszuzeichnen scheint.

Möglicherweise ist diese metaphorische, diese falsche Konkretion die Gefahr und Schwäche vieler späten Gedichte Celans, obschon man zu verstehen glaubt, wie es zu dieser Konkretion kommt: auch die essentiell neue Erfahrung, auch der unanschauliche seelische Vorgang bedarf zu seiner Vergegenwärtigung der dinghaften Wörter und Bilder.

Die Dichtung löst das Versprechen der Sprache ein, indem sie die Wörter wie Banknoten gegen das Licht hält: die Brüste der Natur werden als Wasserzeichen sichtbar.

Wenn wir unsere eigene Dummheit nach außen projizieren, sind wir von lauter Dummköpfen umgeben.

Was die Prosa des österreichischen Schriftstellers Thomas Bernhard vor allem auszeichnet, ist das Stilprinzip der Wiederholung: gewisse Wörter und Wendungen kehren immer wieder, der Text erinnert an die Monotonie einer hartnäckigen Beschwörung – eine formale Eigentümlichkeit, die ihre inhaltliche Entsprechung hat, wenn Bernhard mit monomanischer Besessenheit sein Thema von Verfall und Untergang, von der Infamie und dem Wahnsinn des Lebens vorträgt.

Was nach der Lektüre in der Erinnerung bleibt, ist die Kraft seiner *Stimme*: das unablässige Beharren auf einem – leicht variierten – Ton, und die Sicherheit, mit der dieser Ton gehalten wird, ohne daß im Leser Ermüdung aufkommt, obwohl die Stimme im Grunde fast immer das gleiche zu sagen scheint. Und da Thomas Bernhard als Lyriker begonnen hat, wäre zu fragen, ob seine Prosa nicht eigentlich eine Fortsetzung seiner Lyrik sei: Monologe einer Stimme, die immer die des Autors ist. In einer seiner Erzählungen heißt es einmal: »Daß das Leben ein Dialog sei, ist Lüge.«

Der Germanist, der mir vor einiger Zeit gestand, daß ihm der Schriftsteller Joseph Conrad überhaupt nichts bedeute – und wie ich bei diesem Geständnis zusammenzuckte und gleichsam meine Fühler einzog. Und im selben Augenblick fiel mir eine Beobachtung von Elias Canetti ein, die er in seinen *Aufzeichnungen* festgehalten hat: eine junge Frau, die in einer Gesellschaft bekennt, daß sie noch niemals geträumt habe, und die augenblicklich vor aller Augen sich in einen Affen verwandelt.

Im übrigen: wer Sprache und Literatur liebt, müßte schon darum Joseph Conrad lieben, weil dieser Schriftsteller so unvergeßlich deren Gegenteil: das grenzenlose Schweigen und das Pathos dieses Schweigens in seinen Romanen geschildert hat.

Im letzten *Kursbuch* (Heft 20) ein Aufsatz des Herausgebers Hans Magnus Enzensberger, der mit den Worten schließt: »Der Autor hat als Agent der Massen zu arbeiten. Gänzlich verschwinden kann er erst dann in ihnen, wenn sie selbst zu Autoren, den Autoren der Geschichte geworden sind.«

Zugrunde liegt dieser Aussage, deren erster Satz ein Postulat, deren zweiter eine Prophezeiung enthält, ein drastisch verkürzter Begriff von Literatur: nur indem und insoweit die Literatur dem politischen Kampf dient, hat sie Daseinsberechtigung. Der Autor, so heißt es kurz zuvor, muß »sich selber als Spezialisten überflüssig machen, etwa so, wie der Alphabetisateur seine Aufgabe erst dann erfüllt hat, wenn er nicht mehr benötigt wird«.

Natürlich weiß Enzensberger, daß in den vergangenen Jahrhunderten der Autor nicht nur als Agent der Massen gearbeitet hat; natürlich weiß er auch, daß seine Bestimmung das Wesen der bisherigen Literatur nicht trifft; denn selbst wo diese gegen das Bestehende sich aufgelehnt hat, war sie als *relevante Literatur* nicht identisch mit dieser Auflehnung, da sie sich sonst von Agitation oder Propaganda nicht unterschieden hätte.

Was also ist der Sinn dieser so unzulänglichen Aussage Enzensbergers? Ich versuche mögliche Antworten:

1. Der politische Kampf ist heute so wichtig, daß alles ihm unterzuordnen ist, selbstverständlich auch die Literatur. Übersehen aber wird dabei, daß solche Unterordnung der Literatur schlecht bekommt, sofern sie diesen Namen verdient; das Beispiel des sozialistischen Realismus, der die Literatur auf die Erfordernisse der politischen Auseinandersetzung vereidigte oder sie zur Apologie des bereits Erreichten verurteilte, steht abschreckend vor Augen. In Wahrheit läßt sich Literatur nicht einmal bedingungslos auf das Leben vereidigen – ihre untergründigen Beziehungen zum Tod kann man nicht übersehen. (In diesem Zusammenhang fällt mir eine Szene auf der Ostberliner Schriftstellertagung im Jahre 1956 ein, als Erich Kuba nach einem Vortrag über die Tendenzen der westlichen Literatur sich zu Wort meldete und im Hinblick auf den Vers aus Eliots *Waste Land* »I had not thought death had undone so many« entrüstet erklärte, es sei unmenschlich von Eliot, die an einem

trüben Tag über London Bridge strömenden Menschen als Tote zu sehen und darzustellen – und hinzufügte: zumal es sich bei diesen Menschen doch vorzugsweise um Angehörige der Arbeiterklasse handeln dürfte . . .)

2. Mit seinem Diktum könnte Enzensberger eine objektive Tendenz aussprechen: daß nämlich die ästhetische Sphäre jetzt zerfällt, Kunst und Literatur an ihr Ende gelangt sind; was noch fortlebt, könne getrost in den Dienst der politischen Emanzipation gestellt werden. Ein solcher Zerfall ist denkbar; es gibt Anzeichen dafür. Und da jeder Schriftsteller, auch wenn er keineswegs von sich spricht, die Gegenwart doch immer auch nach Maßgabe seiner eigenen Erfahrung auslegt, wäre also über die persönliche Erfahrung des *Lyrikers* Enzensberger nachzudenken und über die Erfahrungen, die wir mit dieser Lyrik gemacht haben.

Außerordentlich war von Anfang an Enzensbergers Begabung auch auf diesem Gebiet. Aber spürbar war von Anfang an auch, daß für Enzensberger das Gedicht nur *eine* Weise des Sichäußerns neben anderen war – eine bevorzugte zunächst vielleicht, weil er dank seiner großen Sprachbegabung hier schnell Ergebnisse erzielen konnte. Und vermuten durfte man schon früh, daß für Enzensberger eines Tages eine in den politischen Raum ausgreifende Aktivität wichtiger werden würde als das Machen von Gedichten – eine Aktivität, die einen stärkeren Kontakt mit der Realität herstellen kann, von der ihn seine außerordentlich rasch funktionierende Sprache eher ausschloß.

Dieser Weg vom relativ einsamen Gedicht zur Solidarität politisch-publizistischen Wirkens war der seine, und er war für ihn kein zufälliger. Auch befand er sich damit in Übereinstimmung mit einer allgemeinen Tendenz, die auf Politisierung zielte und auf Solidarisierung mit den Massen, als deren Agent, wie Enzensberger nun sagt, der Autor zu arbeiten habe. Aber sowohl das Pauschale wie das Apodiktische seiner Aussage verraten, daß hier einer die eigene Erfahrung verabsolutiert und sich in einem Maße mit dem Kollektivgeist solidarisiert, daß er die Einwände, die sein eigenes Denken ihm liefern müßte, nicht mehr vernehmen kann. Beispielsweise diesen: daß die Massen, denen vor Enzensberger so resolut der Autor geopfert wird, an dessen Abschaffung möglicherweise überhaupt nicht interessiert sind. Was, wenn es sich so verhielte, den Schluß nahelegte, daß Enzensberger über die Massen und deren

Bedürfnisse so verfügen zu können glaubt, wie er selber darüber verfügt, ob er weiterhin Gedichte schreibt oder sich in einen Agenten der Massen verwandelt.

Das Ermüdende und Abstumpfende der Sex- und Pornowelle, welche die Literatur, die Kinos, die Illustrierten überschwemmt. Und die vielleicht übertriebenen Hoffnungen, die manche linken Revolutionäre mit dieser sexuellen Emanzipation verbinden: als sei diese Emanzipation fast notwendigerweise Schrittmacherin einer politischen. (Wahrscheinlich basieren diese Erwartungen auf einem unbefragten Schematismus des psychologischen Denkens: daß nämlich die Emanzipation auf einem Sektor des Lebens sich fortpflanzt wie eine Kettenreaktion . . .)

Im übrigen ist es eher erstaunlich, daß diese Sex- und Pornowelle so spät gekommen ist: nach der Erforschung der Erde, des Makro- und Mikrokosmos und nachdem so lange schon die Wissenschaft das Leben entzaubert hat und auch so verstanden wird. Entzaubert wird nun auch hier, auf dem Gebiet der Erotik, der Sexualität: was einst verhüllt war, wird jetzt unablässig dem Auge dargeboten; was früher in der Liebe sich der Intuition des einzelnen verdankte, wird nun tausendfach als Technik offeriert. Ein – gewiß unaufhaltsamer – Prozeß, der in seiner ernüchternden Konsequenz an die Erforschung des Mondes denken lassen könnte: was einmal als silbernes Gestirn am Himmel gesehen wurde – »Freund der Helden, Freund der Einsamen, Freund der Liebenden«, so pathetisch apostrophierte vor einigen Jahrzehnten noch Ernst Jünger den Erdtrabanten –, zeigt sich heute den Mondfahrern als wüste und trostlose Stätte.

Vom Molden Verlag wurden, wenn ich mich recht erinnere, die Memoiren von Hildegard Knef mit dem Hinweis angekündigt, sie seien in einer ungewöhnlichen, einer eigenwilligen Sprache geschrieben. Das machte mich neugierig, ich ließ mir den Band *Der geschenkte Gaul* kommen. An einer beliebigen Stelle schlug ich das Buch auf: die Knef ist gerade aus Amerika in Le Havre angekommen, sie setzt sich in das von drüben mitgebrachte Auto und schaltet den Scheibenwischer ein, der so kräftig funktioniert, daß auch sie eine kleine Dusche abbekommt – und dann heißt es: »Nachdem ich mich abgetrocknet, gekämmt und geschminkt und wiederum Platz genommen, vertrat ein übellauniger Dickwanst unser Blickfeld, verdüsterte den blitzeblanken Maihimmel, knallte unsere vier Koffer auf den Boden, posaunte an einer aufgeweichten Zigarettenkippe und braunschwarzen Zahnstummeln vorbei: ›Vingt Dollar.‹« – Ein Gepäckträger also, der Geld für seine Dienstleistung fordert.

Was sofort in die Augen springt, ist der Aufwand, mit dem hier ein an sich unbedeutendes Ereignis geschildert wird; man könnte von einer aufgemöbelten Sprache sprechen. Und man dürfte hinzufügen: so schreibt jemand, der keine eigene Sprache hat und diesen Mangel durch Forschheit zu ersetzen sucht: der Träger »knallt« die Koffer auf den Boden, er »posaunt« seinen unverschämten Preis, er »verdüstert« den »blitzeblanken Maihimmel«. Aber das Unglück will es, daß die meisten dieser forschen Floskeln hier gar nicht stimmen: Koffer, die man auf den Boden aufsetzt, »knallen« nicht; ein Mann, der einen Zigarettenstummel im Mund hat, ist nicht in der Lage zu »posaunen«; der Träger kann den Himmel nicht »verdüstern« – entweder verdeckt er ihn, dann ist er nicht mehr sichtbar, oder er verdeckt ihn nicht, dann ist der Himmel nach wie vor »blitzeblank«. (Was dieses »blitzeblank« angeht: ich bin in einiger Verlegenheit, wie ich dieses Adjektiv charakterisieren soll. Wer sagt, wer schreibt so etwas? Eine Hausfrau, die gerade gebohnert oder etwas poliert hat? Der Feuilletonist einer Provinzzeitung, der sich aufgekratzt geben will? Oder einfach Menschen, die z. B. auch »klitzeklein« sagen, wenn sie ausdrücken wollen, daß etwas sehr klein ist? Aber wie auch immer: es ist ein Wort, das, wie fast alle anderen dieses Satzes, aus einer sprachlichen Vorratskiste stammt – einer Kiste, in der die fertigen Wendungen und die Klischees für jene bereitliegen, die sich, was die Anschauung und deren sprachliche Wiedergabe angeht, nicht gerade in Unkosten stürzen wollen.)

Eine der Voraussetzungen der Klugheit ist die resolute Absage an die Dummheit.

Wenn Frauen in Wahrung ihrer eigenen, fraulichen Belange protestieren oder demonstrieren – z. B. in den vergangenen Wochen gegen die Maxi-Mode –, so hat das für Männer etwas leicht Komisches, selbst wenn die sachliche Berechtigung des Protests eingesehen wird. Woher rührt das? Wenn sonst, von Männern *und* Frauen, protestiert wird, etwa gegen die amerikanische Vietnam-Politik oder die Springer-Presse, richtet sich der Protest gegen etwas, was mit dem Geschlecht der Protestierenden nichts zu tun hat. Der Protest der Frauen hingegen gegen eine neue Mode ist ganz geschlechtsgebunden: sie protestieren nicht als Arbeitnehmerinnen oder Vertreterinnen einer politischen Anschauung, sondern eben als Frauen. Kann man sich eine Protestaktion von Männern vorstellen, die sich gegen die Aufschläge an den Hosenbeinen richtet?

Kommt noch hinzu, daß ein solcher fraulicher Protest überhaupt das Lächerliche von Mode-Diktaten zu Bewußtsein bringt und ineins damit die Gefügigkeit, mit der Frauen im allgemeinen sich diesen Diktaten beugen; auch wird man an die ungeheure Wichtigkeit erinnert, die Frauen allen Fragen der Mode beimessen (worüber sich selbst ein Nietzsche mit den einer Frau in den Mund gelegten Versen mokierte: »Wem im Glück ich dankbar bin?/ Gott und meiner Schneiderin.«).

Ob eigentlich jemals die Sprache der Mode analysiert worden ist? Daß man in einer Saison wieder lange oder kurze Taillen trägt, viel oder wenig Busen hat, sich damenhaft, sportlich oder vielleicht mit einem Hauch von Romantik gibt – die Frau als ein Wesen, das von Saison zu Saison sich verwandelt, ja geradezu neu geschaffen wird: kann man sich, wenn man dies ernst nähme, etwas Ridiküleres vorstellen? Wobei im übrigen, was das Mitmachen betrifft, unsere studentischen Nonkonformistinnen keine Ausnahme bilden und den Mode-Diktaten aufs willigste gehorchen: wie wenn eine strenge amtliche Verordnung erlassen worden wäre, erschienen sie vor einiger Zeit plötzlich alle in großrandigen schwarzen Hüten, die ihnen von einem Tag zum andern das Aussehen gelehrter Scholaren verliehen.

Die Fahnen des im nächsten Jahr herauskommenden Briefwechsels zwischen Hermann Broch und seinem Verleger Daniel Brody gelesen. Das ungeheuer Gehetzte der letzten Jahre Brochs und vielleicht überhaupt seines Lebens, nachdem er seine Position in der Industrie aufgegeben und sich der Literatur verschrieben hatte. »Ich arbeite täglich 18 Stunden«, oder, in witziger Übertreibung, »ich arbeite 25 Stunden am Tag« –: solche Bemerkungen, wenn wir ihnen Glauben schenken dürfen, überraschen um so mehr, wenn man sich vor Augen hält, daß Broch in der amerikanischen Emigration außer dem *Tod des Vergil* und dem Hofmannsthal-Essay keine wirklich bedeutende Arbeit zum Abschluß gebracht hat – von der Massenpsychologie, von der in den Briefen jahrelang die Rede ist, lagen bei seinem Tod nur Bruchstücke vor.

Aber wie ausführlich, wie gut gelaunt, wie witzig oft die Briefe dieses Gehetzten sind – so wenn er an Brody zur Illustration seiner eigenen Situation einmal den Ausspruch eines Wiener Prinzipals zitiert, der zu seinem Lehrling sagt: So, Karl, jetzt bist du alle Abteilungen durch, und morgen machen wir Pleite, dann kriegst du das auch noch mit . . .

Ob man im Hinblick auf solche nicht ganz geheure Munterkeit von Galgenhumor sprechen sollte? Ob Hermann Broch, wenn er nicht diese aufgekratzten oder teilnehmenden oder in geschäftlichen Dingen überaus gewissenhaften Briefe schrieb, das Unglück des Lebens spürte, oder ob er sich in diese Korrespondenz stürzte, über deren Ausmaß er gleichzeitig unaufhörlich klagt – eine klassische neurotische Struktur –, um dieses Unglück zu vergessen oder zu überspielen? Erinnerlich ist mir aus eigener Erfahrung die erstaunliche Promptheit seiner Antworten. Als ich nach dem Kriege als Lektor eines Münchener Verlags, der zusammen mit dem Rhein-Verlag den Roman *Die Schuldlosen* herausbrachte, häufiger mit ihm korrespondierte, trafen seine Antworten aus Amerika oft so schnell ein, daß ich manchmal glaubte, unsere Briefe hätten sich ärgerlicherweise gekreuzt. Und auch in diesen Briefen an den Münchener Verleger und an mich ging Hermann Broch immer mit stupender Ausführlichkeit auf alle anstehenden Probleme ein, auch diese Briefe waren von einer Herzlichkeit, die nie den Eindruck des Gekünstelten machte. So daß ich mich damals schon fragte, ob Broch nicht auf eine ungemein liebenswerte, aber für ihn natürlich ruinöse Weise ein Verschwender sei: ein Mensch, der nicht, wie etwa Thomas Mann, sich ausschließlich auf eines, nämlich das eigene Werk, zusammenfaßt, sondern der sich der Welt und ihren Verführungen überantwortet.

Gegenwärtig aus jener Korrespondenz ist mir übrigens noch eine geistvoll-witzige Bemerkung Hermann Brochs. Ich hatte den Verleger für den damals bei uns noch nahezu unbekannten Henry Miller zu interessieren versucht, und Hermann Broch wurde um sein Urteil gebeten. Auch diese Bitte wurde prompt erfüllt. Broch würdigte, soweit ich mich erinnere, die künstlerische Kraft von *Tropic of Cancer* und *Tropic of Capricorn*; im Hinblick auf die intellektuellen Qualitäten des Autors bzw. auf die Gefahren, die diesen Qualitäten drohten, zitierte er auf italienisch einen Satz, an dem der Verleger und ich eine Weile herumrätselten, bis wir ihn schließlich entzifferten: »Mit einer Dauererektion läßt sich schlecht denken.«

Unfair: Ein Kritiker, der sich von einem Autor ein Messer ausleiht, um ihn damit abzuschlachten.

Manche Gespräche: Transfusionen, ohne daß man die Blutgruppen bestimmt hat.

Wie schwierig es ist, über annähernd zeitgenössische literarische Werke etwas zu sagen, was einen späteren Leser durch seine Unangemessenheit nicht peinlich berührt – diese Beobachtung machte ich kürzlich bei der Lektüre der *Schriften zur Literatur* von Hermann Hesse, die im Rahmen der zwölfbändigen Werkausgabe erschienen sind. »Was ist das wieder für ein seltsames, aufregendes, wunderliches und was für ein beglückendes Buch!« Welcher Leser käme schon darauf, daß Hesse hier, in einer Rezension aus den zwanziger Jahren, von Kafkas *Prozeß* spricht? An einer anderen Stelle heißt es vom *Schloß*-Roman, daß »etwas von Spiel und auch etwas von Gnade« in diesem Werk sei. Vollkommen falsch mag das vielleicht ja nicht sein, aber wenn man diese verwaschene Aussage liest, möchte man doch auf den Tisch hauen und ausrufen: zum Donnerwetter, jawohl, aber so möchten wir es nicht gesagt bekommen. Eine Seite später ist vom *Hungerkünstler* die Rede, und mit Ingrimm lesen wir, daß »dies wohl das echteste, innigste und duftigste (!) Stück dieses Träumers und Frommen« sei . . .
Ansonsten geben diese zwei Bände, die auch Besseres enthalten, guten Aufschluß darüber, welch passionierter Leser Hermann Hesse bis ins hohe Alter war – eine Passion, die fast etwas Ansteckendes hat: die Lektüre dieser Aufsätze und Rezensionen schürt unsere manchmal erlahmende Lust an der Literatur, und dies ist vielleicht der eigentliche Gewinn dieser Lektüre. Im übrigen war Hesse nicht so sehr Kritiker wie Liebhaber der Literatur – einmal versteigt er sich sogar zu der kühnen Behauptung: »Das Feststellen von ›Fehlern‹, und klinge es noch so fein und geistig, ist nicht Urteil, sondern Klatsch.« Aufschlußreich auch, wie geringschätzig er sich über jede wissenschaftliche Auseinandersetzung mit Literatur geäußert hat:

»Ein Spiel des Intellekts, ein oft ganz hübsches Spiel, gut für kluge, aber kunstfremde Leute.« Eine solche Bemerkung macht die Grenzen Hesses deutlich – die Grenzen eines Liebhabers, der sich weigert, in der Beschäftigung mit Literatur die Dimension der Arbeit zu betreten. Womit denn auch zusammenhängt, daß viele dieser Aufsätze und Rezensionen dem Leser kaum etwas zum Beißen geben, ihm keine Anstrengung abverlangen: der Vortrag ist zu gefällig, alles rundet sich zu früh.

Diese Schwächen sind für uns heute nicht zu übersehen. Aber erkennen wir ebenso scharf die Schwächen und Fragwürdigkeiten etwa der Strukturalisten, die sich über ein Gedicht mit dem strengen wissenschaftlichen Ernst von Chemikern beugen, denen man in ihr Labor ein Stück Mondgestein zur Analyse gebracht hat und die über ihre Spezialistenarbeit vollkommen vergessen, daß das Gedicht *nicht nur* für diese wissenschaftliche Analyse geschrieben worden ist?

Nach der Lektüre von Heißenbüttels *D'Alemberts Ende* die Glosse nachgelesen, die ich 1965 über diese Art von Literatur – Mon, Heißenbüttel etc. – in der *Neuen Rundschau* veröffentlicht habe. Mein prinzipieller Argwohn gegen diese Experimentellen ist noch derselbe, und Heißenbüttels Romanversuch bekräftigt ihn eher. Unter dem Titel ›Wohlstandsliteratur‹ schrieb ich damals:

Wie immer man Literatur zu definieren versucht hat: wohl niemals hat es sich jemand einfallen lassen, sie als Instrument der Verarmung zu bestimmen, als ein Verfahren, das den konkreten Reichtum in dürre Abstraktionen verwandeln soll. Daß zu allen Zeiten die literarischen Resultate zuweilen dürftig gerieten, war nicht Absicht und Methode, sondern reflektierte, ungewollt, ein geringes Vermögen. Zum Ziel wird freilich auch heute solche Verarmung von jenen nicht erklärt, die sich selber gelegentlich als Avantgardisten der Literatur verstehen. Sie drücken es anspruchsvoller aus: »Die Konstruktion des Neuen«, sagt etwa Hans G Helms, sei das »was literarisch nottut«. Diese bündige Aussage beschließt einen Aufsatz, der sich ›Zur Phänomenologie gegenwärtiger Prosa‹ nennt und unlängst in der Zeitschrift *Alternative* erschienen ist, die ein interessantes Doppelheft der Literatur in der Bundesrepublik und der DDR gewidmet hat. Im Rahmen dieser Sondernummer oblag es offensichtlich Hans G Helms, Wortführer der westdeutschen Experimentellen zu sein – jener Avantgarde, die Jürgen Becker, den man ihr zurechnen darf, in einer etwas aufgeplusterten Polemik in der *Welt der Literatur* mit Heißenbüttel, Mon, Helms und Bense namhaft gemacht und gegen Holthusen als »Showmaster der Restauration« ins Treffen geführt hat.

Was bei der Lektüre des in mancher Hinsicht aufschlußreichen Beitrages von Helms sogleich auffällt, ist die unselbständige, von Adorno übernommene Sprache, die gesellschaftskritischen Gesten, die mühelos reproduziert werden. Da wimmelt es von ›Kulturbetrieb‹ und ›Arbeitsteilung‹, von der ›ständigen Reproduktion des Immergleichen‹, da droht Unheil jenem, der ›den Parolen nicht pariert‹ oder ›solcher Gleichschaltung nicht sich fügen will‹; da lesen sich ganze Sätze wie Plagiat oder unbeabsichtigte Parodie, etwa wenn Helms vorschnell jene Schriftsteller abserviert, die, wie er glaubt, ›an der Aufrechterhaltung der bestehenden Weltordnung interessiert‹ seien, um dann sein eigenes Glaubensbekenntnis aufzutischen: ›Wahre Literatur will aber gerade dies Einverständnis sabotieren und durch Kritik jenen utopischen Zustand heraufbeschwören, von dem die um ihre Leichtverständlichkeit gebrachte Sprache zu künden weiß.‹

Solche fast sklavisch zu nennende Abhängigkeit von einem fremden Sprach- und Denkstil stimmt skeptisch, obschon wir wissen, daß es in den letzten Jahrzehnten immer Damen und Herren gegeben hat, die ›wie Rilke‹ schrieben oder ›wie Benn‹ dichteten. Gesten der Empfindsamkeit sind imitierbar wie orphisches Geraune, und auch das Unverwechselbare Adornos kann zum Verwechseln ähnlich nachgeahmt werden, von Helms und nicht wenigen anderen. Aber ebenso wenig wie von Rilke- oder Benn-Epigonen dürfte von jenen Adornos eine originale Leistung zu erwarten sein; die ›Konstruktion des Neuen‹ wird nicht auf solche Weise Ereignis. Komischer allenfalls als andere Imitatoren sind die Adorno-Jünger, weil hier die Diskrepanz zwischen erarbeiteten Denkgehalten und deren sprachgestischer Nachahmung so besonders augenfällig wird: mit den angespannten Muskeln der Syntax werden hier Gewichte aus Pappmaché hochgestemmt.

Als Musterbeispiel darf der angeführte Satz von der ›wahren Literatur‹ gelten. In Wörtern wie ›sabotieren‹, ›heraufbeschwören‹ und ›künden‹ werden Kraftakte zelebriert: die bestehende Weltordnung wird verabschiedet, und mit der Gebärde des Sehers wird ein

utopischer Zustand aufgerufen, der allerdings an dieser Stelle überhaupt nicht und ansonsten nur dürftig bestimmt wird. Verraten wird
nur, daß zunächst die Sprache um ihre leichte Verständlichkeit
gebracht werden müsse – der bei aller Kraftgebärde nicht zu Ende
gedachte Satz liest sich fast so, als sei dies die wesentlichste Voraussetzung für die Heraufkunft der Utopie. Eine frohe Botschaft für
alle, die sich mit der Sprache schwertun!

Kritik soll auch Helms zufolge von der Literatur geübt werden.
Allerdings nicht Kritik an den gesellschaftlichen Zuständen, eine
solche partizipiere nur am Unheil: »Die gesellschaftlichen Mißstän-
de durch die Worte anzuprangern, die sie benennen, kann nur in
marktkonforme Nörgelei ausarten.« So rüttelt man an den Ketten,
gibt aber gleichzeitig zu verstehen, es sei so ernst nicht gemeint, weil
man ohnehin mit einer »auf Kommunikation abgerichteten Sprache« nichts erreichen könne. Die bestehende Weltordnung, der man
kraftmeierisch zu Leibe zu rücken vorgibt, wird sogleich be-
schwichtigt durch die Versicherung, daß die Literatur sich selber
kastrieren werde, indem sie von vornherein resigniert.

Bleibe als einziger Ausweg, die Kritik auf die Sprache selber zu
richten: »Die gesellschaftliche Arbeitsteilung, die die Welt in lauter
kleine Welten parzelliert hat, kann literarisch nur überwunden
werden, indem die Literatur sie übers Ziel hinaustreibt, ins atomi-
sierte Sprachpartikelchen . . .« Der Fluch der Arbeitsteilung ist also
zu überwinden, freilich nur ›literarisch‹: mit Hilfe jener Sprachpartikelchen und jener Wort- und Sprachspielereien, die wir in dem
Finnegans Wake nachgemachten Opus von Helms, in den *Textbü-
chern* Heißenbüttels oder in den *Sehgängen* Franz Mons studieren
können. Hier ein Beispiel:

> fallen
> nach vorne fallen
> nach vorne fallen lassen
> sich nach vorne fallen lassen
> von selbst nach vorne fallen
> von selbst fallen
> selbst fallen
> fallen
> stellen
> fallen stellen

vorsichtig fallen stellen
vorsichtig vor sich fallen aufstellen
vor sich fallen stellen
vor sich fallen
vorfallen
fallen

Arrangiert wird diese kleine Schreibübung Franz Mons mit dem Doppelsinn der phonetisch gleichlautenden Wörter »fallen« und »Fallen« – ein Spiel zum Zeitvertreib, obschon man sich unterhaltsamere vorstellen könnte. Helmut Heißenbüttel allerdings sieht es anders; in einem denkwürdigen Artikel in der *Welt der Literatur* schreibt er von ebendiesem Stück ›fallen‹ und einigen ähnlichen Texten Mons, hier werde »ausdrücklich und wörtlich gesprochen von dem, was mit dem Menschen geschieht und dem, worin seine Hoffnung besteht«. Und fügt den Satz hinzu: »Nicht in den Gedichten eines Schriftstellers wie Hans Magnus Enzensberger sehe ich die Nachfolge Brechts (sie liegt dort eher an der Oberfläche der Attitude), sondern in den Demonstrationen eines Schriftstellers wie Franz Mon.«

Eine harmlose sprachliche Fallenstellerei wird als Existenzerhellung ausgegeben; ein Nabelbeschauer der Sprache zum legitimen Nachfolger eines Bertolt Brecht erklärt, der von sich immerhin sagen durfte: »Ich vermochte nur wenig. Aber die Herrschenden/Saßen ohne mich sicherer, das hoffte ich.« Angesichts solcher Nachfolger können die heute und morgen Herrschenden sich gratulieren: ihnen wird von unseren ›Experimentellen‹ kein Haar gekrümmt werden. Andernfalls könnte es, mit Helms zu sprechen, als ›marktkonforme Nörgelei‹ verstanden werden.

Natürlich bedeuten solche Praxis und Theorie – samt dem Lob, das sich unsere ›Experimentellen‹ freigebig gegenseitig spenden – eine enorme Ermunterung für all jene, die entschlossen sind, mit ihrem nicht vorhandenen Pfunde zu wuchern. Literarische Armut hat sich selten so gut verkauft wie heute. Einsehen indessen läßt sich, daß nur eine satte Wohlstandsgesellschaft sich eine solche gespreizte Armut leisten kann. Schon die Aufmachung etwa der Textbücher Heißenbüttels beweist das, von denen zumal das vierte hauptsächlich aus leeren oder kaum bedruckten Seiten besteht. Eine Darbietung, die im übrigen keineswegs zufällig ist: Nur wenn ein Leser schon fast jede Hoffnung aufgegeben hat, überhaupt noch etwas zu finden; nur wenn auf der weißen Fläche das Schweigen triumphiert, kann sich die literarische Kümmerform eben noch behaupten – konfrontiert mit dem schieren Nichts ist sie ein mit bloßem Auge gerade noch wahrnehmbares Etwas.

Von einer Wohlstandsliteratur wäre im Hinblick auf diese experimentellen Erzeugnisse noch in anderem Sinne zu sprechen. Man muß es sich leisten können, die Probleme und Bedrohungen unserer Welt zu ignorieren, nur dann kann man sich unbesorgt ins Sprachlaboratorium zurückziehen. So stellen bei allem heftigen Verlangen nach Publizität diese Sprachbastler sich als eine neue Variante der Stillen im Lande dar: selbstgenügsam den kleinen kümmerlichen Garten bebauend, da man von vornherein auf die Auseinandersetzung mit der Wirklichkeit verzichtet hat. Die Arbeitsteilung, von Helms im Gefolge Adornos verklagt, wird mit beflissenem Eifer akzeptiert: Schriftsteller ›besorgen‹ die Sprache, und sonst gar nichts.

So ganz möchten das unsere ›Experimentellen‹ freilich nicht wahrhaben. Nichts aufschlußreicher in dieser Hinsicht als eine Selbstinterpretation Heißenbüttels (in einem früheren Heft – April 64 – der Zeitschrift *Alternative*). Aufgewartet wird mit einem ›Cinemascope 59/60‹ betitelten Text, der sich folgendermaßen anläßt: »das beste Rezept das Adenauer Soroya das öffentlich spaßig-sein hakenklein Ex-Experimentmorgen-Rezept daß der welcher da ist ist wählt alte Männer . . .« Dazu der hochgestochene Kommentar des Autors: »In ›Cinemascope‹ ist die Thematik mehr auf ein politisch-polemisch-weltanschauliches Vokabular gerichtet, nicht um es seiner Schlagwortartigkeit zu überführen, sondern um noch aus den abgegriffenen Vokabeln der Tagesparolen, indem man sie in eine Art immer wieder gebrochene, bezugsundeutliche syntaktische Form versetzt, Ausdruck zu gewinnen für die Verzweiflung dessen, der innerhalb des Leerlaufs die Sorge um das Allgemeinwohl nicht aufgeben will.«

Daß eine Thematik auf ein Vokabular gerichtet ist, darf man mit einiger Erheiterung zur Kenntnis nehmen; auch paßt es ins Konzept, daß man beileibe nicht beabsichtigt, diesen sprachlichen Hakkepeter zu denunzieren. Verzweifelt ist man auch nicht über die abgedroschenen Tagesparolen, die in den Text montiert sind – man sucht nur ›Ausdruck zu gewinnen für die Verzweiflung‹. Wessen

Verzweiflung? Nun kommt die Bürokratensprache dieses Kommentars sozusagen zu sich selbst: im kunstvoll angerichteten Wortsalat – ›Leerlauf‹ – will die Verzweiflung eines Mannes Ausdruck gewinnen, der »die Sorge um das Allgemeinwohl nicht aufgeben will«. Eine Wendung von so vollkommener Verblasenheit, daß jeder Sonntagsredner einer bundesrepublikanischen Kleinstadt vor Neid erblassen müßte.

Heißenbüttel plädiert, freilich nur im Hinblick auf literarische Inhalte und Sprachmittel, für ein ›absolutes historisches Bewußtsein‹. Hans G Helms tut das gleiche auf seine Weise, wenn er in dem *Alternative*-Aufsatz wie ein Adorno in Kleinformat schreibt: »Literatur, die so tut, als sei der geschichtliche Ort noch der Fontanes, als gäbe es noch etwas zu erzählen, wo längst ein Held dem andern gleicht wie das berühmte Ei dem anderen, solche Literatur ist von vornherein zur Unwahrheit verdammt, ist Teil der Kulturindustrie, die die Lüge befestigen soll.« Wiederum muß die emphatische Sprache einstehen für den Mangel an wirklichem Denken; mit autoritärer Geste und mit den so großen wie in dem Kontext hohlen Worten ›Unwahrheit‹, ›Kulturindustrie‹ und ›Lüge‹ soll der Gegner niedergeknüppelt werden, bevor er überhaupt vernommen worden ist.

Im übrigen ist die Aussage einfach falsch – Symptom einer beklagenswerten Blindheit. Der Oskar der *Blechtrommel* etwa gleicht so wenig dem Kunsttischler Cresspahl aus Johnsons *Mutmassungen* wie beispielsweise Fritz Erler dem CSU-Boß Franz Josef Strauß. Helms sieht nicht, sondern dekretiert: die Helden haben sich zu gleichen wie ein Ei dem andern, damit er die ganze ihm lästige Literatur pauschal verurteilen kann. Allein auf der Bühne zurück bleibt dann Hans G Helms, der seine Sprachpartikelchen ›zur neuen Konstruktion zusammenzwingt‹, um so einen wahrhaft utopischen Zustand heraufzubeschwören.

Aber setzt sich der Autor dieser *Phänomenologie gegenwärtiger Prosa* nicht doch ganz konkret mit der heutigen Literatur auseinander? – Hier darf das Zitat die Arbeit des Kritikers übernehmen. Vom Helden der *Blechtrommel* heißt es: »Grass' Held Oskar benimmt sich denn auch – trotz seiner liliputanerhaften Statur – wie alle Filmhelden. Er flirtet und flucht, ist mal deprimiert, mal heiter und überhaupt Primadonna in einem aufgedonnerten Rührstück . . . Der Stil ist der des Fortsetzungsromans in der besseren Familienzeitung.« – Über Uwe Johnson schreibt er: »In seinem ersten Buch, ›Mutmassungen über Jakob‹, teilte er mit Robbe-Grillet die Vorliebe für Textmontagen.« (Verblüffend, wie genau Helms nicht nur Adorno, sondern auch die Sprache drittklassiger Literaturgeschichten zu imitieren vermag!) Über den Stil Johnsons weiß der Phänomenologe Helms folgendes zu sagen: ». . . trotz aller oft höchst eigenwilliger Wortstellungen, mutwilliger Grammatik und willkürlicher Zeichensetzung bleiben behandelter Gegenstand und die Sprache, in der die Behandlung geschieht, disparat. Schon das ›über‹ in beiden Titeln deutet auf einen außersprachlichen Gegenstand hin. Und Manieriertheiten wie das mehrfach vorkommende, in zwei Worten geschriebene ›lange Weile‹ offenbaren des Autors Hilflosigkeit, sich aus der Klischeewelt freizumachen.«

Solche Hilflosigkeit, gepaart mit einer nicht alltäglichen Arroganz, bedarf keines Kommentars: weder in einem germanistischen Proseminar noch in der Rezension eines Anfängers würde man Äußerungen dieser Art über Schriftsteller und deren Stil ohne Protest hinnehmen. Wo einem Romancier vorgeworfen wird, daß er einen ›außersprachlichen Gegenstand‹ behandelt, darf die Kritik verstummen.

Notizen aus Opatija (September)

Gestern mit dem Flugzeug nach München und heute morgen mit der Bahn weiter nach Opatija. Wie der Grieche in meinem Abteil, ein weißbärtiger Patriarch, den seine vier in Deutschland arbeitenden Söhne zur Bahn gebracht hatten, sich bei der Abfahrt des Zuges bekreuzigte . . .

Meine Gleichgültigkeit angesichts der durchfahrenen Landschaft – als sei die Zeit der Botschaften vorbei, der Anrufe, der empfundenen Ferne. Wobei zu bedenken ist – ein trivialer Sachverhalt, den Pierre Bertaux irgendwo expliziert hat und der mich sofort beim Lesen aufregte –: daß in der Zeit, in der man selbst altert und sich verändert, auch die Welt älter wird und sich verändert, zwei parallele Prozesse, die einen oft im unklaren lassen, ob Veränderungen der Empfindung auf das Konto des einen oder des anderen Prozesses gehen.

Was die veränderte Erfahrung von Landschaften, Städten und Ländern betrifft: daß sie nun alle so leicht erreichbar geworden sind, zerstört unaufhaltsam deren Zauber, der wesentlich ein Zauber der

Ferne war. Vielleicht ist es überhaupt diese schnelle Erreichbarkeit, was unsere Zeit vor allem charakterisiert. Erreichbar ist – oder wäre – eine drastische Verbesserung der materiellen Verhältnisse; realisierbar sind tiefgreifende Veränderungen des Menschen; erreichbar ist, was in so vielen Gedichten einmal als silbernes Gestirn über der irdischen Landschaft stand.

Leichter erreichbar als in meiner Jugend erscheinen mir jetzt auch die Frauen, wofür es auch objektive Gründe geben dürfte, obwohl vielleicht hier der subjektive Anteil wichtiger ist: wenn man jung ist, ist der Abstand von der Wirklichkeit und auch vom anderen Geschlecht sehr groß – eine Distanz, die sich den unklaren Vorstellungen von dieser Wirklichkeit verdankt, den Träumereien, der Unbeholfenheit und vor allem jener Aura, die alles umgibt, was man liebt.

Mit dem Motorboot nach Omisalj, am Nordende der Insel Krk. Meine Unfähigkeit, das Sichtbare zu entziffern, meine Fremdheit unter den Menschen von mir zu werfen . . . Vor mir auf der Bank eine Frau, deren Gesicht ich von der Seite sehe: hinter dem blauen Glas der Sonnenbrille ein von keiner Empfindung erwärmtes, ein kaltes Auge, wie man es bei Reptilien findet; ein fischmäuliger Mund, der den Eindruck macht, er könnte blitzschnell nach Beute schnappen. Seltsam kontrastiert das gemütliche Schwäbisch, mit dem sie hin und wieder etwas sagt, mit dieser verdrossenen und räuberischen Physiognomie. Aber sie redete nur wenig, als ob sie von diesem Widerspruch wüßte und daß sie von der Natur als stummes Geschöpf gedacht war . . .

Der volle, aber noch blasse kroatische Mond über den Hügeln der Insel und den Bergketten des Festlands, als ich am Abend bei der Rückfahrt über das graue Wasser zurückschaue. Später dann die rote Pechflamme der Ölraffinerie von Rijeka, ein anderes, terrestrisches Feuer, das erst jetzt, bei Nacht, sich in seiner Mächtigkeit zeigt. Zuletzt der phantastische Anblick der Lichter der Stadt Rijeka, an der das Boot lange vorüberfährt: nicht eigentlich Lichterketten oder -girlanden, sondern ein in verschiedenen Farben glühendes Mosaik, eine leuchtende Phantasmagorie, die so wenig an eine wirkliche Stadt erinnerte, daß alle wie gebannt hinüberstarrten.

Zum ersten Mal seit vielen Jahren lese ich wieder einen Roman von Dostojewski, den *Jüngling*. Fast Vergessenes steigt wieder herauf:

das Hektisch-Fieberhafte des Helden und der durch ihn in Gang gebrachten Ereignisse, und wie dadurch die Zeit zu einem mit enormer Schnelligkeit dahinströmenden Fluß wird, der alles mit sich reißt – einem Verhängnis, einem Untergang zu. »Ich mußte an jenem Tage noch unbedingt einen früheren Schulkameraden von mir aufsuchen . . .« – »Ich mußte mit ihm (Wersiloff) unbedingt noch sprechen –:« in charakteristischen Wendungen wie diesen bezeugt sich das Gefühl, daß jetzt und hier und sofort etwas geschehen muß, was über alles Künftige entscheidet – Augenblicke, in denen der Held so vollkommen eins mit seinem Impuls wird, daß alle Besinnung untergeht; jähe Tempobeschleunigungen, als ob der Fluß der Erzählung sich einem Katarakt näherte, um mit aufschäumender Gischt hinabzustürzen.

Von diesen Katarakten, in denen die Vernunft zerstiebt und etwas aufblitzt, was mit dem Wahnsinn oder dem Fieber verwandt ist, muß Dostojewski ungeheuer fasziniert gewesen sein. So daß man vielleicht ebensogut sagen dürfte, Dostojewski habe seine epileptischen Anfälle mit den ihnen vorausgehenden Erleuchtungen dieser ungeheuren Faszination zu verdanken, wie daß er von diesen Katarakten fasziniert war, weil sie den tiefsten Erfahrungen seiner Epilepsie strukturell entsprachen . . .

Wie überdrüssig man der Menschen wird, wenn man sie im Hotel beim Mittag- und beim Abendessen und zwischendurch auf der Uferpromenade oder im Ort sieht. Dabei sind es durchaus nicht immer dieselben Menschen, es kommt einem nur so vor, weil sie alle zur Kategorie der Touristen gehören. Dies ist ihr Gemeinsames und zugleich das, was sie reduziert. Vielleicht ist einem der Anblick so zuwider, weil sich die Menschen so gefügig dem Touristen-Dasein unterwerfen wie sonst der Fron der Arbeit . . . Wenn ich diese Touristen mit ihrem sich spreizenden Müßiggang sehe, fällt mir immer der seltsame und tiefe Abscheu ein, den ich schon als Kind beim Anhören des Wortes »Urlaub« empfand.

Natürlich schämt man sich ein wenig, so etwas niederzuschreiben. Aber wissen möchte man auch, ob nicht auch andere mit einem ähnlichen Gefühl des Abscheus herumgehen.

Ein Sturm, der das Meer in weißen Fahnen über die Uferstraße peitscht. Als sei alle Bewegung draußen, schaue ich völlig gedankenlos auf das gegen die Felsen brandende Meer, eine schreckliche Abwesenheit inmitten des Getöses, wie betäubt gehe ich durch den Aufruhr . . .

Lange starre ich dann von der Mole auf das blaugraue Wasser, das hier nicht mit Schaumkronen gegen die Kaimauer stürmt, sondern sich unablässig hebt und senkt, als würde es von unten, durch ein fortwährendes Beben des Grundes bewegt, lautlos entstehen Wellentäler und -hügel, ein mächtiges und zielloses Gewoge.

Am gestrigen Tag, der mit Blitz und Donner zu Ende ging, war Schirokko oder Jugo, wie man hier sagt – mit einer gewissen Erleichterung nehme ich das zur Kenntnis. Aber das Faktum ändert natürlich nichts daran, daß der Tag unerträglich war und als sei das Leben nun endgültig unmöglich geworden – ein Zustand, den ich schon heute nicht mehr recht verstehe und der sich auch kaum beschreiben läßt. Selbstverständlich könnte man sagen: bleierne Müdigkeit, völlige Gedankenleere, Gefühlsstumpfheit; fast hätte ich noch hinzugefügt: Verzweiflung, aber das wäre falsch – der Verzweifelte spürt, daß er noch am Leben ist, während das Schreckliche des Zustands eben darin besteht, daß man nur noch denkt und empfindet, daß man nicht mehr denken und empfinden kann . . .

Aber auch das ist es nicht – es müßte doch möglich sein, sich mit diesem Zustand *einen* Tag abzufinden, das solchermaßen reduzierte Leben müßte doch nicht so unerträglich sein, daß einem abwechselnd die sofortige Abreise oder ein Sprung vom Balkon als der einzige Ausweg erscheint.

Vielleicht ist der Begriff »Blockierung« brauchbar. Das Leben ist nicht fast erloschen, sondern jeder Impuls wird schon im Entstehen gehemmt, frustriert, blockiert . . . Was auch erklären würde, warum in diesem Zustand jedes Gefühl für die Zukunft, ja für die Möglichkeit einer Zukunft vollkommen fehlt: jenes fundamentale Möglichkeitsgefühl, das jede seelische Regung begleitet und die verschiedenen Wege in Raum und Zeit auskundschaftet. Die Unerträglichkeit, die Unmöglichkeit des Lebens in solchen Zuständen also deshalb, weil das Leben seine Möglichkeit nicht mehr erfährt . . .

Versuchsweise setze ich diese Deutung hin, für die vielleicht auch spricht, daß sie nicht nur für Zustände gilt, in denen das Leben aus physiologischen Gründen unmöglich wird: auch in Situationen, die aus anderen Gründen unerträglich sind und die wir ausweglos nennen, wird die Möglichkeit einer Zukunft nicht mehr erfahren.

Den Roman Dostojewskis zu Ende gelesen. Die hemmungslose Geschwätzigkeit des Helden, der alles, was er erlebt oder erfährt, sofort weitererzählt, hat in dem Roman eine doppelte Funktion. Einmal charakterisiert sie natürlich ihn, diesen vor Ungeduld und Erwartung fiebernden und manchmal geradezu hysterischen jungen Mann, zum andern treibt Dostojewski auf diese Weise die Handlung voran, weil durch die Ausplaudereien des Helden neue Verwicklungen und Intrigen entstehen, die dann wiederum vom Helden erfahren und sofort kolportiert werden.

Im übrigen ist diese fast wütende Leidenschaft, Geständnisse und Beichten abzulegen, vielen Gestalten Dostojewskis auch in anderen Romanen eigentümlich: ein Inneres, Verborgenes will sich in Sprache ergießen, sie reden, als handele es sich um letzte Vermächtnisse oder als stünden sie vor einem Gericht, das die Angeklagten durch Drogen zum Sprechen gebracht hat (der Gedanke an sowjetische Schauprozesse der dreißiger Jahre liegt nahe). Und mutet diese bis zur stammelnden Ekstase gesteigerte Leidenschaft des Redens und Bekennens manchmal nicht wie ein Orgasmus an? Wobei man vielleicht daran denken dürfte, daß Dostojewski das Sexuelle nicht direkt wiedergibt . . .

Nicht zu übersehen auch, daß in diesem ekstatischen Reden und Bekennen Dostojewski sich selber darstellt: das Eruptive seines Schreibens wiederholt sich in seinen Figuren, die danach verlangen, so sich auszusagen, wie ihr Autor produzierte.

Die weißen, gelben und ockerfarbenen Hotelpaläste an der Hauptstraße von Opatija, die wohl aus der Zeit um die Jahrhundertwende stammen, als die Stadt und das Land noch zur österreichisch-ungarischen Monarchie gehörte, etwas pompös, mit Säulen und Loggien, von dekorativen Palmen flankiert, eine herbstliche Szenerie unter dem blauen Oktoberhimmel. Vor 60 oder 70 Jahren werden hier Equipagen vorgefahren sein, denen elegante Damen mit breitrandigen Hüten und langen Kleidern entstiegen sind, während die Herren die grauen Zylinder hoben und diskret das Geschäftliche erledigten . . .

In weniger gutem Zustand als diese Hotels sind die großen alten

Villen, die man neben dem aus dem Stein gehauenen Uferweg nach dem alten Fischerhafen Volosko sieht, Villen, die hinter verwilderten Gärten verwittern und von denen oft nur noch einige Zimmer bewohnt scheinen, durch die immer geschlossenen grünen Fensterläden der anderen Räume glaubt man dämmerige Stille und Staub zu spüren und als ob hier die alte Monarchie noch immer vermodere. Rostige Ketten versperren die Türen, die in die Mauer eingelassen sind, Abfall häuft sich in den steinernen Nischen, auf den sanft aufsteigenden Freitreppen grünt Moos.

Literatur ist jene Berufungsinstanz, vor der der verlorene Prozeß des Lebens noch einmal aufgerollt wird.

Der junge Mann, den ich heute in einem Geschäft sah, und daneben eine ältere Frau, offensichtlich seine Mutter – und zweimal die gleiche Physiognomie: Ärmlich-Hungriges um den Mund, dort wie hier die gleiche Hakennase, die gleiche fahle Haut, das gleiche lange struppige Haar. Und plötzlich schämt man sich, wenn man auf solche Ähnlichkeit stößt – als hätte man diese Menschen bei etwas ertappt, was nicht in die Öffentlichkeit gehört, als sei man indiskret in Familiengeheimnisse eingedrungen, ohne daß die Ertappten eine Ahnung davon haben. Fatal auch der Eindruck einer fast knauserigen Sparsamkeit der Natur, die aus dem gleichen Stoff und mit denselben Formen zwei Menschen verschiedenen Geschlechts hervorbrachte: als sei ihr die eine Kreation so gut gelungen, daß sie sich sehr bald zu einer Wiederholung entschlossen hat.

Die Rede gelesen, die der mit dem Büchner-Preis ausgezeichnete Thomas Bernhard in Darmstadt gehalten hat. Das Monomanische dieses Schriftstellers, seine Besessenheit, das Pauschale seiner Aussagen. ». . . alles handelt von der Fürchterlichkeit, von Erbärmlichkeit, von Unzurechnungsfähigkeit . . ., wer denkt, löst auf, hebt auf, katastrophiert, demoliert, zersetzt, denn Denken ist folgerichtig die konsequente Auflösung aller Begriffe.«
Nüchtern betrachtet ist das natürlich Unsinn – Denken, wie es gemeinhin verstanden wird, ist etwas anderes. Aber man dürfte das Bernhard nicht sagen; er würde es nicht verstehen, weil er es nicht verstehen will. Das Nicht-verstehen-Können und Nicht-verstehen-Wollen ist eine Stärke dieses Schriftstellers; seine kraftvollen

und finsteren Visionen des Lebens verdankt er wesentlich dieser Beschränkung.

Allerdings muß man sagen, daß diese Beschränkung auch dem Werk nicht immer zum Vorteil gereicht – dort, wo er nicht gestaltet, sondern in Reflexionen monotone und pauschale Urteile über Welt und Leben vorträgt (wie sie diese Büchner-Rede ausschließlich enthält). Solche Urteile scheinen mir 19. Jahrhundert zu sein, wo es – vor Nietzsche – noch sinnvoll war, abschließende Urteile zu fällen, etwa über die Sinnlosigkeit des Lebens oder über seinen Wahnsinn. In Bernhards dichterischer Prosa sind diese Urteile nicht mehr Erkenntnisse, sondern Litanei oder eine Art Generalbaß, der an solchen Stellen allein tönt.

Überaus befremdlich das Vokabular dieser Rede: mehrmals kommt das Wort »Geisteszustand« vor, auch ist von »Geistesangst« die Rede, von »Geisteskonstitution« und »Geisteskonzentration« . . . Ausdrücke, die wohl eine Verfassung des Daseins meinen, sofern die seltsame Hartnäckigkeit, mit der in dieser nicht eigentlich gedachten Rede das Wort »Geist« wiederkehrt, nicht eine andere Vermutung nahelegt: daß hier einer spricht, der von einem Geist besessen ist . . . Was im übrigen das Zwanghafte, Obsessive erklären würde, das an diesem Schriftsteller auffällt.

Übrigens ist das Insistieren auf der Negativität des Daseins in einer solchen Rede – es ist nicht die erste Bernhards dieser Art – fast zu gut zu verstehen. Wen möchte es nicht reizen, einem würdigen Gremium, das sich die Pflege der Kultur angelegen sein läßt, die Wahrheit entgegenzuschleudern, daß alles ganz anders ist, erbärmlich und fürchterlich?

Sagen muß man freilich auch, daß Bernhard damit nicht nur die Erwartungen der Zuhörer enttäuscht, sondern daß eine solche Rede auch ausgesprochen terroristischen Charakter hat – die Zuhörer werden gleichsam niedergeknüppelt, die Erinnerung an den Schrekken des Lebens wird zur Waffe, zu einem Instrument der Macht, zumal die Zuhörer nicht erwidern können, Bernhards Wort steht allein im Raum. Kommt noch hinzu, daß eine solch pauschale Verurteilung des Lebens eigentlich auch nicht widerlegt werden kann; jeder Hinweis auf die helleren Aspekte, die es doch auch gebe, hätte etwas Ohnmächtiges, fast Läppisches . . .

Enthüllend zuletzt ein Passus gegen Schluß der kurzen Ansprache: »Das Problem ist, mit der Arbeit fertig zu werden, und das

heißt, mit dem inneren Widerwillen und mit dem äußeren Stumpf-
sinn . . ., das heißt, über mich selbst und über Leichen von Philoso-
phien gehen, über die ganze Literatur, über die ganze Wissenschaft,
über die ganze Geschichte, über alles . . .« Was hier sich ausdrückt,
ist nicht Hochmut, obwohl Hochmut diesem Schriftsteller nicht
fremd ist; auch nicht nur die Notwendigkeit völliger Isolation und
Einsamkeit, ohne die für ihn – und andere – Produktivität nicht
möglich ist; auch nicht Brutalität allein, die über Leichen geht . . .
Hier ist anderes noch im Spiel –: nur der *Tod* geht über alles hinweg,
nur vor ihm ist alles eins und fallen alle Besonderungen dahin – der
Tod und sein terroristisches Prinzip, dem Thomas Bernhard keinen
Widerstand leistet, mit dem er sich vielmehr solidarisiert . . .

Immer erscheint es mir fast unbegreiflich, wenn ich von Menschen
höre, denen Landschaft wenig oder nichts bedeutet, und die sie nicht
vermissen.
   Ob bei diesen Menschen der Umgang mit anderen, das gesellschaftliche Leben an die Stelle der Natur getreten ist? Ich glaube
nicht, daß man es so sehen darf. Die Hügel und Bäume unter dem
hohen istrischen Himmel *sprechen* nicht, während ich in der Stille
dieses Oktobertags landeinwärts wandere; das Meer, dessen Bläue
ich noch in der Ferne sehe, wenn ich zurückschaue, erwartet keine
Antwort. Vielleicht ist es eben dies, was man liebt: man ist sich selbst
überlassen . . . Vielleicht ist es auch so, daß gerade das Schweigen
oder vielmehr diese wortlose Sprache der Landschaft es bewirkt, daß
in uns Sprache sich sammelt, weil niemand sie fordert. Vielleicht
auch ist es die Hoffnung, daß in dieser Stille der konfuse Aufruhr im
Innern ganz verstummen könnte, so daß wenigstens in diesem
endgültigen Schweigen eine Art Gleichgewicht sich herstellte zwischen uns und der Welt – und es uns für immer erspart bliebe, die
verworrenen Fragen der Welt unangemessen zu beantworten.

1971

Nach der Lektüre von Samuel Becketts Roman *Watt*: Bemerkenswert und irgendwie schockierend ist die Diskrepanz, die zwischen der Wirklichkeit zur Zeit der Niederschrift dieses Romans besteht (Beckett schrieb ihn während des Krieges), und der Welt, die hier dargestellt und vergeblich zu entziffern versucht wird: schockierend, weil die gesellschaftlich-politische Wirklichkeit völlig ignoriert wird; schockierend vielleicht auch, weil diese Diskrepanz den Gedanken nahelegen könnte, große Literatur verdanke sich nicht selten einer ungeheuren Distanz zum Geschehen des Tags, ja der Epoche.

Wenn die Romane Becketts beginnen, sind deren Helden immer gleichsam in einem dunklen Wald verirrt, ihre Situation erinnert an die Dantes zu Anfang der *Göttlichen Komödie* (ein Werk, das der belesene Beckett genau kennt und auf das er oft anspielt, wie John Fletcher in einer Studie nachgewiesen hat). In Wahrheit ist ihre Situation wohl noch verzweifelter: sie sind vom rechten Wege abgekommen und im dunklen Wald verirrt, aber nichts deutet darauf hin, daß es einen solchen rechten Weg überhaupt gibt und daß sich das Dunkel je lichten wird. »Und was ist dieses Kommen, das nicht unser Kommen war, und dieses Hiersein, das nicht unser Hiersein ist, und dieses Gehen, das nicht unser Gehen sein wird, wenn nicht ein Kommen und Hiersein und Gehen ohne den Schatten eines Ziels?«

Watt kommt zum Haus eines gewissen Mr. Knott, dessen Diener er für einige Zeit wird; ob er dort erwartet wurde, bleibt ebenso ungewiß, wie es in Kafkas *Schloß* ungewiß ist, ob der Graf den Landvermesser K. wirklich hat kommen lassen. Bei Kafka wie in diesem Roman Becketts bedeuten Reise, Ankunft und Bleiben am Ort der Ankunft mehr, als gemeinhin darunter verstanden wird: die Reise ist als Weg ins Hiesige zu deuten, die Ankunft an einem Ort, wo man vielleicht erwartet wurde, vielleicht aber auch nicht, ist als Ankunft im Leben zu begreifen – man wird, wie Watt im Hause des Mr. Knott, eine unbestimmte Zeit hierbleiben und gewisse Dienste verrichten, als Nachfolger von anderen, die vor uns da waren, und andere werden unseren Platz einnehmen, wenn wir gegangen sind . . .

Der Diener Watt hat von seinem Herrn, der sich – fast wie Godot – nie recht zeigt, keine genaue Vorstellung: er kann so oder auch anders aussehen, man kann die Möglichkeiten gleichsam mathematisch durchspielen. Indem aber in dem Roman dieses Durchspielen der Möglichkeiten endlos fortgesetzt wird, verwandelt es sich in eine Clownerie, die zum Selbstzweck wird – die Erforschung dessen, was ist, schlägt in Komik um, weil die Aufgabe unlösbar ist. *Watt* ist nicht nur ein verzweifeltes, sondern auch sehr komisches Buch, dessen Witz sich nicht am Partikularen der menschlichen Existenz entzündet, sondern an dieser selbst.

Es charakterisiert den Roman und die Welt Becketts insgesamt, daß die Frage, was wirklich ist und was nur eingebildet oder fabuliert, nicht beantwortet werden kann; möglicherweise ist alles fabuliert: diese Welt und dieses absurde Leben und diese Geschichte Watts, die er übrigens selber später bruchstückweise dem Insassen einer geschlossenen Anstalt erzählt, die man wohl als Irrenanstalt diagnostizieren darf. »It is a tale/ Told by an idiot, full of sound and fury« –: dieses Wort aus *Macbeth* dürfte dem Werk Becketts vorangestellt werden.

Allerdings wäre das Zitat wohl etwas zu ernst für diesen Roman. Beckett ist ernst *und* unernst, tragisch *und* komisch, er liebt, als Ire, metaphysische Spekulationen und in gleicher Weise den Wortwitz und den Kalauer, und oft bringt er es fertig, alles zusammen in einem Satz, in einer Wendung zum Ausdruck zu bringen. Als Watt auf einem Bahnhof eine Fahrkarte löst, erwidert er auf die Frage »Wohin?«: »Bis ans Ende der Strecke.« Oder ein Bahnbeamter schaut auf die Uhr, und es heißt: »Es war, wie er befürchtete, später, als er gehofft hatte.« Der Witz birgt Tiefsinn, und noch im Kalauer schimmert die Wahrheit herauf, daß man nicht weiß, ob man den Tod begrüßen oder fürchten soll. Dieses Nicht-Wissen und diese Mischung aus Verzweiflung, Trauer, Komik und Clownerie macht die Sprache Becketts reich und unendlich beweglich. Oder soll man sagen: die unendlich reiche Sprache Becketts bringt all dies hervor: die Verzweiflung und den Witz, die Trauer und die Komik und all die seltsamen Geschehnisse dieses Romans?

Wenn man längere Zeit zuviel mit Menschen zusammen war,

kommt man sich selbst abhanden; man lebt wie in der Zerstreuung, im Exil, und eine produktive Arbeit ist in diesem Zustand kaum möglich. Gleichzeitig aber ahnt man, gerade weil man aus der gewohnten Ordnung und Verfestigung herausgerissen ist, daß man jetzt ganz neue Einsichten gewinnen könnte – schon die Erfahrung, daß die bisherige Ordnung das Resultat einer subjektiven Interpretation darstellt, ist eine neue Einsicht.

So käme alles darauf an, diese neue und noch ungeformte Erfahrung hinüberzunehmen in einen späteren Zustand, in dem wir wieder ›bei uns‹ sind. Aber in der Regel, und aus verständlichen Gründen, wird alles vergessen: wie man nach der Genesung die Erfahrungen einer Krankheit vergißt, wie nach dem Erwachen einen Traum.

Erinnerung an eine Lesung von Ernst Jandl und Friederike Mayröcker in der Berliner Akademie . . . Die einfachen und durchsichtigen Strukturen der Gedichte Jandls – man wagt nicht daran zu denken, wie diese Texte sich anhören würden, wenn ein anderer, der nicht über die außerordentliche Begabung Jandls verfügte, sie läse. Bei ihm aber wird das sehr Einfache geradezu aufregend, weil man begreift, daß mit ganz wenigen Elementen immer noch Gliederung, Spannung und Gestalt zu gewinnen sind – ein Vorgang, der mich beim Zuhören einen Augenblick sogar an Beckett denken ließ, mit dem der österreichische Virtuose sonst wenig gemein haben dürfte. Es sei denn eben diese Reduktion: beide demonstrieren, daß es auf Fülle nicht ankommt. Noch die Atemgeräusche, die ein Mensch beim Einschlafen macht, genügen Jandl für eine akustische Darbietung, der man atemlos lauscht. Auch dies übrigens an Beckett erinnernd, an dessen Minutenstück *Atem*, das vor einiger Zeit in Oxford aufgeführt worden ist.

Die sehr überwachte, die sehr kunstvolle Monotonie, mit der Friederike Mayröcker ihre Sachen vorträgt. Nichts blüht hier auf, Anschaulichkeit wird nicht angestrebt, man hört nur die Stimme, die alles zusammenfaßt oder mit sich trägt, Banales und Poetisches, Blumen und Geröll – und diese Stimme selber ist die unablässige Nachricht von allem, was sich zeigt und was sich entzieht.

Zu Eduard von Keyserlings Roman *Wellen*. Gegenwärtiger als seine

Bücher, die ich als Student liebte, war mir lange Zeit das Porträt, das Lovis Corinth von diesem baltischen Grafen gemalt hat. Es heißt, daß der Maler begeistert war von der mürben und welken Haut dieses Gesichts, sie erinnere ihn, so ließ er sich dem Porträtierten gegenüber vernehmen, an altes zerknittertes Zeitungspapier – eine Bemerkung, die Keyserling mit leiser Ironie quittierte.

Schwer zu entscheiden, ob auf diesem Bildnis Keyserlings, der in späteren Jahren erblindete, die groß aufgeschlagenen blauen Augen die Welt noch genau wahrnehmen. Vielleicht dürfte man sagen, daß die Augen in diesem von Krankheit und Dekadenz gezeichneten Gesicht mindestens ebenso sehr nach innen wie nach außen zu blicken scheinen, auf jeden Fall aber schauen sie den Tod, der sowohl in der Welt wie im eigenen Inneren am Werk ist und alles Gestaltete überwältigen will. Überaus merkwürdig der Mund in diesem blutleeren Gesicht: als hätte sich in diesen vollen Lippen mit ihrem brennenden Rot alles noch verbliebene Leben versammelt, als wolle er mit ihnen die vergehende Welt einsaugen. Das Gesicht eines Spätlings, eines Gezeichneten und dem Untergang Geweihten – das stark zurückfallende Kinn läßt nicht vermuten, daß hier viel Energie mobilisiert werden konnte, um diesem Schicksal zu begegnen.

Möglich aber war es, das brennende und das vergehende Leben zu *schildern*, und auch dies läßt sich, wenn man es weiß, an dem Gesicht und der Haltung des Porträtierten ablesen. Es ist nicht nur Würde und lässige Eleganz des Edelmanns, die *tenue*, zu der die adligen Mädchen seiner Geschichten wohl ermahnt wurden; auch war diese *tenue* der Kunst von einst nicht fremd. »Was Keyserling angeht«, schrieb Thomas Mann seinerzeit in einem Nachruf, »so ist ja nicht nur sein Werk die Verklärung und melancholische Ironisierung, die Kunstwerdung seines feudalen Heimatmilieus, sondern sein Künstlertum selbst ist die Sublimierung, Übertragung, Vergeistigung adeliger Lebensstimmung, adeliger Leichtigkeit und Verpflichtung, adeliger Diskretion, Haltung, Reinheit, Anmut und Strenge.« Dieser vollkommen wahren Charakterisierung wäre allenfalls dies noch hinzuzufügen: daß sowohl das Bildnis wie die Literatur Keyserlings die Vermutung nahelegen könnten, daß Literatur, jedenfalls die von damals, *erfahrener* Schmerz ist – der nicht abgewiesene und nicht verdrängte, der nicht verleugnete Schmerz des Lebens . . .

Die Überraschung bei der Lektüre des jetzt wieder aufgelegten

Romans *Wellen*: wie genau die Figuren umrissen sind, wie kunstvoll das kleine Ensemble komponiert ist. Der Anfang – und später zumal manche Dialoge – ist reiner Fontane. Noch zählt das Sichtbare: wie ein Manet gibt Keyserling ein Interieur wieder oder malt mit leuchtenden Farben einen Ostseestrand, wie Nolde oder Pechstein. Von flimmerndem Impressionismus kann keine Rede sein; der Mann des erlöschenden Augenlichts wollte die Grenzen nicht verfließen lassen. Was vielleicht auch mit dem Schmerz zu tun hat: der Abstand, die Trennung von dem, was man liebt, will genau und stark erfahren werden. Kein Zufall daher, daß in diesem Roman die Menschen unaufhörlich schauen und einander beobachten . . .

Ausgespart in dieser von Wetterleuchten und Blitzen durchzuckten Ferienwelt ist weithin die Sphäre der Arbeit (nur die Fischer gehen ihr nach, auch der Maler, der sich vergeblich bemüht, das Meer auf die Leinwand zu bringen, den *Körper* des Meeres unter der bewegten Oberfläche). So bleibt Zeit und Kraft für die Entwicklung des Gefühls, die Verfeinerung der Sensibilität, für die Adoration des – in Doralice verkörperten – weiblichen Geschlechts.

Allerdings kann man auch fragen, ob Keyserling nicht selber, gerade weil er so zart wie inständig sich mit dem Geheimnisvollen der Frau befaßte, zur Entzauberung beigetragen hat. Mit wenigen Ausnahmen schildert er in diesem Roman seine Figuren von außen, nur von der alle Männer faszinierenden Dolarice zeigt er den Innenaspekt, wobei sich, beabsichtigt oder nicht, herausstellt, daß ihre Stimmungen und Gefühle unablässig sich wandeln wie die Stimmungen und die Bewegtheit des Meeres. Nur: ist dieser Innenaspekt nicht ziemlich trivial – trivial wie, beispielsweise, die Sehnsüchte und Träumereien der Madame Bovary? Geheimnisvoll und zauberhaft, so scheint es, ist eine Frau immer nur für die anderen, die von ihrer Schönheit angerührt sind und sie begehren, nicht aber ›an und für sich‹, so daß man am Ende gar behaupten dürfte, Keyserlings Darstellung dieser Frau komme einer Enthüllung gleich . . .

Auf einer Einladung fragt jemand, woher das Wort »abgefeimt« komme, das man fast nur in der Verbindung »abgefeimter Schurke« gebrauche. Da niemand eine Antwort weiß, holt eine Studentin, ein bißchen unwillig, ein etymologisches Wörterbuch aus dem Regal, und wir erfahren: daß in dem Wort »abgefeimt« das althochdeutsche veim = Schaum steckt und daß das englische foam auf die gleiche Wurzel zurückgeht. Das Gespräch bleibt noch eine Weile bei Sprachproblemen – mein Freund fragt, ob und welcher Unterschied zwischen den Wörtern »Schurke« und »Schuft« bestehe. Darauf die Studentin gereizt: was denn ein solches Nachdenken über Wörter für einen Sinn habe, dergleichen sei völlig belanglos, es gebe so viele relevante gesellschaftliche Probleme . . .

In dem – mich sehr langweilenden – *Verhör von Habana* von Enzensberger in der Schaubühne am Halleschen Ufer. Was man erfährt, ist bekannt, jeder Zuschauer kann es erraten: daß die Motive jener, die an der Landung in der Schweinebucht teilnahmen, fragwürdigster Natur waren, der Selbstsucht entsprangen; daß andere von den Propagandaphrasen verführt worden waren. So steht in diesem Stück von Anfang an alles fest – es dient nicht der Erkundung von Wahrheit, sondern ist politische Demonstration, Propaganda.
Deprimierend die Reaktionen des vorwiegend jugendlichen Publikums. Die resolute Parteilichkeit des Stücks, das so eindeutig zwischen gutem und schlechtem Handeln, wahren und verlogenen Argumenten unterschied, wurde von den Zuschauern vollkommen unreflektiert mitvollzogen: die Rechtfertigungsversuche der Verhörten wurden mit Hohn quittiert, die andere Partei war in jedem Augenblick der Zustimmung sicher. Trauriger Höhepunkt dieser Rezeption war das Beifallklatschen, als im Kommentar zu dem eingeschalteten Dokumentarfilm davon die Rede war, ein amerikanisches Versorgungsschiff sei in der Schweinebucht versenkt worden. Das spontane Klatschen war wie das von Schulkindern, denen der Lehrer sagt, am nächsten Tag finde ein Schulausflug statt.

In dem schönen Aphorismusband *Jaworte, Neinworte* von Hans Kudszus gelesen. Schon während der Lektüre kam mir zu Bewußtsein, und nachts, als ich nicht einschlafen konnte, wurde dieser Gedanke immer quälender: daß ich völlig vergessen habe, *wie* man einen Aphorismus ›macht‹. Soll man an etwas Bestimmtes denken, etwa an Begriffe wie Güte oder Dummheit, Eitelkeit oder Schönheit, und dann versuchen, diesen Sachverhalten einen neuen, einen überraschenden Aspekt abzugewinnen? »Charakter ist Mut zur Monotonie«, hatte ich bei Kudszus gelesen, ein vortrefflicher Aphorismus, der vielleicht so entstanden sein könnte: indem der Autor lange darüber nachgedacht hat, was wesentlich zum Charakter gehört oder *auch* dazugehört . . .

Aber kommt ein Aphorismus wie der zitierte wirklich auf diese Weise zustande? Ich versuchte es lange mit dieser Methode, aber nach einer Stunde war mir klar: daß man eher ein Gedicht ›machen‹ kann als einen Aphorismus – ein Gedicht, dessen ersten Vers, Paul Valéry zufolge, die Götter geben, alles andere ist dann eine Sache der Arbeit, die man irgendwie in Gang bringen und vorantreiben kann. Der Aphorismus, jedenfalls der kurze, oft nur aus einem Satz bestehende, ist nicht dem Gedicht, sondern diesem ersten Vers Valérys vergleichbar: eine Inspiration, ein plötzlicher Einfall, ein Geschenk.

Aber soll man sich damit zufriedengeben? Schließlich ist auch dieser berühmte erste Vers eines Gedichts nicht *nur* Geschenk, sondern hat eine lange, wenn auch oft schwer zu erhellende Vorgeschichte. Und ähnlich dürfte es sich bei dem mir plötzlich so rätselhaften ›Machen‹ eines Aphorismus verhalten. »Charakter ist Mut zur Monotonie« –: je länger ich darüber nachdachte, desto unwahrscheinlicher schien es mir, daß Kudszus, als er diesen Aphorismus ›machte‹, allein vom Begriff des Charakters ausgegangen sein sollte – vielleicht operierte er gleichzeitig mit dem Begriff des Mutes, eher noch mit dem der Monotonie, zwei Begriffen also, die relativ weit auseinanderliegen und die dann jäh in eine Beziehung, in der ein Sinn aufleuchtete, zueinander getreten sind.

Diese Überlegung schien mir plausibel, aber sie half mir nicht weiter; allenfalls begriff ich, daß es sinnlos war, das Denken ausschließlich auf *einen* Begriff, *eine* Sache zu richten, weil auf diese Weise keine produktive Beziehung zwischen zwei Begriffen hergestellt werden kann . . .

Über diesen Überlegungen war es spät geworden, ich war müde und gleichzeitig überwach, und allmählich dachte ich an anderes: an einen Schriftsteller, mit dem ich in letzter Zeit viel beisammen gewesen war, an dessen spezifische Begabung, dann an Begabung und Genie überhaupt und auch an die menschliche Dummheit, die mir immer wie ein riesiger unerforschter Kontinent vorkommt. Und plötzlich, in diesem Zustand von Anspannung und schon ziellosem Schweifen, drängte sich mir ein Satz auf, der vielleicht als Aphorismus gelten konnte, ohne daß ich trotz aller Aufmerksamkeit nun hätte genau sagen können, durch welche geistige Operation ich zu ihm gekommen war, auch wenn ich begriff, daß dieser Satz irgendwie das Resultat meines Nachdenkens über den Schriftsteller, über Genie, Dummheit und Wahnsinn war – der Satz, mit dem ich endlich beruhigt einschlafen konnte und von dem ich wußte, daß ich ihn über meinen Schlaf hinweg in den nächsten Tag hinübernehmen würde, dieser Satz: *Sein Genie war die erleuchtete Seite seines Wahnsinns.*

Im Literaturblatt der *FAZ* eine Besprechung des Romans *Malina* von Ingeborg Bachmann. »Ist der Existentialismus«, so fragt Angelika Mechtel, »der Mittelpunkt dieser Geschichte, die mit soviel Intensität, Mystik und Ekstase geschrieben wurde?«

In diesem Satz scheint mir fast alles falsch zu sein; vorab die pauschale Frage, die auf den innersten Kern, die eigentliche Substanz des Romans zielt – ihrem Wesen nach geben Romane keine Antwort auf Fragen dieser Art. Und was den Existentialismus betrifft: er war eine Richtung der Philosophie, ausgezeichnet durch einen bestimmten Gegenstand, eine mehr oder weniger bestimmte Methode. Später wurden Existentialismus und existentiell Modewörter, die durch wahllosen Gebrauch jeden konkreten Sinn verloren haben und darum heute kaum mehr zu verwenden sind. Der Existentialismus aber als »Mittelpunkt« eines Romans ist kompletter Unsinn; allenfalls könnte, wenn es denn sein muß, der Roman als ganzer existentiell genannt werden.

Ein ähnlicher Fehler unterläuft der Rezensentin mit dem Wort »Mystik« (was immer unter diesem dunklen Wort zu verstehen sein mag). Mystisch könnte der Roman sein, oder man könnte die Verfasserin eines Romans eine Mystikerin nennen. Aber kann man einen Roman »mit Mystik« schreiben? Wer so sich ausdrückt, weiß nicht, wovon er spricht. –

Zum Schluß ihrer Rezension nennt Angelika Mechtel *Malina* einen »sehr weiblichen Roman«, ohne nähere Begründung. Gemeint könnte dies sein: daß in diesem Roman die Gefühle, Glück und Unglück der Liebe, so ungeheuer wichtig genommen werden; daß die Mann-Frau-Beziehung die zentralste Erfahrung der Heldin – und vielleicht der Autorin – ist. Wie sehr dies gilt, kam mir zu Bewußtsein, als ich kürzlich zum Vergleich den Roman *Mein Name sei Gantenbein* von Max Frisch wieder las. Gewiß, von den Manövern der Liebe handelt auch dieser Roman, die Polarität der Geschlechter ist auch hier ein zentrales Thema. Der Unterschied aber, ein wesentlicher, besteht darin, daß der männliche Autor zwischen sich und seinem Thema Distanz hat – eine Distanz, die noch Raum läßt für Ironie, für die Spiele des Intellekts, für die ernsten oder heiteren Scherze der Kunst, während Ingeborg Bachmann in *Malina* identisch zu sein scheint mit ihrer Heldin, die Heldin ihrerseits distanzlos ihren Gefühlen, ihrem Leiden, ihren Zuständen überantwortet ist.

Mit dem Dahinschwinden des Existentialismus verblaßt auch das Wort »authentisch«, das ihm teuer war. Dennoch muß ich es verwenden, wenn ich meine Erfahrung nach neuerlicher Kafka-Lektüre fixieren will: Kafkas Literatur erscheint mir authentischer als vielleicht alle Werke der modernen Literatur. Womit ich meine, daß bei Thomas Mann oder Musil, bei Joyce oder Proust, so großartig und bewunderungswürdig sie auch sind, das Moment des Beliebigen nicht vollkommen fehlt: die dargestellten Vorgänge könnten so oder auch etwas anders sein, die oft herrlichen Sätze ihrer Prosa könnte man sich auch etwas anders formuliert vorstellen, ohne daß das Werk dadurch wesentlich verändert würde. Nicht so bei Kafka. Fast jeder Satz macht den Eindruck, als sei er nur so und nicht anders möglich, als sei er von einer geheimnisvollen Instanz diktiert, der der Autor gehorchen mußte und deren Entscheidungen nie in Zweifel zu ziehen waren.

Kein Zufall darum, daß auch in seinem Werk immer wieder Instanzen geschildert werden, die – wie etwa im *Prozeß* und im *Schloß* – den Helden ihre Weisungen übermitteln; daß ein Josef K. geradezu als Empfänger von Weisungen zu verstehen ist, denen gehorcht werden *muß*. Was Kafka schreibend widerfuhr – fraglos seine tiefste Erfahrung –, wird zum Muster seiner Interpretation des Menschen in der Welt. Und diese Interpretation ist so unwiderruflich und von so zwingender Gewalt, weil Kafka, während er vom Wirken der Instanzen schrieb, die das Leben Josef K.s und des Landvermessers bestimmen, seinerseits gehorsam *jener* Instanz lauschte, die über *ihn* verfügte.

Eben diesem angespannten Lauschen und dem ihm entsprechenden Gehorsam ist es auch zuzuschreiben, daß Kafka und sein Werk der ästhetischen Sphäre, die ohne Freiheit und Spiel nicht zu denken ist, eigentümlich entrückt scheinen. An deren Stelle sind die Züge von Strenge und auch Grausamkeit getreten, die zur Physiognomie des Werks wie des Autors gehören. Wer so mit letzter Kraft einem Diktat lauscht und sich ihm beugt, erinnert an den Verurteilten der *Strafkolonie*, der nur noch die Schrift zu lesen sucht, welche die grausame Egge seinem Leib einritzt. (Unnötig fast zu sagen, daß sowohl der Charakter des Diktats wie des Gehorsams, auch wenn Kafka soziologische und politische Sachverhalte nicht gemeint hat, im modernen industriellen Arbeitsprozeß ebenso zu erkennen ist wie etwa in einer terroristischen Diktatur. Weswegen auch der Leser Kafkas durchaus den Eindruck haben muß, daß das Werk von Aktualitäten und deren Gewalt handelt, auch wenn es Vorgänge schildert, die vordergründig mit diesen Aktualitäten wenig gemein zu haben scheinen.)

Dann und wann unterbreche ich übrigens meine Kafka-Lektüre, um ein Kapitel in dem Buch Wilhelm Emrichs über Kafka zu lesen. Emrich überblickt das Werk vollkommen, seine Interpretationen sind scharfsinnig. Das Merkwürdige ist nur, daß man beim Lesen seines Buches eigentlich überhaupt nicht den Eindruck hat, daß es von einem *Dichter* handelt – alles wird auf allgemeine Begriffe gebracht, so gut wie nie ist von den Figuren Kafkas die Rede, von seiner Sprache, ihrem Rhythmus, also von alldem, was man pauschal das Künstlerische nennen könnte. Auch spürt man nicht, daß dieser Verzicht auf die Beschäftigung mit dem Gestalthaften, Künstlerischen ein Akt bewußter Askese ist, weil eben der Autor es für notwendig befunden hätte, zunächst einmal eine ›inhaltliche‹ Interpretation des Werkes zu geben. Diese fast völlige Blindheit für das, was Kafka als Dichter realisiert hat, erscheint mir trostlos. So daß man, in Abwandlung eines Witzes aus dem *Ulysses* über die umstrittene Autorschaft Shakespeares, sagen möchte: das Buch Emrichs handelt gar nicht von dem *Dichter* Kafka, sondern von einem *Philosophen* gleichen Namens.

Wie kann man heute noch über Reisen und Landschaften schreiben, und kann man es überhaupt noch? Ich bin wieder in Berlin und denke an die Wochen in Griechenland zurück –: es ist Morgen, und ich blicke in der kleinen peloponnesischen Hafenstadt Nauplia über die glatte Wasserfläche und auf die blauen Bergketten jenseits der Bucht, ein Fischer bessert auf der Kaimauer sein Netz aus, ein Angler erneuert den Köder, ein Hund (er begleitete mich später, als sei ich sein Herr) schläft in einem Blumenbeet, es ist so still, so still . . . Ich denke zurück und sitze wieder auf dem alten Gemäuer von Mykene, der Wind beugt die Gräser und das Blühende zwischen den Steinen, und ich schaue hinaus und hinunter auf die mit Ölbäumen bestandenen Hügel, auf das vielfältige Grün dieser weit aufgeschlagenen Landschaft, die Homer das »rossenährende Argos« genannt hat, und ich frage mich heute wie damals, warum ich die Herrlichkeit dieses Worts mit dem Verstand nicht zu begreifen vermag und warum es mich fast zu Tränen rührt . . . Ich erinnere mich und sitze wieder in dem antiken Theater von Epidaurus, eine Kaskade aus Stein, aufsteigend oder stürzend, und mit einer unbeschreiblichen Harmonie die aufsteigenden und stürzenden Jahrhunderte überdauernd . . . ich denke in Berlin daran zurück und versuche, das Erinnerte genau zu fixieren, aber die Bilder entziehen sich, die Sprache versagt. Was man einmal die Poesie der Erde nennen durfte, kann heute nicht mehr ausführlich ästhetisch beschrieben werden, ein Tabu liegt über solchem Tun, nur einzelne Augenblicke kann man festhalten . . .

Der über ein Vierteljahrhundert alte Film *Die Kinder des Olymp*, den ich im Fernsehen wiedersah: es ist merkwürdig, wie wenig er gealtert ist, wie stark er auch heute noch anspricht. Kein Zufall ist es, glaube ich, daß beim Nachdenken über diesen Film das heute fast dubiose Wort »Schicksal« sich einstellt. Es dürfte damit zusammenhängen, daß in den *Kindern des Olymp* das Nebeneinander und der Kontrast von Wirklichkeit und Theater, von Leben und Bühne von entscheidender Bedeutung ist. Indem in dem Film das Leben nicht nur einfach gelebt, sondern in den Pantomimen Barraults und in anderen Einlagen auch *vorgezeigt*, also auf der Ebene der Kunst präsentiert wird, verstärkt sich im Zuschauer das Gefühl, daß *alles* Drama ist – Leben und Welt können, im Sinne des Shakespeare-Worts, als Bühne begriffen, alle Menschen als Spieler auf dieser Bühne gesehen werden. Das auf der Bühne stärker intensivierte Bewußtsein von Drama und, ja, Schicksal strahlt dieser Film ins Leben zurück, wodurch dies seinerseits eine eigentümliche Steigerung erfährt: es wird überschaubarer, emphatischer, man darf wohl sagen: schicksalhafter.

Schicksalhaft, um bei diesem so belasteten wie vernutzten Wort zu bleiben, ist auch und vor allem die Begegnung von Baptiste, den der ›hinreißende‹ Barrault spielt, und Garance, der die Schauspielerin Arletty ihre Schönheit leiht, eine an Frauenbildnisse Leonardos erinnernde Schönheit. Garance, keine Dame, sondern eine junge Frau, die zu Anfang mit einem Verbrecher Balzacschen Zuschnitts liiert ist, liebt Baptiste, Baptiste liebt Garance; man dürfte diese Liebe glühend oder trunken nennen. (Übrigens ist es diese Liebe – ich hatte das vergessen gehabt oder damals nicht gesehen –, die Baptiste erst zum großen Künstler macht: sein Aufstieg beginnt, als er vor ihr – und um ihr zu helfen – einen Vorgang pantomimisch nachspielt und sie ihm zum Dank eine Rose zuwirft . . .)

Bei ihrer zweiten Begegnung, Garance hat keine Unterkunft, geht sie mit ihm in sein Hotel, wo er für sie ein Zimmer besorgt. In seiner Gegenwart zieht sie ihr Kleid aus, das im Regen naß geworden ist, und alles deutet darauf hin, daß sie mit ihm die Nacht verbringen will. »Die Liebe ist so einfach«, sagt sie in dieser Szene (wenn ich mich recht erinnere), das Wort wird im zweiten Teil des Films noch einmal gesagt. Aber warum bleibt Baptiste, der sie doch glühend liebt, nicht bei ihr, warum stürzt er nach einer kurzen leidenschaftlichen Umarmung aus dem Zimmer?

Man könnte sagen: er liebt sie anders, als sie ihn liebt, er möchte von ihr so geliebt werden, wie er sie liebt. Auch wäre daran zu denken, daß Baptiste ein Träumer ist und weltfremd, ein Künstler, der mit der Wirklichkeit, auch der der Liebe, nicht gut vertraut ist oder der Traum und Wirklichkeit nicht recht zusammenbringen kann. Aber ich frage mich, ob der Film Carnés nicht noch eine allgemeinere und tiefere Wahrheit vermitteln will, die mit einer prinzipiellen Differenz der Geschlechter zu tun hat. Denkbar, daß diese Szene auch zeigt, daß der junge Mann überhaupt, und nicht nur dieser Träumer und Künstler Baptiste, einen weiteren Weg zurückzulegen hat, bis er begreift, daß der Vollzug der Liebe etwas sehr Einfaches, Schlichtes, Mögliches ist: seine Distanz zur Wirklichkeit, hier zur Wirklichkeit des Leibes und der Liebe, ist vielleicht größer als die der Frau, er ist – oder war – vielleicht, und ganz im Gegensatz zur landläufigen Meinung, mehr Träumer, mehr Romantiker, mehr Metaphysiker als sie, die doch einmal als das romantische Wesen galt . . .

Was mir einen Satz von Gorki ins Gedächtnis zurückruft, den ich vor vielen Jahren gelesen habe: »Die Frauen begreifen früher, daß alles auf der Welt für sie da ist.«

Das Börsenblatt des deutschen Buchhandels schickte mir einen dort erschienenen Artikel zur Stellungnahme. Gegenstand des polemischen Artikels war die Buchkritik: der Ton unserer Rezensionen, so hieß es, sei oft autoritär, auch vergäßen unsere Kritiker nur allzu leicht, daß ein literarisches Werk nicht im luftleeren Raum, fern vom materiellen Lebensprozeß existiere.

Ich antwortete u. a.: »Woitkewitsch wendet sich gegen die autoritäre Sprache der Kritik, und zustimmend zitiert er den Vorwurf der Zeitungswissenschaftler Glotz/Langenbucher, daß unsere Journalisten sich ›die Auseinandersetzung mit Literatur offensichtlich nur als literarisch-ästhetisches Fachgespräch vorstellen‹ könnten. Aber schon diese Sprache ist verräterisch: suggeriert wird nämlich der kommune Begriff des ›Fachidioten‹ – als sei man schon weniger Idiot, wenn man von seinem Fach nichts versteht! –, und nahegelegt wird die Meinung, eine Auseinandersetzung nur unter ›literarisch-ästhetischem Gesichtspunkt‹ verfehle das Eigentliche der Literatur.

Zugegeben, daß ein gewisser schulmeisterlich-autoritärer Ton der Kritik unleidlich sein kann. Steril und unerträglich aber ist nachgerade der Vorwurf des Autoritären aus dem Munde jener, die nicht begreifen, daß ein Kritiker kraft seiner Einsicht und seiner auf die Sache bezogenen Leidenschaft zu Urteilen autorisiert sein kann, die ihnen selber nicht zustehen. Und stupid wäre der Kritiker, der sich durch das Geschwätz, er befasse sich mit Literatur ›nur‹ unter ästhetischem Gesichtspunkt, terrorisieren ließe. Nichts kann den Kritiker zwingen, von der Ästhetik nur einen so heruntergekommenen Begriff zu haben, daß ihm dabei, wie Woitkewitsch, nur die Wörter ›Elfenbeinturm‹ und ›individuelle Versenkung‹ einfallen.

Zuletzt: Woitkewitsch erinnert daran, daß ›Bücher nun einmal in einem Profit- und Konkurrenzsystem gemacht werden‹ und das literarische Werk nicht fern vom ›materiellen Lebensprozeß‹ existiert: mit dieser profunden Einsicht will er der Kritik auf die Sprünge helfen.

Zweifellos kann und muß das Buch *auch* als Ware betrachtet werden: vom Verleger, auch vom Autor, insofern er von seiner Produktion lebt. Aber die Aufgabe des Kritikers ist eine prinzipiell andere. Eine Rezension mag den Absatz des besprochenen Buches steigern oder hemmen; der Kritiker mag materiell von seiner Arbeit leben und insofern auch dem Gesetz von Angebot und Nachfrage unterstehen. Nichts von alldem hat jedoch mit seiner eigentlichen

Arbeit zu tun: daß er produktiv auf jene Herausforderung antwortet, welche ein jedes literarische Werk darstellt.«

Zu einer Heinrich-Mann-Feier in der Berliner Akademie, wo der französische Germanist Pierre Bertaux über Entstehung und Geist des *Henri Quatre* sprach. Der Vortrag als Kunstwerk: wie elegant und geschmeidig Bertaux persönliche Erinnerungen an Heinrich Mann mit allgemeinen Erörterungen verknüpfte, die sinnliche Beschreibung von Menschen oder einer Landschaft mit einer schönen Reflexion über die *générosité*, die diesen Schriftsteller ausgezeichnet habe.

Was mir erst später zu Bewußtsein kam: daß der gedankliche Ertrag dieser Conférence vielleicht so bedeutend nicht war. Schon sein Plädoyer für ›Einfühlung‹ in den Geist und die Gestalt eines Dichters – eine anachronistische Methode, wie er selber an einer Stelle seines Vortrags bekannte – erscheint mir jetzt problematisch; mehr noch, daß er über Heinrich Mann nichts sagen wolle, was nicht sozusagen dessen Billigung gefunden hätte. Muß man im Denken über einen Menschen – oder ein Werk – nicht auch dessen Grenzen definieren: das, was er ausschließen, unterdrücken, aus sich verbannen mußte, um eben *diese* Gestalt zu sein? Und verbietet nicht schon das simple Faktum, daß ich ein anderer bin als der Gegenstand, über den ich nachdenke, jede allzu weitgehende Identifizierung?

Erinnerlich ist mir der Ausspruch eines Freundes, der einmal zu mir sagte: ich könne ihm über ihn nichts sagen, was er nicht selber wisse, er habe so viel über sich nachgedacht. Ein fundamentales Mißverständnis; denn natürlich sehe und erkenne ich an einem anderen Aspekte, die er selber nicht sieht: einfach dank der verdienstlosen Tatsache, daß ich ein anderer bin und nicht er.

Bei einer Einladung kommt die Rede auf Saul Bellows neuen Roman *Mr. Sammlers Planet* – die Gastgeberin, Schriftstellerin und Kritikerin, hat eben das Buch gelesen und äußert sich enthusiastisch. Ich blättere in dem Leseexemplar und entdecke fast nur Sätze, die mir überaus trivial vorkommen. Beispielsweise diese: »Als ein Ingenieursprojekt, Kolonisation des Weltraums ist er (der Mond) . . . für mich von geringem Interesse. Gewiß muß der Trieb, der Wille, diese wissenschaftliche Expedition zu organisieren, eine jener irrationalen Notwendigkeiten sein, die das Leben ausmachen . . . Ich nehme daher an, wir müssen den Startsprung machen, weil das unser menschliches Schicksal ist. Wäre es eine Sache der Vernunft, dann wäre es vernünftig, erst einmal auf diesem Planeten Gerechtigkeit zu schaffen . . .«

Die Bemerkung, daß es auf dieser Erde so viele ungelöste dringliche Aufgaben gibt, ist nachgerade eine Binsenwahrheit – viele sind nach der ersten Euphorie davon überzeugt, daß diese ganze Mondfahrerei ein gigantischer Unfug ist, solange es auf der Erde Armut und Elend in unvorstellbarem Ausmaß gibt.

In Horst Bieneks Film *Die Zelle*, den er nach seinem gleichnamigen Roman gemacht hat (Drehbuch und Regie). Anders als im Roman ist Schauplatz nicht nur eine Zelle, sondern das ganze Zuchthaus mit seinen Gängen und klirrenden Treppen, über welche die Gefangenen zum Spaziergang im Hof geführt werden, oder der Held zu endlosen Verhören. Der Film zeigt die Scheußlichkeit, die Brutalität, die Monotonie des Lebens im Zuchthaus; die Kamera gibt das eindrücklich wieder, mit relativ wenigen Schnitten oft, auch das Leben an diesem Ort kennt ja nur wenige Unterbrechungen.

Was gegenüber dem Roman verlorenging, könnte man, große Namen nicht scheuend, die Dimension Becketts nennen: Leben als fortschreitender körperlicher Verfall, Gefangenschaft als immerwährender menschlicher Zustand. Indem aber der Film diese Dimension nicht realisierte, bleibt seine Intention merkwürdig unklar. Will er nur das Leben im Zuchthaus schildern, die Härte des Strafvollzugs? Damit jedoch vertragen sich schlecht gewisse politische Akzente, die den Schluß nahelegen, es werde hier ein totalitäres Regime geschildert, in welchem ein politischer Gefangener keinen gerechten Prozeß bekommt. Wäre aber dies die Absicht, dann hätte der Film konkreter sein und Partei ergreifen müssen: gegen die Behandlung politischer Opponenten in Spanien, in Griechenland, in der Sowjetunion. Eine Attacke, die sich gegen die unmenschliche Behandlung von Gefangenen schlechthin richtet, richtet sich im Grunde gegen niemanden und ist ohne politische Substanz.

Ein ausländischer Lyriker klagte im Gespräch mit mir über seinen Verleger: er tue zu wenig für seine Bücher, diese seien zwar vorhanden, aber sie »arbeiteten« nicht. Eine Formulierung, die mich sofort überraschte, zumal ich den bestimmten Eindruck hatte, daß sie nicht aufs Konto seiner unzureichenden Kenntnis der deutschen Sprache ging, sondern einem anderen Grund entstammte. Aber welchem? – Nach Tagen fällt mir plötzlich ein, daß der Vater dieses Lyrikers, der im übrigen keineswegs aufs Geld aus ist, Bankier gewesen war, und ich begriff: der Sohn war, als er über seine Situation nachdachte, in ein väterliches Denkschema zurückgefallen.

Daß der Reise-Essay großen Stils in unseren Tagen nicht eben blüht, dürfte verschiedene Gründe haben. Ist nicht alles schon entdeckt und beschrieben, und versorgt uns das Fernsehen nicht unablässig mit Bildern der Fremde, die keine mehr ist? (Im Hinblick auf diese für uns durch die Länder streifenden Kamera-Teams könnte man, den Ausspruch eines bekannten Presseherrn variierend, sagen: wir *lassen* reisen.) Kommt noch hinzu, daß die relevante Literatur unserer Zeit, von Ausnahmen abgesehen, sich nicht vorzugsweise um die Deskription des Wirklichen bemüht; selbst wenn ein Schriftsteller, wie etwa Jürgen Becker, die Topographie einer Stadt oder einer Gegend beschreibt, geht es ihm oft ebensosehr um die Erprobung einer literarischen Methode wie um die Sachen selbst.

Nicht so Horst Krüger, dessen Buch *Fremde Vaterländer* ich eben gelesen habe. Für ihn ist Stil nicht Selbstzweck – was allerdings nicht heißen soll, daß es den Essays dieses Buches an Stil gebräche –, sondern das Verfahren, ein Stück Welt (Jugoslawien oder Schweden, Israel oder Magdeburg) so genau wie möglich zu erfassen und darzustellen, einen mit sich identischen und darum versiegelten Gegenstand aufzubrechen und zum Sprechen zu bringen. Was unter anderem zur Voraussetzung hat, daß man zu den Städten und Ländern nicht mit vorgefaßten Meinungen und fixierten Erwartungen kommt, sondern aufgeschlossen, neugierig, hungrig nach Welt und Erfahrung.

All das zeichnet Horst Krüger in hohem Maße aus. Und weil das Beschreiben von Welt schwierig ist und weil dieser Schriftsteller nicht nur ein leidenschaftlicher, sondern auch ein sehr demokratischer Zeitgenosse ist, übertreibt er noch etwas seine Aufgeschlossenheit und Vorurteilslosigkeit: gleichsam blank und nicht wie ein trainierter und durchtriebener Reisender, der er in Wahrheit ist, tritt er vor die Dinge – er beginnt, sich mit den Unwissenden unter seinen Lesern solidarisierend, sozusagen beim Nullpunkt: »Ich schließe die Augen. Ich sehe die Stadt. Was siehst du denn? Sag es.«

Leicht kann übrigens bei eiliger Lektüre übersehen werden, wieviel Denken in den Beschreibungen und Bildern Horst Krügers
steckt, auch in der manchmal wie hingeschmetterten Sprache: weil
dieser Autor die Anstrengung nicht mitteilt und nicht die Prozesse,
die zu den Resultaten geführt haben . . .

Heute noch prinzipiell übers Fernsehen nachzudenken, seinen Wert
und seine Gefahren, hat etwas Obsoletes. Aber manchmal ertappe
ich mich dabei, wenn ich mit Millionen anderer vor dem Bildschirm
sitze, daß ich an eine Jahrzehnte zurückliegende Erfahrung denke:
wie ich durch die Straßen Münchens wanderte und aus allen Woh-
nungen, deren Fenster geöffnet waren, das sonntägliche ›Wunsch-
konzert‹ quoll – eine Abspeisung aus der musikalischen Volkssup-
penküche, jeder hielt seine Schüssel hin, und jeder bekam die gleiche
Portion . . .
Aber es ist nicht nur dieses Bewußtsein, daß man mit Millionen
anderer fügsam konsumiert, was vorgesetzt wird. Beunruhigend vor
allem ist der Zustand der Passivität, in welchem wir uns vor dem
Bildschirm befinden – eine Passivität, die kaum aufs Konto des
Programms geht, das ja oft respektabel ist, sondern mit dem Medium selber zusammenhängt. Verglichen mit Fernsehen ist ja Lesen
ein ungeheuer abstrakter Vorgang: man hat Zeichen, Schriftzeichen
vor sich, aber man liest eigentlich gar nicht diese Zeichen, sondern
das, was sie ›meinen‹ – ein unendlich komplizierter Prozeß, der uns
freilich so alltäglich geworden ist, daß uns gar nicht mehr zu
Bewußtsein kommt, wie produktiv wir dabei sind. Eben dieser
Prozeß wird uns vom Fernsehen abgenommen: was *wir* beim Lesen
uns vorstellen müssen, stellt das *Fernsehen* uns vor, zwischen uns
und der Welt stehen keine optischen Zeichen, die wir erst ›entwik-
keln‹ müßten, die Welt wird fertig ins Haus geliefert.
Übrigens muß die Anstrengung, die wir beim Fernsehen nicht
mehr selber zu leisten brauchen, vom Medium geleistet werden: von
dem ungeheuer komplizierten Apparat, der erforderlich ist, damit
die fertigen Bilder zu uns ins Haus kommen.
Kein Zweifel, daß das Mißvergnügen, das Gefühl von Schalheit
und Leere, das einen so oft vor dem Bildschirm überfällt, wesentlich
mit dieser erzwungenen Passivität zu tun hat. Dies ist wohl auch der
Grund, warum mir vor Jahren, als ich eine Zeitlang Fernsehkritiken
schrieb, das Schreiben der kleinen Texte unverhältnismäßig schwer-

fiel: weil es schwierig ist, aus dem Zustand der Passivität beim Zuschauen hinüberzuwechseln in die Arbeit des Schreibens, für das man seine Kräfte mobilisieren muß.

Dank der stürmischen und nachgerade totalen sexuellen Emanzipation der letzten Jahre scheint alles erreicht, wofür D. H. Lawrence sein Leben lang gekämpft hat – der »krankhafte Haß des Geschlechtlichen« (den er in seiner jetzt deutsch erschienenen Aufsatzsammlung *Pornographie und Obszönität* als das große Unglück unserer Zivilisation begriff) hat einer wahren Sexbesessenheit Platz gemacht.

In Wahrheit erging es Lawrence wie so vielen anderen Revolutionären: die Revolution, zu der er aufrief, hat zwar stattgefunden, aber mit Schaudern würde er sich von vielem abwenden, was im Gefolge dieser Revolution nun das Feld beherrscht. Das begänne bereits bei dem Wort »Sex«; er gebraucht es zwar auch, in Ermangelung eines besseren, aber schon im ersten Satz dieser Essays klagt er darüber, daß Sex »ein so häßliches Wort« ist. Obendrein, wie er sofort hinzufügt, ein fast unverständliches: »Was *ist* denn Sex schließlich? Je mehr wir darüber nachdenken, um so weniger wissen wir.« (Sosehr ist man selber ein Opfer des Zeit- und Sprachgeistes, daß man heute schon weit in seine eigene Vergangenheit zurückhorchen muß, um den Abscheu noch aufzuspüren, mit dem man einmal auf das Wort »Sex« reagierte: weil die patente Vokabel suggerierte, das mit ihm Gemeinte sei eine so simple Sache wie Zähneputzen oder Gymnastik.)

D. H. Lawrence, könnte er die Szene von heute betrachten, würde den seelenlosen kommerzialisierten Sex aus Herzensgrund verabscheuen und ebenso alle Versuche, dem Geschlecht mit Meßstab und Kamera wissenschaftlich beizukommen (in dem Titelaufsatz der Sammlung sieht er bereits diese Gefahr: daß das Geheimnis »desinfiziert« und die ganze dynamische Geschlechtlichkeit abgetötet wird). Und wie zu seinen Lebzeiten, da er gewisse Ansichtskarten, Zoten und schmutzige Anekdoten verpönte, wäre er auch heute für die Ächtung der Pornographie, weil sie die »Geschlechtlichkeit und den menschlichen Geist« beleidige und unweigerlich zum »Laster der Onanie« führe. (»Die große Gefahr der Onanie liegt in ihrer lediglich erschöpfenden Natur. Beim Geschlechtsverkehr handelt es sich um ein Geben und Nehmen.«) Wobei übrigens auch er – hierin vergleichbar unseren Ultralinken, für die nicht die Abbildung des

Koitus, sondern eher ein ordensgeschmückter General obszön ist – den Begriff umfunktionierte: pornographisch waren für ihn nicht Rabelais oder freimütige etruskische Bilder, sondern eher Richard Wagners schwelgerischer Tristan, eher einige beliebte christliche Choräle, eher Heines Gedicht »Du bist wie eine Blume«, worin er, nicht ganz zu Unrecht, eine Art Gegenstück zur »Herrenanekdote« erblickte – »Sentimentalität ist eben ein sicheres Anzeichen für Pornographie«.

Deutlich machen die Aufsätze, was für ein strenger Apostel des Geschlechtlichen D. H. Lawrence war. Wahrscheinlich hat er gerade darum seine Zeitgenossen so aufgebracht: weil sie spürten, daß hier nicht für ein flotteres Leben plädiert wurde, sondern daß hier einer eine Flamme wieder anfachen wollte, die in den meisten nur schwach und trübe glomm, und daß im Widerschein dieser Flamme so viele Errungenschaften der modernen Zivilisation sich als nichtig erwiesen. So jedenfalls verstand Lawrence sich und seine Botschaft: die »Glut des Geschlechtlichen« war für ihn weithin identisch mit innerster Lebendigkeit, mit Schönheit und Intuition, und leere Hülsen und tote Asche sah er überall dort, wo diese Glut erloschen war.

Wahrscheinlich gehört es zum Wesen solcher Lebensphilosophie, daß sie in der Gegenwart immer nur Schwund und Verfall diagnostizieren kann – Lawrences Haß auf die Industrialisierung, seine Verachtung der modernen Zivilisation und seine Verherrlichung des Elementaren und Unbewußten passen ins Bild. Und hat eine solche Philosophie, und mit ihr Lawrence, nicht partiell recht: war nicht das Leben früher einmal tiefer, reicher, farbiger? Allerdings mag eine solche Frage und Antwort auch mit der Psychologie jener zu tun haben, die da fragen und antworten. Wenn es bei Proust einmal heißt, keiner gewinne Erkenntnisse über den Prozeß des Einschlafens, der nach dem Hinlegen unverzüglich in Schlummer falle, so mag wohl auch gelten, daß keiner über das Leben, seine Kraft und sein Verkümmern nachdenken würde, wenn er nicht auch in sich selbst das Leben als gefährdet und heikel empfände.

Womit auch das sonst unbegreifliche Phänomen erklärt würde, daß über die Jahrhunderte hinweg von einzelnen immer wieder fortschreitender Verfall konstatiert wird, ohne daß doch bis heute das Leben versiegt wäre ...

Was mir im Herbst bei meinem letzten Aufenthalt in Jugoslawien auffiel: wie stark, wie verbreitet das Mißtrauen, der Argwohn, die Abneigung vieler Menschen dort gegenüber den Russen ist, noch an beiläufigen Reaktionen ließ sich das immer wieder ablesen. Mit welcher Freude mir etwa ein jugoslawischer Intellektueller berichtete, daß im Schachwettkampf der Amerikaner Bobby Fisher den Russen Petrosjan besiegt habe – es klang wie ein Triumph und als sei nicht ein russischer Schachspieler, sondern die Sowjetunion besiegt worden. (Daß es in Amerika eine starke Arbeitslosigkeit gibt, davon wußte der sonst vortrefflich Informierte nichts, und mir schien: er hörte es nicht gern.)

Oder: ein belgischer Soziologe, der ursprünglich Slawistik studiert hat und nach einem Jahr Aufenthalt in Moskau so gut russisch spricht, daß er in Serbien für einen Russen gehalten werden kann, verlangt auf russisch an einem Belgrader Zeitungskiosk die *Prawda*, die er im Hintergrund erkennen kann, obgleich sie von einer anderen Zeitung fast ganz verdeckt wird. »Bedaure, wir führen die *Prawda* nicht.« Auf seinen Hinweis, daß sie doch dort hinten hänge, händigt man ihm mit einer verlegenen Entschuldigung die Zeitung aus.

»Daß ich allein sein durfte in so vielen Städten und Ländern« – an dieses Wort der Dankbarkeit, es findet sich in einem der vielen Briefbände Rilkes, und ich war immer sehr vorbereitet, es zu verstehen –: an dieses Wort denke ich oft. Und manchmal frage ich mich, ob es noch viele gibt, die dieses Gefühl und Pathos der Einsamkeit verstehen. Auch entsinne ich mich noch gut meines Entsetzens, als ich in den ersten Nachkriegsjahren den Ausspruch eines prominenten Sowjetrussen las (des Präsidenten der Moskauer Akademie, glaube ich), der mit Stolz verkündete, daß es in Sowjetrußland gelungen sei, die Einsamkeit ganz abzuschaffen.

Nach vielen Jahren habe ich den Lyriker Peter Huchel wiedergesehen, dem man vor einiger Zeit endlich erlaubt hat, die DDR zu verlassen. Gegenwärtig war mir, als ich zu ihm in die Akademie fuhr, noch unsere erste Begegnung im Jahre 1956 auf einem Schriftstellerkongreß in Ostberlin. Ich war mit einem Freund hinübergefahren, wir gerieten, uneingeladen, in eine Sitzung der ›Sektion Lyrik‹, auf der der inzwischen verstorbene Georg Maurer einen

Vortrag über westdeutsche Lyrik hielt. Im Anschluß an den Vortrag wurde diskutiert, und während ich, was mir damals noch sinnvoll schien, Positives über die soziologische Betrachtungsweise Maurers sagte und hernach anderes kritisierte, ging ein mir Unbekannter an mir und dem Mikrophon vorbei und sagte leise »Geben Sie es ihnen nur recht« zu mir. Das Gesicht des Mannes fiel mir sofort auf, weil es so anders war als die anderen Gesichter: die vielen dunklen Haare über der niedrigen Stirn verliehen dem Kopf ein nächtliches, ein gleichsam rabenhaftes Aussehen, der Mann wirkte unter den übrigen Schriftstellern, die mir alle eher wie Techniker oder Funktionäre vorkamen, sehr fremd, und ich glaubte zu spüren, daß auch er sein Fremdsein empfand. Nach Beendigung der Sitzung ging ich zu ihm, es war Huchel.

Dieses Nächtliche ist jetzt aus seinem Gesicht verschwunden, wahrscheinlich einfach darum, weil das noch immer volle und weit in die Stirn reichende Haar nun grau und weiß geworden ist. Geblieben aber ist und hat sich eher noch verstärkt die Menschlichkeit dieses Gesichts: es ist ein dem Leben sich öffnendes Gesicht, eben darum auch eines, das auf schöne Weise altert: weil nichts in diesem Gesicht verknöchert und sich dem Leben, der Bewegung, der Teilnahme entzieht. Wozu es auch paßte, daß Huchel, als er mir von seinem Weggang aus der DDR erzählte, u. a. erwähnte, es sei nicht ihre geringste Sorge gewesen, jemanden zu finden, der für die fünf Katzen sorgen würde, die sie in ihrem Haus in Wilhelmshorst hatten.

»Er hatte in einer oder der anderen Form Vitalität verkauft sein ganzes Leben lang«, heißt es von dem sterbenden Schriftsteller in Hemingways Erzählung *Schnee auf dem Kilimandscharo*. Viel spricht dafür, daß Hemingway damit sich und seine Literatur treffend charakterisiert hat. Und Grund besteht zu der Annahme, daß der alternde Hemingway, den man zuletzt unbegreiflicherweise noch mit Elektroschocks behandelt hatte, keine Vitalität mehr zu verkaufen hatte, weil diese Vitalität erschöpft war; der jetzt aus dem Nachlaß erschienene Roman *Inseln im Strom* beweist es.

Anläßlich der Veröffentlichung der amerikanischen Ausgabe im Vorjahr hatte die *New York Times* geschrieben: »Ein hundertprozentiger Hemingway.« Aber gerade dieses Lob, das Literatur wie einen Markenartikel anpreist, läßt schon befürchten, daß Hemingway mit diesem Roman das nicht verwirklichen konnte, was er in seiner Nobelpreisrede vom echten Schriftsteller forderte: daß für ihn jedes Buch ein neuer Anfang sein, daß er immer wieder etwas versuchen müsse, was noch nie versucht worden ist.

Davon kann im Hinblick auf *Inseln im Strom* keine Rede sein. Kampf und Mut und Bewährung im Angesicht des Todes, das Ritual der Drinks, die Demonstration männlicher Vitalität bei einer Schlägerei oder in der Liebe, eine großartige Sensibilität für die Sinnlichkeit der Welt, für das Sichtbare, Greifbare, Schmeckbare, und daß der Mensch dem allen gewachsen sein müsse, damit eine Art Gleichgewicht entsteht zwischen den Angeboten und Herausforderungen der Welt und dem Helden, der aufnehmend, genießend und kämpfend auf sie antwortet –: all das ist aus früheren Hemingway-Büchern bekannt. Noch die Schlußszene dieses Romans, als der verwundete Held seinem Tod entgegensieht, wirkt wie eine Variation der letzten Szene seines Spanien-Romans *Wem die Stunde schlägt*.

Unverkennbar sind die autobiographischen Züge des Helden auch dieses Romans. War dies übrigens nicht stets die Gefahr und Grenze Hemingways, daß in seinen Romanen und Erzählungen immer wieder Hemingways auftauchten: Helden mit seinen Problemen und seiner Sprache, seiner Einstellung zu Leben und Tod? Oder sollte diese merkwürdige ›Fortpflanzung‹ des Autors im Werk so zu erklären sein, daß der Autor sich den von ihm Gestalteten, seinen Helden, anzugleichen versuchte? »In seinem Auftreten«, schrieb Stephen Spender über Hemingway, »schien er vor allem die Rolle eines Helden von Hemingway zu spielen.«

Fast völlig fehlt auch in diesem Roman die Dimension der Politik, obwohl sein dritter Teil zur Zeit des Zweiten Weltkrieges spielt. Mit einem in eine U-Boot-Falle verwandelten Boot führt der Held, wie Hemingway selber in jenen Jahren, den Krieg auf eigene Faust. Und wie immer bei diesem Schriftsteller unterscheidet sich der Krieg nicht wesentlich vom Stierkampf oder der Jagd auf Löwen und Schwertfische. Daß der moderne Krieg eine kollektive Veranstaltung ist, die dem einzelnen wenig Spielraum läßt, bleibt weithin unberücksichtigt. Was zur Folge hat, daß die Helden Hemingways oft überlebensgroß erscheinen: autonome Subjekte in einer Welt, die diese Kategorie den meisten verweigert.

»Es ist schwierig«, hatte der Kritiker Wyndham Lewis über

Hemingway geschrieben, »sich einen Schriftsteller vorzustellen, dessen Geist der Politik noch mehr verschlossen wäre.« Man dürfte hinzufügen: der modernen Zivilisation insgesamt, ihren Ideen, Verflechtungen, Abstraktionen. Aber eben diese Defizite Hemingways, sein Desinteresse an Problemen und Reflexionen, erweisen sich als Vorteile, wenn er zu erzählen beginnt. Indem er sie beschreibt, macht Hemingway die Welt wirklich. Und in den besten Partien dieses Romans, der zu seinen Meisterwerken nicht zählt, setzt Hemingway seine Wörter und Sätze so umsichtig und mit solchem Kunstverstand, wie sein Held Thomas Hudson sein Boot durch die schwierigen Gewässer der Karibischen See steuert, und beide, der Schreibende wie der Täter, scheinen es auf das gleiche Ziel abgesehen zu haben: die Wirklichkeit zu stellen . . .

Von den Nachrufen auf den Literaturwissenschaftler Peter Szondi, der freiwillig aus dem Leben gegangen ist, hat der von dem Philosophen Dieter Henrich in der *Zeit* erschienene Werk, Person und Verhängnis Peter Szondis am tiefsten erfaßt. Die am Werk sich bewährende Genauigkeit, die so charakteristisch ist für alles, was Szondi geschrieben hat, zeichnet auch diesen Nachruf aus. Und als einziger hat Dieter Henrich etwas den Zusammenhang zu erhellen vermocht, der zwischen dem Werk Peter Szondis und seinem Tod besteht. Henrich schreibt: »Szondi hatte sich ganz der Objektivität hingegeben – seiner Arbeit, jüngst auch wieder der Musik, der Institution seiner Universität. Wer so lebt, der kann schutzlos werden gegen den Sog der Subjektivität und seiner privaten Geschichte, wenn sie fremd und wie Krankheit ihn anfällt. In seinem stummen Weggang, in dem er nicht einmal ein Zeichen gab, das nun zu deuten wäre, hat er zugleich bewahrt, was er wollte und was er zu sagen hatte. Von ihm hat er die Katastrophe seines persönlichen Lebens ferngehalten.«

Daß mit diesen Worten Henrichs an ein dunkles und tragisches Geschick gerührt wird, muß jeder spüren, der Peter Szondi gekannt hat. Seine Verschwiegenheit, was das eigene Leben betraf, seine zugleich zarte und strenge Diskretion wird man in Zusammenhang sehen müssen mit dem, was in dem Nachruf seine Schutzlosigkeit genannt wird. Und vielleicht wird man sogar sagen dürfen, daß diese Verschwiegenheit ein Teil dieser Schutzlosigkeit und Gefährdung selber war – eine Verschwiegenheit oder ein Schweigen, das nicht anders gebrochen werden konnte als durch die Auslöschung auch noch dieses Schweigens im Tod. Wie anders wäre die reine, die vollkommene Abwesenheit zu erklären, die auf der Trauerfeier für Peter Szondi in Berlin zu spüren war: die Abwesenheit eines Menschen, der nun auch noch sein Schweigen getilgt hat . . .

Wenn ich an die verhältnismäßig wenigen Gespräche zurückdenke, die ich im vergangenen Jahr mit Peter Szondi geführt habe, kommt mir erschreckend zu Bewußtsein, daß in diesen Gesprächen zweimal vom Selbstmord die Rede war, wenn auch nicht vom eigenen. Einmal berichtete er mir, daß Walter Benjamin die feste Absicht gehabt habe, an seinem 40. Lebensjahr aus dem Leben zu gehen, alle Vorbereitungen seien schon getroffen gewesen. Woher Peter Szondi das wußte – die Briefe Benjamins verraten davon nichts –, hat er mir nicht mitgeteilt, und ich habe vergessen, ihn danach zu fragen.* Wohl aber wußte ich, daß Peter Szondi im höchsten Maße die Fähigkeit besaß, Entlegenes, Verborgenes aufzuspüren, auch Dinge parat zu haben, die er brauchte bzw. sie sofort zu finden (– wie jetzt seinen Tod): einen Brief, aus dem er einen Satz vorlesen wollte, eine Stelle in einem Buch, auf das zufällig die Rede kam. Dieses Parathaben und Finden war mir immer ebenso erstaunlich wie sein kaum je versagendes Gedächtnis – wahrscheinlich besteht zwischen diesen beiden Fähigkeiten eine tiefere Beziehung, als es auf den ersten Augenblick scheint. – Übrigens erwähnte Szondi, im Zusammenhang mit diesem geplanten Selbstmord Walter Benjamins, daß die Studenten seines Seminars, denen er das erzählt habe, keinerlei Interesse dafür gezeigt hätten. Bezeichnend für Szondi, daß er selber diesen nicht ausgeführten Entschluß Benjamins mit keinem Wort kommentierte, ihn eigentlich nur als Beispiel dafür erwähnte, wie wenig die Studenten heute an Menschen und Schicksalen interessiert seien.

Das zweite Mal kam das Gespräch auf Selbstmord im Zusammenhang mit Paul Celan, mit dem ihn Freundschaft verbunden hatte. Ich hatte in meinen Tagebuch-Notizen in der *Neuen Rundschau*

---

* Nach Durchsicht dieser Notizen teilte mir Prof. Gershom Scholem mit, daß *er* Szondi von diesem beabsichtigten Selbstmord Benjamins berichtet habe, nachdem er in Potsdam die dort befindlichen Dokumente eingesehen hatte – es existieren drei Aufzeichnungen W. B.s über diese Absicht –, und zwar zu einem Zeitpunkt, als die Briefe Benjamins schon im Druck waren.

ein Gedicht Celans aus dem nachgelassenen Band *Lichtzwang* kurz kommentiert, das mit dem Vers beginnt: »Freigegeben auch dieser Start«. In meiner Notiz hatte ich gesagt, daß dieses Gedicht zwar auf einen bekannten Vorgang – Start eines Flugzeugs – rekurriere, diesen Vorgang aber nicht *meine* – es gehe um einen anderen Start und Flug. In dem Gespräch nun wies mich Peter Szondi darauf hin, daß in dem Gedicht die Verse »deine wach-/gerissene Vene/ knotet sich aus« wahrscheinlich noch eine andere Bedeutung hätten bzw. auf einen anderen, konkreten Vorgang sich bezögen: auf einen früheren Selbstmordversuch Celans, der versucht habe, sich die Pulsadern aufzuschneiden. Da auch er, Szondi, nur von dem Gedicht sprach und nicht von dem Menschen Celan, blieb auch ich bei der Literatur und sagte: Start und Flug, den das Gedicht darstellt, kann auch dies meinen: den Aufbruch in den Tod, wie in dem Gedicht Baudelaires, wo es heißt: *»O Mort, vieux capitaine, il est temps . . .«*

Sein auf ›Gestalt‹ zielendes Denken und Schreiben: das völlige Gegenteil einer rein begrifflich-abstrakten Sprache, der alles ›Sehen‹ und Empfinden ausgetrieben worden ist und die kaum noch daran erinnert, daß ein Satz als gesprochener vom Atem getragen wird. ›Gestalt‹, wie er sie anstrebt, ist einer Figur vergleichbar, die frei im Raum steht, mit Luft und Atmosphäre um sie herum.

Die Gefahr des ›Gestalt‹-Denkers: daß das Denken zu früh und zu energisch auf Abschluß drängt, der unendliche Prozeß also vorzeitig abgebrochen wird. Aber vielleicht darf man sagen, daß hier an die Stelle des unendlichen Prozesses die Relationen und Spannungen treten, die zwischen den einzelnen Figuren und in diesen selbst bestehen – sozusagen eine *andere* Unendlichkeit.

In seinem Kopf hatten viele Dinge Platz, aber er mußte diese Dinge vorher sehr klein machen.

Obwohl er nichts zu sagen hatte, war er ein Literat.

Denken heißt, eine Sache um ihrer selbst willen zerlegen.

Die heute so starke Tendenz, die Literatur aufs Leben zu vereidigen – sei es, daß man sie als eine Art Widerspiegelung des Lebens versteht, sei es, daß man ihr die Aufgabe zuweist, eine bessere gesellschaftliche Wirklichkeit zu entwerfen –, ist mehrfach motiviert. Anzunehmen aber ist, daß hier, mit anderen Motiven häufig trübe vermengt, auch Ressentiment oft am Werke ist: wer selber, angeschmiedet an die handfesten Interessen des Lebens, weder fliegen kann noch eine Vorstellung vom Fliegen hat, bemüht sich um den Nachweis, daß der freie Flug der Literatur nur Trug ist – er sucht nach der Schnur, mit der, wie bei einem aufgestiegenen Drachen, das Fliegende mit der Erde verbunden ist.

Der tief pròblematische Aufsatz über Pornographie, den X. mir vor einiger Zeit geschickt hat und in welchem die Enttabuisierung der Sexualität als fragloses Positivum verstanden wurde. Als ob es in dieser Welt völlig eindeutige Gewinne gäbe, als sei nicht jeder Gewinn mit einem Verlust zu bezahlen!

Denkbar aber immerhin, daß man so sich dem Ende nähert: indem alles Dunkel erhellt und jeder Traum aufgezehrt wird. (Die unendliche Desillusionierung bei Proust und wie sein Roman gerade sich der Darstellung dieses unaufhaltsamen Prozesses verdankt. Weswegen er denn auch die Literatur als das wahre Jüngste Gericht verstanden wissen wollte.)

Übrigens kann man leicht begreifen, warum junge Menschen unbekümmert für völlige Enttabuisierung und Aufklärung sind: es ist noch so viel Dunkel und Dumpfheit in ihnen.

»Die Jugend bedeutet: weder den eigenen Körper besitzen noch die Welt.« (Cesare Pavese, *Das Handwerk des Lebens*)

Die stillen Reserven, die jeder hat – oder zu haben glaubt: man könne sich, wenn es gar nicht mehr geht, das Rauchen abgewöhnen, alle Stimulantia abschaffen, ein streng diszipliniertes Leben führen. Mehr als alles aber wäre dies: radikal auf die Befriedigung jeder Art von Eitelkeit zu verzichten.

»Claire setzte hinter Ada den Fuß auf die Stufe. Sie taumelte; und innerlich hatte sie gar den Boden verloren. Ihr Gesicht, das Herrn Schumanns kühler Bart gestreift hatte, brannte nun. Ihr stilles Herz öffnete alle seine Verstecke. Alle Gesetze fühlte sie umgestoßen, die Welt schwindelnd emporgehoben, im Dunkeln etwas Großes wild aufgeblüht. Sie meinte zu rufen: ›Mein Leben, Herr Schumann! Wie gern gäb ich es Ihnen!‹« (Aus der Erzählung *Jungfrauen* von Heinrich Mann)

Eine Prosa, die ständig mit Überraschungen arbeitet – fast jeder Satz ist anders, als man erwartet. Das spannt die Aufmerksamkeit, und das Dargestellte gewinnt eine eigentümliche Leuchtkraft. Nicht erreicht – und wohl auch nicht angestrebt – wird die spezifische Genauigkeit Thomas Manns, der viel mehr an die allgemeine ›Logik‹ sich hält. Auch zielt die Prosa Heinrich Manns nicht eigentlich auf Anschaulichkeit: daß man das Dargestellte wirklich ›sieht‹. So mag man Treue gegenüber dem Objekt vermissen: Heinrich Mann verfügt souverän über den Stoff, manchmal auch willkürlich. Expressives und Ungenaues des Theaters, der Oper glaubt man oft zu spüren, und mit diesem Opernhaften macht er es sich manchmal auch zu leicht . . .

Was mir ferner bei der Lektüre dieser Erzählung und unlängst des Romans *Die kleine Stadt* wieder zu Bewußtsein kam: wie ernst die Träumereien und Ekstasen der Liebe genommen werden – jene wolkigen Gebilde, die am Himmel über die doch, wie es dem Nüchternen scheint, viel realere Erde ziehen. Es bezeugt den Künstler, daß er dergleichen für unendlich wichtig und darstellungswürdig hält. Besteht nicht zwischen der Einbildungskraft des Künstlers und den Träumereien der Liebenden eine tiefe Affinität? (Unter anderem Gesichtspunkt ist allerdings auch wahr, daß es zwischen dieser Einbildungskraft und den Träumereien einen fundamentalen Unterschied gibt.)

Träume von Wasser spenden ein Glück, das tiefer ist als das sinnliche.

Manchmal erschien es ihm denkbar, daß S. Freud kein Psychologe war.

Am höchsten zu bewundern ist jener Stil des Denkens, der aus der abstrakten Erörterung plötzlich wieder zur Anschaulichkeit zurückfindet, wodurch es gleichsam an zwei Unendlichkeiten teilhat: der Unendlichkeit des fortschreitenden Gedankens und an der unendlichen Aussagekraft des Bildhaft-Konkreten. (Nachzuprüfen wäre übrigens einmal, ob der essayistische Exkurs im Roman Musils in sich die Möglichkeit birgt, wieder von sich aus zur Fabel und den Figuren zurückzuführen – was Thomas Mann gelingt, bei dem der Exkurs oft geradezu frische Energien für das Erzählen freisetzt –, oder ob in seinem Roman Reflexion und Erzählen oft so auseinanderfallen wie der Bodensatz in einer zunächst ›schwebenden‹ Emulsion. Wobei, wenn ich mich recht erinnere, bei Musil der gedankliche Bodensatz als das ›Eigentliche‹ erscheint.)

Nur wenige Menschen können den Unterschied zwischen dem Wahren und dem Beinahe-Wahren erkennen. Es sind jene, die auch wissen, daß nichts endgültig wahr ist, auch nicht dieser Satz: daß nur wenige den Unterschied zwischen dem Wahren und dem Beinahe-Wahren zu erkennen vermögen.

Manche Menschen sind nicht so dumm, wie sie scheinen. Sie sind dümmer.

Es ist gut denkbar, daß jede soziologische Literaturbetrachtung und -theorie von Menschen stammt, denen das ›Künstlerische‹ der Literatur nicht nur gleichgültig ist, sondern die diesem gegenüber sich zur Wehr setzen.

Dieses Sich-zur-Wehr-Setzen bekundet sich darin, daß diese Menschen, die sich primär nur für den gesellschaftlichen Aspekt der Literatur interessieren, ihr persönliches Interesse als Interesse und Intention auch der ›Sache‹ verstehen: auch das Kunstwerk ›verdanke‹ sein Entstehen der gesellschaftlichen Wirklichkeit, auch das Hervorbringen von Kunst sei in Wahrheit eine gesellschaftliche Aktivität.

Was natürlich in einem allgemeinen Sinn vollkommen richtig ist; richtig vor allem dann, wenn man den Begriff ›gesellschaftliche Wirklichkeit‹ so weit faßt, daß im Grunde alles darunterfällt. Und richtig ist natürlich, daß auch Schriftsteller und Künstler soziale Wesen sind und etwa ein Roman, insofern er Wirklichkeit darstellt, auch gesellschaftliche Verhältnisse darstellt. Wobei diese dargestellten Verhältnisse mit den gegenwärtigen nicht identisch zu sein brauchen; man kann ihnen eine Wirklichkeit gegenüberstellen, die man, wie Marcuse, als »Bild einer besseren Ordnung« versteht. Die »bessere Ordnung« oder das Glück, das hier und jetzt sich versagt, in der Zukunft aber einmal erreichbar sein wird, sei in den Werken aufgehoben im Sinne von ›bewahrt‹; wofür Adorno den schönen Ausdruck vom ›Überwintern‹ gebraucht hat.

Die Frage aber ist, ob die ›Ordnung‹, besser oder nicht, die im Kunstwerk aufscheint, überhaupt primär als ›gesellschaftliche Ordnung‹ verstanden werden darf. Gesellschaftliche Wirklichkeit und Ordnung ist Lebenspraxis; eine bessere gesellschaftliche Ordnung ist jene, die den Menschen die Möglichkeiten ihrer ›humanen Entfaltung‹ nicht vorenthält. Gerade das aber, nämlich Lebenspraxis, ist ein Kunstwerk, das diesen Namen verdient, in Wahrheit nicht. Mit gutem Grund kann sogar behauptet werden, daß Kunst gerade davon lebt, daß sie *nicht* Lebenspraxis ist. Praxis besteht im Verfügen und ist ausgerichtet auf Ziele: Bestehendes soll erhalten werden, sofern es erhaltenswert erscheint, anderes soll verwirklicht werden, weil man es für besser als das Bestehende hält. In beiden Fällen wird ›verfügt‹, ohne daß es für den Handelnden notwendig wäre, das Bestehende oder das erst zu Verwirklichende voll zur *Anschauung* zu bringen: er bringt es nur in dem Maße zur Anschauung, wie dies für die Motivation seines Handelns und für die Erreichung seiner Ziele notwendig ist. Das heißt: er bringt es nur auf sehr reduzierte Weise und unter der Optik des Handelns zur Anschauung (und kann als Handelnder gar nicht anders – die im Prinzip unendliche Anschauung würde ihn ebenso lähmen wie unendliche Reflexion).

Gerade indem der Künstler als Künstler auf Lebenspraxis verzichtet, kann er das Wirkliche ganz zur Anschauung bringen, worauf seinerseits der Handelnde verzichten muß. Man könnte sagen: in der arbeitsteiligen Welt ist der Künstler jener Spezialist, der das Zur-Anschauung-Bringen zu seiner Sache gemacht hat. (Daß ihn u. U. Empörung über die Zustände motiviert hat, diese so darzustellen, wie es kein Politiker vermöchte, mag zutreffen. Was aber nichts daran ändert, daß die *Darstellung* für ihn die eigentliche Aktion ist, nicht die Empörung – empören können sich viele. Und auch daß seine Darstellung in Lesern wieder Empörung und vielleicht Aktion auslösen kann – Wirkungen der Literatur, die naturgemäß unendlich schwer einzusehen sind –, berechtigt nicht zu dem Schluß, seine Intention habe primär auf Praxis gezielt.)

Natürlich kann man solches Spezialistentum des Künstlers beschränkt nennen – Marx hat sich nicht gescheut, hier von »Borniertheit« zu sprechen. »Bei einer kommunistischen Organisation der Gesellschaft«, so schreibt er in der *Deutschen Ideologie*, »fällt jedenfalls fort die Subsumtion des Künstlers unter die lokale und nationale Borniertheit, die rein aus der Teilung der Arbeit hervorgeht, und die Subsumtion des Individuums unter diese bestimmte Kunst, so daß es ausschließlich Maler, Bildhauer usw. ist und schon der Name die Borniertheit seiner geschäftlichen Entwicklung und seiner Abhängigkeit von der Teilung der Arbeit hinlänglich ausdrückt. In einer kommunistischen Gesellschaft gibt es keine Maler, sondern höchstens Menschen, die unter anderem auch malen.«

Formulierungen, die schmerzhaft deutlich machen, daß Marx von den Voraussetzungen und Bedingungen, denen authentische Kunst sich verdankt, keine Ahnung hatte – nur indem der Künstler, was Marx verwirft, alles auf *eine* Karte setzt, kommt er weit – und die bereits auf den Irrweg des sozialistischen Realismus vorausdeuten. Denn mag es in der kommunistischen Gesellschaft, entgegen der Prophetie von Marx, auch noch professionelle Maler geben und nicht nur Dilettanten, »die unter anderem auch malen«, so wurde durch den sozialistischen Realismus die Arbeitsteilung doch insofern aufgehoben, als die Gemälde das reproduzieren, womit der Werktätige Tag für Tag beschäftigt ist. Und nicht nur das: als zumindest partiell aufgehoben mag die Arbeitsteilung auch darum gelten, weil so viele Werke des sozialistischen Realismus den Begriff Kunst kaum mehr evozieren . . .

Im selben Text macht übrigens Marx, am Beispiel Raffaels, auch eine Aussage über die Bedingungen für das Entstehen von Künstlern: »Ob ein Individuum wie Raffael«, so schreibt er, »sein Talent entwickelt, hängt ganz von der Nachfrage ab, die wieder von der Teilung der Arbeit und den daraus hervorgegangenen Bildungsverhältnissen der Menschen abhängt.« Schwerlich läßt eine apodiktischere Behauptung über Zusammenhänge sich vorstellen, über die es nur vage Vermutungen geben kann. Auch wird die Haltlosigkeit dieser Behauptung nicht dadurch beseitigt, daß Marx im vorausgegangenen Satz gesagt hat: »Raffael, so gut wie jeder andre Künstler, war bedingt durch die technischen Fortschritte der Kunst, die vor ihm gemacht waren, durch die Organisation der Gesellschaft und die Teilung der Arbeit in seiner Lokalität . . .« Was einst als Produkt der ›Schöpfung‹ oder als Emanation des ›Weltgeists‹ verstanden wurde – ein Künstler und die Entwicklung seines »Talents« –, wird nun von Marx als Resultat der »Nachfrage« und der »Gesellschaft« gedeutet. Eine Erklärung, die ebenso pauschal ist wie die frühere und ebensowenig beweisbar, nur daß sie sich das Air der Rationalität gibt. Wobei mit dieser (scheinbaren) Rationalität seltsam kontrastiert, daß Marx, obwohl er den Künstler ganz aus den realen Verhältnissen ›ableiten‹ will, das Faktum der Vererbung ganz unterschlägt: aus Hölderlins »das meiste nämlich/ Vermag die Geburt« ist bei Marx geworden: Nachfrage bewirkt alles. Oder wie er im selben Text sagt: »Die exklusive Konzentration des künstlerischen Talents in Einzelnen und seine damit zusammenhängende Unterdrückung in der großen Masse ist Folge der Teilung der Arbeit.«

Wenn Frauen, um den törichten Vorwurf zu entkräften, sie könnten nicht logisch denken, *nur* noch logisch denken, können sie jeden Mann das Fürchten lehren.

Nachdem sie keine Aufgaben hatte entdecken können, für die zu leben sich lohnte oder für die sich interessierte, beschloß sie, sich selbst zu verwirklichen.

Vielleicht sind die Geschlechter wirklich nicht so sehr verschieden, wie man dies lange geglaubt hat. Aber wie stark ist die Realität, die dieser Glaube im Laufe der Jahrhunderte hervorgebracht hat?

Überwintert nur noch in den Schlagern, was sonst aus der Welt verschwunden scheint: das Glück? Oder verhält es sich so, daß heute Glück eine sehr weibliche Kategorie und Möglichkeit geworden ist und immer Liebesglück meint, weswegen es getrost den Schlagern anvertraut werden kann, weil es auf den *Ausdruck* dieses Glücks ohnehin nicht ankommt?

Ein (nicht von mir erfundenes) Denkspiel, an dem die Griechen ihre Freude gehabt hätten: Ein Mann macht im Gespräch die Bemerkung: Die Frauen nehmen immer alles so persönlich. Die Frau darauf: Ich aber nicht.

Daß man Erzählungen von Kafka auch in der Oberschule liest, erscheint mir manchmal wie ein groteskes Mißverständnis, ja fast wie ein Unfug. Kann man mit 17 oder 18 Jahren die *Verwandlung* oder die *Strafkolonie* verstehen? Muß man jungen Menschen Verhängnisse nahezubringen suchen, die den meisten von ihnen in ihrem Leben erspart bleiben werden? Und würden die wenigen, denen Kafka zugedacht ist, später nicht von sich aus darauf stoßen?

Der entscheidende Einwand hat aber nichts mit der Unreife und dem Unverständnis jener zu tun, denen die Schule Kafka ›vermitteln‹ möchte (obschon ich nicht vergessen kann, daß ich vor Jahren in einem FU-Seminar niemanden entdecken konnte, dem der – so schwer nicht einsehbare – Vers Günter Eichs »Wer möchte leben ohne den Trost der Bäume« sich erschlossen hätte: sei es, daß die jungen Germanisten des Trosts sich nicht bedürftig fühlten, sei es, daß sie nie erfahren hatten, daß Bäume mit ihrer langen Geduld Trost spenden können). Tief problematisch ist solche Übung vielmehr von der Sache selbst her: Sollte man nicht das Esoterische dieser Literatur schützen, indem man sie *nicht* zum Gegenstand für in jedem Fall unzulängliche Interpretationsbemühungen macht? Muß es heute, da der kommune Umgang mit dem Außerordentlichen die Regel ist, nicht Dinge geben, die unangetastet bleiben?

Was nichts mit feinsinniger Exklusivität zu tun hat. Wie Tiergattungen aussterben, weil sie zu sehr gejagt werden oder die für sie notwendigen Lebensbedingungen verändert wurden, können auch Werke dahinschwinden, wenn unablässig die Interpreten an ihnen herumfingern. Eine Literatur, die ihr Autor selbst als »Ansturm gegen die Grenze« verstanden hat, kann nicht popularisiert werden, ohne daß ihr Geist verblaßt. Auch die Sonnenblumen van Goghs sind nicht mehr, was sie einst waren, nachdem sie jahrzehntelang zur Dekoration in Möbelgeschäften hingen.

Der moderne Tourismus hat die Welt zugänglich gemacht, aber es ist nicht mehr dieselbe Welt. In kommunistischen Ländern hat der sozialistische Realismus für die Kunst Vergleichbares geleistet.

Wie seltsam, daß das Rote Büchlein Maos, das unlängst noch Millionen studierten und in der Luft schwenkten, wieder verschwunden ist. Wie Glühwürmchen.

Bei dem neuen Roman von Lars Gustafsson *Wollsachen* – wie auch schon bei dem vorausgegangenen *Herr Gustafsson persönlich* – muß man an einigen Stellen an den Essayisten und an den Lyriker Gustafsson denken: dort nämlich, wo er (in den Romanen) Wörter wie »Inferno«, »Hölle« oder »Hades« gebraucht, um eine Daseinsverfassung zu charakterisieren. Im Essay, der nicht den Menschen in seiner Unmittelbarkeit darzustellen hat, sondern Umrisse zieht – vielleicht heißt Denken: Umrisse ziehen –, sind solche Vokabeln möglich. Im Gegensatz zum Essay ist das Gedicht nicht linear, sondern vielleicht einer Kette vergleichbar, auf der erfüllte Augenblicke aneinandergereiht sind: Abbreviaturen von Wirklichkeit. Auch hier im Gedicht können die erwähnten Vokabeln, wenn sie im Kontext suggestiv gesetzt werden, etwas leisten: wenn sie das mit ihnen Gemeinte blitzartig evozieren.

Anders im Roman, dessen Sache die *ausführliche* Verifizierung dessen ist, was die Sprache in Wörtern wie »Inferno« oder »Handes« zusammenfaßt. Unter diesem Gesichtspunkt wäre vom Roman als von einem Offenbarungseid zu sprechen – der Autor legt Zeugnis ab, wieviel an Wirklichkeit jenseits der Sprache er aufnehmen und verarbeiten kann. Eben darum ist für den Romancier Vorsicht gegenüber den großen und pauschalen Vokabeln geboten. Man könnte auch sagen: die Wörter sind zwar gleich, aber in den verschiedenen Gattungen der Literatur leisten sie nicht das gleiche.

Nach der Lektüre der *Briefe an Ottla* von Franz Kafka – ich hatte die Fahnen des Buchs an einen Ferienort im hügeligen Slowenien mitgenommen –

> Über die gebeugten Rücken der Berge
> fliegen die Fahnen ins Abendrot;
> seine immer genauen Sätze aus so vielen
> Orten: Prag und Zürau, Meran und Schelesen . . .
> Die flüsternde Stimme zuletzt,
> mit zerfressenem Kehlkopf,
> in einem Brief an die Eltern:
> »Ich bin noch immer nicht sehr schön,
> gar nicht sehenswert.«
>
> Wenige Tage vor dem röchelnden Ende,
> aber vernehmbar noch unter dem Schutt der Jahre.
>
> Der schon damals bis in die Tiefen
> abgebrochene Gesang,
> nun glimmt er wie Phosphor im schwarzen Laub.

1974

Nach der Lektüre der Romane *Kloster* und *Einsam* und des *Okkulten Tagebuchs* von August Strindberg glaube ich zu begreifen: wie innig die paranoiden Züge des Menschen mit seiner spezifischen dramatischen Begabung zusammenhängen. Die Beziehung dieses Paranoikers zu ihm nahestehenden Menschen, aber auch zu zufälligen Passanten der Straße; die ›Zeichen‹, Ankündigungen, Ahnungen, überhaupt alles ›Angehende‹ wird ungeheuer intensiv erfahren. Das Drama Strindbergs wäre ohne diese ins Pathologische hinüberspielende Erfahrung nicht, was es ist: freigesetzte Dämonie, Aufeinanderprallen in Liebe und Haß (mit schnellem Wechsel von Liebe und Haß). Auch dies: daß je nach den einwirkenden Kräften die Menschen seiner Umgebung auf rational nicht einsehbare Weise plötzlich sich wandeln – aus reinen, fast überirdischen Wesen werden mit einem Schlag niedrigste Kreaturen, Schönheit schlägt jäh in Häßlichkeit um, Liebe in mörderischen Haß.

Diesen Erfahrungen verdankt sich der gleichsam hochbrisante Raum der Dramen (und auch der Romane) Strindbergs. Der Paranoiker, der im Leben alle ›Zeichen‹ – und auch jene, die ihn gar nicht meinen – auf sich bezieht, nimmt ins Drama diesen eminenten Sinn für *Bezüge* hinüber. Und macht nicht eben dieses Organ für Relationen wesentlich den Dramatiker aus?

Außerordentlich interessant im *Okkulten Tagebuch* jenes Stadium, in welchem die vom Paranoiker *erfahrenen* Beziehungen und Einwirkungen in der Wirklichkeit gar keinen Grund mehr haben: als sich Harriet Bosse (seine dritte Frau) einige Jahre nach der Scheidung definitiv von ihm löste und mit einem anderen verlobte. »Harriet verfolgte mich den ganzen Vormittag erotisch – so daß ich sie schließlich umarmen *mußte*, um nicht zu verbrennen!« Was *er* empfindet, wird umstandslos als objektives Geschehen, als Einwirkung der – abwesenden – Geliebten verstanden; kein Absagebrief von ihr kann diesen Wahn zerstreuen. Ein andermal heißt es – eine Stelle unter vielen –: »H-t sucht mich in unendlicher Liebe, traurig, verzweifelt, es muß mit W. [der jetzige Mann Harriets] Schluß sein!« Hier bezieht sich die Gewißheit nicht nur auf Zustand und Tun der Abwesenden, es wird auch von deren Gemütslage sofort zwingend auf einen Dritten geschlossen.

Was wahrscheinlich schwierig zu verbinden ist, vielleicht sich sogar tendenziell ausschließt: ein sehr breites, jederzeit mobilisierbares Wissen und die Fähigkeit, den Augenblick intensiv zu erfahren. Eine Einsicht, die mir bei der Lektüre des kürzlich erschienenen Gedichtbandes von Auden kam. Wie oft Auden Erfahrungen oder, in den Gedichten auf Yeats oder S. Freud, ein ganzes Leben resümiert, wieviel er weiß und aufrufen kann – und wie selten der Herzschlag des gelebten Augenblicks in diesen Gedichten zu spüren ist. In diesem Zusammenhang ist Audens Virtuosität zu sehen: der Virtuose hält sich vieles zur Verfügung – Gelerntes, Erfahrenes, Ausdrucksformen aus vielen Jahrhunderten –, während jenen, der emphatisch im Augenblick lebt, fast nur seine Armut auszeichnet. Diese Armut ist freilich seine Chance . . .

»Akustische Maske« ist ein Ausdruck, den Elias Canetti geprägt hat und der das Spezifische eines Sprechens meint (eine angeborene Begabung Canettis, die wohl durch Karl Kraus, den er so oft gehört hat, zum Bewußtsein ihrer selbst gebracht worden ist). Aber ebenso charakteristisch, so denke ich manchmal, ist auch die verschiedene Art und Weise, *wie* Menschen schweigen, obwohl natürlich die Charakterisierung des je verschiedenen Schweigens schwieriger ist als die des Sprechens. Wenn ich an Canetti selber denke, wie er einem zuhört: er ist sehr still. Es ist aber kein gleichsam ansaugendes Schweigen, das zum geschwätzigen Reden verführt, vielmehr spürt man die angespannte Stille, die einen *Lesenden* umgibt. – Das Buch allein darf sprechen; der jetzt Schweigende wird später antworten.

In dem von Karl Heinz Bohrer einige Jahre lang ruhmvoll redigierten Literaturblatt der *FAZ* lese ich (in der Sonderbeilage vom 27. November 73) eine Rezension von Horst Krügers neuem Buch *Zeitgelächter*. Vortrefflich charakterisiert Peter W. Janssen den Stil Krügers, das Dialogische seines Schreibens und Sprechens, und wie dieser Autor schon kraft seines Stils zum Liberalen disponiert und als solcher erkennbar sei. Und wie von einem Musiker, einer Band ist in dieser Rezension (mehrmals) vom »spezifischen Krüger-

Sound« die Rede, womit das Unverwechselbare des ›Tons‹ dieser Sprache gemeint ist, die »dem Ohr und dem Sprechen abgeschrieben« sei.

Ich muß gestehen, daß mich dieser Ausdruck »Krüger-Sound« entzückt. Mit einer einzigen raschen Bewegung wird hier das diesem Autor ganz Eigentümliche getroffen. Eine geistige Operation, die höheren Ranges ist als das biedere Beschreiben eines Gegenstandes: da der Rezensent, um dieses Wort zu finden, den Gegenstand – nämlich die Sprache Krügers – für einen Augenblick verlassen mußte, um dann, mit dem Ertrag seiner gedanklichen Abschweifung zur Musik, sofort wieder zu ihm zurückzukehren. Verschiedene Bereiche werden also zueinander in Beziehung gebracht, ein Prozeß, dem sich alles metaphorische Reden verdankt – und der es einem Proust, diesem Genie der Metapher, ermöglichte, eine Phrase der Violin-Sonate des (von ihm erfundenen) Komponisten Vinteuil durch das stumpfe Grün des Geraniumblatts zu charakterisieren.

Allein schon im Hinblick auf diese Besprechung Janssens erscheint es mir stupid, daß Hartmut Lange in seinem kleinen Aufsatz ›Der Kritiker als Zirkulationsagent‹ (in dem kürzlich erschienenen *Literaturmagazin 1* des Rowohlt Verlags) von der »Notwendigkeit einer Alphabetisierung auch für die Kritik« spricht. Dies fordert einer, der auf vier Seiten soviel dogmatisch verhärteten Unsinn von sich gibt, daß ihm vor allem »Alphabetisierung« zu wünschen wäre. Schon seine maßlose Überschätzung des Einflusses von Kritikern (die er mit Marx »Zirkulationsagenten« nennt) ist absurd: »Was sie preisen, wird vom Verleger, Schriftsteller reproduziert . . .« Oder: »Der Käufer, Konsument von Literatur, kauft die Selektion des Kritikers.« Es wäre zu fragen, welchen Einfluß die zum Teil vernichtenden Rezensionen des *Vorbilds* von Siegfried Lenz auf die »Konsumenten« gehabt haben; er dürfte bescheiden gewesen sein. Oder was es einem Autor wie Achternbusch und seinem Verleger genützt hat, daß von Anfang an die in schneller Folge erscheinenden Bücher dieses Autors von der Kritik mit respektvoller Aufmerksamkeit behandelt worden sind.

Nicht ohne Pikanterie übrigens, daß im selben *Literaturmagazin* Hermann Peter Piwitt in seinem ebenso anfechtbaren wie unfairen Aufsatz ›Klassiker der Anpassung‹ genau das Gegenteil behauptet: »Heute ist ein Kritikerurteil für Einfluß und Wirkung eines Romans schon fast bedeutungslos geworden.« Die Recken, die in diesem Magazin – selbstredend »gegen den spätbürgerlichen Literaturbetrieb« – kämpfen, scheinen so uneins zu sein, daß es kaum der Mühe lohnt, gegen sie zu polemisieren – sie bringen sich, wie oft Gangster in französischen Kriminalfilmen, selber gegenseitig um.

Um aber nochmals auf die Ausführungen Hartmut Langes zurückzukommen: ich finde es trostlos, daß er – und mit ihm seit Jahren viele andere – von Literatur wesentlich nur unter dem Gesichtspunkt des ›Marktes‹ spricht. »Die aktuelle Literatur ist 1973, wie jede andere Ware auch, auf Gedeih und Verderb der Dreieinigkeit von Produktion, Distribution, Konsumtion unterworfen, wobei der Schriftsteller als Honorarsklave, der Verleger als Produzent, die Literaturkritik als Zirkulationsagent, der Konsument als Käufer fungieren.« Daß Literatur als veröffentlichte *auch* Ware ist und als solche, was ihre Verbreitung betrifft, vom Markt abhängt, ist eine Banalität, die, das mag sein, in früheren Jahren etwas übersehen wurde. Daß aber nun die Autoren selber, sei es aus masochistischer Lust, sei es aus dem Bedürfnis, auf der Höhe des Zeitgeistes zu sein, unablässig auf den Warencharakter der Literatur hinweisen, scheint mir schlechthin eine Dummheit zu sein. Mit welchen Argumenten könnte ein Verleger oder eine Verlagsgesellschaft noch dazu ermuntert werden, ein literarisch bedeutendes Werk mit geringen Verkaufschancen herauszubringen, wenn schon die Autoren selber von sich und ihrer Arbeit nur unter dem Gesichtspunkt des ›Marktes‹ sprechen?

Kurioses gibt streckenweise Piwitt in seinem Aufsatz von sich; so wenn er etwa behauptet: »Wirklich sachkundige und ausführliche Kritiken finden heute meist ohnehin nur noch im Rundfunk Platz . . .« Hartmut Lange steht ihm da wenig nach: »Die Kriterien für Literatur findet der Schriftsteller nicht in den Feuilletonspalten, dort herrscht tote, einfache Reproduktion . . . Also muß der Schriftsteller das kritische Besteck, das ihm der Literaturbetrieb vorenthält, selber entwickeln.« Da kann man nur sagen: ein Schriftsteller, der im Feuilleton nach literarischen Kriterien – für die eigene Arbeit! – sucht, hat seinen Beruf verfehlt; weswegen ein solcher denn auch folgerichtig Feinmechaniker wird und ein »Besteck . . . entwickelt«.

Im übrigen: was müssen die beiden, Piwitt und Lange, unter Zurückweisungen und Kritik gelitten haben, daß sie so zurückschlagen müssen!

Noch ein Wort zur Sprache Piwitts, die sich durch eine Art Twen-Chic und durch Kraftmeierei auszeichnet. Die deutsche Gegenwartsliteratur, wie sie von manchen vorgestellt werde, sei »eine aus den sechziger Jahren teleportierte Gespenstergesellschaft, aufgemöbelt mit einem Kick ›Neue Sensibilität‹«. Da ist vom »eingebauten Verschleiß« der Romane *Einhorn*, *Gantenbein* und *Hundejahre* die Rede, vom »eitel sabbernden bürgerlichen Ich«, da wird dem Kritiker Joachim Kaiser ein »Herr« vorangestellt und Reinhard Baumgart ein »Hamburger Reedersgatte« genannt – offensichtlich schwebt Piwitt so etwas wie Sippenhaft vor. Denkbar allerdings, daß eine solche alkoholisch enthemmt wirkende Sprache jüngeren Lesern dieses Magazins wie kraftvoll zupackende Polemik vorkommt. Sie hätten dann noch zu lernen, was zu lernen einiger Zeit bedarf: daß eine muntere und kraftmeierische Sprache durchaus nicht notwendig auf einen wachen und kritischen Geist schließen läßt – ein gewisses Sprachvermögen kann dem Denken weit voraus sein. Charakteristisch für diese Diskrepanz ist ein manchmal zielloses sprachliches Herumfuchteln – es wird auf Büsche geklopft, unter denen nie ein Hase zu erwarten war, oder mit großer Gebärde etwas verworfen oder gefordert, was weder verworfen noch gefordert werden kann. So wenn Piwitt den sinnlosen Satz niederschreibt: »Was ist das neue ›Selbstgefühl‹ eines Handke wert, wenn es auch nur einen Fabrikarbeiter in seinem Bemühen verzagen läßt, von *sich* zu schreiben?«

Sehr lesenswert – um von diesem Magazin auch Gutes zu sagen – der Aufsatz von Hans Christoph Buch, der den »Vulgärmarxismus in der Literaturkritik« aufs Korn nimmt. Zwei Sätze seien herausgegriffen. »Auf keinem Gebiet hat die Neue Linke soviel Unsinn produziert wie auf dem der Ästhetik.« Und: »Der vorherrschende Gestus in der linksopportunistischen Kritik ist der des ›Enthüllens‹ und ›Entlarvens‹: Beschäftigt sich ein Autor mit dem Innenleben seiner Figuren (oder, was noch schlimmer ist, mit seiner eigenen Psyche), wirft man ihm ›Innerlichkeit‹ vor; schildert er die Natur, ist das ein Zeichen von ›Eskapismus‹.«

Die unendlichen physiognomischen Eindrücke, die ich jetzt wieder habe, seitdem ich mehr mit den öffentlichen Verkehrsmitteln fahre. Beispielsweise wie Frauen während eines Gesprächs ihre Partner anschauen (während die Männer, wenn sie reden, weit weniger ihrer

Partnerin ins Gesicht schauen, sondern mit dem zu Sagenden beschäftigt scheinen): irgendwie prüfend, forschend – als gäbe es da noch etwas zu entdecken über das vom Mann Gesagte hinaus; als sei das Gesagte in seiner Bedeutung ganz nur zu verstehen, wenn gleichzeitig dabei das Gesicht des andern prüfend betrachtet wird. Es ist, wie es einer Prüfung gemäß ist, ein leise kritisch-distanzierter Blick, auch wenn sie, was sich verrät, dem Partner innig verbunden sind. Manchmal erinnert dieser Blick sogar an jenen, mit dem Frauen ihre Kinder betrachten – bei aller Liebe oft so sachlich, wie sie beim Einkaufen ein Kleid mustern. Und das hier aus gutem Grund: wie es um Kleinkinder bestellt ist, können diese selber überhaupt nicht oder nur unvollkommen sagen, die Kontrolle durch das prüfende Auge ist unerläßlich.

Merkwürdig nur dies: daß trotz dieses prüfend-distanzierten Blicks dieses Anschauen der Frauen – sehr im Gegensatz zu dem der Männer – die sinnliche Qualität fast einer Berührung hat: als sei der Strahl, der vom Auge der Frau zum Gesicht des Partners geht, eine Art leiblicher Emanation, die die Haut des andern trifft wie die Wärme der Sonne, wenn man das Gesicht ihr zukehrt . . .

»Literatur ist kein Ausnahmezustand. Nichts Statisches«, soll, wie der *Tagesspiegel* vom 30. November berichtete, Walter Höllerer dieser Tage bei einer Arbeitstagung des literarischen Colloquiums gesagt haben. Der Prozeß der Literatur solle sichtbar werden, darum keine separierten Lesungen mehr, vielmehr »Autor, Kritiker, Lektor, Buchhändler und Leser als aktives Konsortium versammeln«.

Da ich am Tag darauf in der Berliner Akademie der Künste einen ›Leseabend‹ mit Max Frisch, Wolfgang Koeppen, Franz Tumler und – Walter Höllerer kurz einzuleiten hatte, machte ich mir das Vergnügen, die Ansicht Höllerers vorzutragen und etwas zu ironisieren: ». . . Zu befürchten also, daß bei der folgenden Lesung, bei der einige Schriftsteller fertige Texte vorlesen, sitzend oder stehend, ich weiß das noch nicht –: daß also bei solcher Art der Präsentation doch wieder der Eindruck von etwas ›Statischem‹ entstehen könnte. Da aber Walter Höllerer selber sich für dieses ›statische‹ Geschäft des heutigen Abends zur Verfügung gestellt hat, dürfen wir wohl hoffen, daß sein Verdikt so ganz ernsthaft und absolut vielleicht nicht gemeint war. Im übrigen scheint mir Literatur, und vor allem das Machen von Literatur, doch mehr eine einsame Angelegenheit zu sein, nicht so sehr das Resultat eines wie auch immer ›aktiven Konsortiums‹. Schriftsteller, meine ich, sind Menschen, die ihren Verstand und ihr Können in erster Linie beim Schreiben, an ihrem Schreibtisch sitzend – also sozusagen ›statisch‹ – am besten zur Entfaltung bringen. Daß sie, wenn man's ihnen abverlangt, auch diskutieren können und möglicherweise in einer Diskussion auch nicht dümmer sich anstellen als etwa ein politischer Profi, mag ja zutreffen. Aber das ihnen gemäßeste Forum, nämlich jenes, wo sie am besten sind, scheint mir die Diskussionsbühne nicht zu sein – und dies vielleicht auch darum nicht, weil der Schriftsteller, der zumindest früher einmal voll von Figuren war, selber, auch als einzelner, immer schon ein ›aktives Konsortium‹ ist . . .«

Erstaunlich ist die Rezension von Golo Manns *Wallenstein* in der marxistischen Zeitschrift *Das Argument* (Oktober 1973). Der Verfasser ist offensichtlich an der Geschichte nicht interessiert. Oder, so hat man den Eindruck, an ihr nur insoweit interessiert, wie sie für den politischen Kampf heute von Nutzen ist. Zustimmend zitiert der Rezensent den tschechischen marxistischen Historiker Polišensky: »die Frage des ›Verrats‹ Wallensteins habe dieser ›als überhaupt uninteressant‹ bei Seite gelassen«, – »sei es doch auch nicht Aufgabe der Geschichtsschreibung, eine Apologie der einen oder anderen damaligen Partei zu liefern . . .« Man beschäftigt sich mit historischen Vorgängen, läßt aber selbstherrlich aus, was einen nicht interessiert, und suggeriert dem Leser, die Darstellung und Auseinandersetzung mit einem bestimmten Vorgang sei ja doch nur Apologie dieser oder jener Partei. (Kommunisten von heute und gestern wissen natürlich, wie man sich mit Stellungnahmen zu Figuren oder Vorgängen – Stalin oder Einmarsch in die Tschechei z. B. – in die Nesseln setzen kann. »Gar net erst lang ignorier'n« – die Sache ist »überhaupt uninteressant«.)
   Bei solcher Einstellung zur Historie nimmt es kaum wunder, daß der Rezensent den *Wallenstein* Golo Manns in der Hauptsache nur auf seine (vermeintlichen) Aussagen über die Gegenwart hin abklopft bzw. die historische Darstellung des Buches als Aussage über die Gegenwart und als Anleitung fürs Handeln heute versteht, zumal der sich als Wallenstein-Spezialist ausgebende Rezensent schlicht feststellen zu können glaubt: »Mit dem historischen Wal-

lenstein hat Manns Darstellung, gemessen an den Quellen und vorliegenden Forschungen, wenig zu tun.« Ausgesprochen humoristischen Charakter hat ein Satz, mit dem der Kritiker das Mannsche Unternehmen charakterisiert: »Mann zeigt uns in Wallenstein einen vorverlegten [!] Bismarck, der zudem die Züge des Intellektuellen Mann trägt.« So etwas verlangt schon eine starke Vorstellungskraft!

Ferner wird behauptet: »Stellt Manns Vision nicht eine wissenschaftliche Tat dar, so ist sie doch eine politische Stellungnahme zu den politisch-sozialen Konflikten unserer Epoche. Sie setzt sich allen Tendenzen entgegen, die auf eine Demokratisierung zielen, auf eine Änderung der bestehenden Zustände, revolutionär oder evolutionär, zugunsten des Volkes.« Da man selber an der Geschichte nur im Hinblick auf den gegenwärtigen politischen Kampf interessiert ist, unterstellt man auch nicht-marxistischen Historikern, sie hätten ebenfalls nur die ›politischen Konsequenzen‹ ihres ›Geschichtsbilds‹ im Sinn. Ein Circulus vitiosus, und sicher ist, daß borniere Dummheit – im Gegensatz zur vagen, grenzenlosen – eben durch einen solchen Zirkel sich auszeichnet: die eigenen engen Ansichten können von der Wirklichkeit nicht korrigiert werden, weil man die Wirklichkeit auch nur unter eingeengten Gesichtspunkten wahrnimmt – man ›entdeckt‹, was man bereits entdeckt hat, jede Erfahrung wird so zur Bestätigung. (Ein trostloser Zustand, zumal für einen Erkennenden . . . Und man versteht schon, daß einem auch dieser trostlose Zustand den Gedanken an Aktion und Revolution nahelegt.)

Allerdings bedarf es schon einer gewissen ›Lesekunst‹, damit man aus einem Werk das herausliest, was man lesen *möchte*. Davon gibt der *Argument*-Kritiker eindrucksvolle Proben. Um die antidemokratische Tendenz des *Wallenstein* zu ›belegen‹, schreibt er: »Generell wird den ›Tiefgeborenen‹ das Prädikat angehängt: ›selbstisch‹ . . .« Schlägt man aber die Stelle bei Mann nach, so heißt es da: »Sie [die »Mitglieder altfürstlicher Häuser«] hoben das Niveau nicht. Sie waren im Durchschnitt so wild, so selbstisch wie die Tiefgeborenen, auf die sie herabsahen.« Also eine glatte Verfälschung. Nicht anders verhält es sich, wenn der Kritiker, um Golo Manns angeblich negative Darstellung der »Unteren« zu belegen, folgendes zitiert: »Unergründlich ist die Schadenfreude, die Wildheit, Grausamkeit bei denen, die unten wohnen, wenn man ihnen nämlich Gelegenheit gibt . . .« Zitiert wird scheinbar korrekt. Aber unterschlagen wird der vorausgehende Satz, in dem von den elenden Manövern der Mächtigen die Rede ist: »Unersättlich ist die Lust am Planen, Intrigen-Ersinnen, Gegner-zur-Strecke-Bringen, am Legen von Fallen . . . bei denen, welche in der Nähe der Macht nisten.«

Das Schönste zuletzt. Der *Argument*-Kritiker will aufzeigen, wie Golo Mann den Friedberger sieht: Großunternehmer und -grundbesitzer etc. – und schreibt dann: »Seine Ehre heißt: ›Leistung‹.« Das Wort »Leistung«, aber nur dieses, steht in der Tat bei Golo Mann: als von dem Organisationstalent, der Arbeitsleistung Wallensteins die Rede ist und die Frage sich stellt, ob das alles als »Verdienst« zu werten sei (schließlich trug es ja zur Verlängerung des Krieges bei). Bei diesem Wort »Leistung«, man sieht das förmlich, muß der Kritikus seine Ohren hochgestellt haben: sollte sich mit diesem Wort, das ja auch in der berüchtigten (kapitalistischen) ›Leistungsgesellschaft‹ steckt, nicht etwas anfangen lassen? Der Mann wurde fündig . . . Gab's da nicht einmal einen Slogan und für die schwarzen Prätorianer Hitlers ein Koppelschloß, auf dem dieser Slogan stand: ›Meine Ehre heißt Treue‹. . .? Und da jemand, der, wie der Verfasser des *Wallenstein*, Nicht-Marxist ist, sich eo ipso der Demokratisierung widersetzt; da ferner der Friedländer (der bekanntlich »die Züge des Intellektuellen Mann trägt«!) als »Mann der Ordnung« so etwas wie ein potentieller Faschist ist, wird auch ihm das SS-Koppelschloß mit leicht abgeändertem Slogan verpaßt – »Seine Ehre heißt: ›Leistung‹«. – Ob man dergleichen nicht infam nennen dürfte?

Merkwürdig, wie viele Menschen zu den beiden Lese-Abenden (im Spätherbst 1973) in die Berliner Akademie gekommen sind. Am zweiten Abend – es lasen Günter Grass, Uwe Johnson und Oswald Wiener – waren die zwei Studiosäle überfüllt, die Zuhörer standen und saßen noch auf den Gängen und auf dem Podium. Erstaunlich aber nicht nur die Zahl, sondern auch das Verhalten der Zuhörer. Keine rüden Zwischenrufe wie vor ein paar Jahren noch, statt dessen: angespannte und wohlwollende Aufmerksamkeit, freundlicher und dankbarer Beifall. Irgend etwas scheint sich da verändert zu haben. Eine neue ›Generation‹? Ein wieder erwachtes Interesse an der Literatur und denen, die sie machen? – Die Bereitschaft, zuzuhören ohne sich einzumischen und etwa mit dem Hinweis auf

Vietnam die Literatur niederzuknüppeln, war jedenfalls überraschend.

Wozu noch zwei andere Beobachtungen passen. Ein FU-Professor erzählte mir, daß die Studenten seines Seminars sich seit einiger Zeit geradezu heftig für die Erzählstruktur, das Literarische der behandelten Romane interessierten und ein leise erstauntes Gesicht machten, wenn er selber, um wie früher Einwände abzufangen, etwa einfließen ließe: Unter marxistischem Gesichtspunkt könnte man vielleicht auch sagen . . . Eine Funkredakteurin berichtete, daß nach literarischen Sendungen Hörerzuschriften in bisher unbekannter Zahl eingingen, Scripte würden angefordert, Hörer kämen auf die Redaktion und wollten über die Texte sprechen . . .

Offensichtlich gibt es auch hinsichtlich der Einstellung zur Literatur so etwas wie ›Moden‹: Schwankungen und Veränderungen, die man nachträglich zwar vielleicht verstehen, deren Heraufkunft aber man nicht vorhersehen kann.

In einem Aufsatz von Foucault lese ich den Satz: »Wir sehen heute mit Verwunderung, daß zwei Redeweisen [die des Wahnsinns und die der Literatur], deren Unvereinbarkeit durch unsere Geschichte begründet war, miteinander kommunizieren.« Ein aus dem Zusammenhang gerissener Satz, gewiß; aber sollte man nicht auf das befremdliche Faktum hinweisen dürfen, daß ein solcher Satz – wenn nicht vieles von Foucault überhaupt – dem normalen Menschenverstand ins Gesicht schlägt?

Anzumerken wäre zunächst, daß Wahnsinn und Literatur nicht nur »Redeweisen« sind und sich nicht nur durch die Differenz ihrer »Redeweisen« unterscheiden. Feindliche Strahlen beispielsweise, deren Opfer der Paranoiker zu sein glaubt, sind im Sinne Foucaults keine »Redeweisen«; wenn der Kranke davon berichtet, geschieht es zwar in Form der ›Rede‹, aber diese ist nicht das Primäre – es sind die Strahlen. Indem Foucault diesen fundamentalen Unterschied unterschlägt und Wahnsinn und Literatur nur als zwei »Redeweisen« versteht, denkt er auf eine Weise abstrakt, die man üblicherweise als falsch bezeichnen würde. (Daß auch Literatur als »Redeweise« nicht zulänglich bestimmt werden kann, bedarf kaum eines Hinweises. Nachdenken könnte man allenfalls darüber, ob es zu den ›Strahlen‹ oder ›Stimmen‹ der Kranken nicht auf seiten der Dichter Vergleichbares gibt. Allerdings mit einem wesentlichen Unterschied: was diese ›empfangen‹, dafür gibt es in der Wirklichkeit Korrelate, während die ›Botschaften‹ des Wahnsinns in der Wirklichkeit keinen ›Grund‹ haben.)

Foucaults Satz besagt ferner, daß die »Unvereinbarkeit« der zwei Redeweisen »durch unsere Geschichte begründet war«. Was, glaube ich, so verstanden werden darf, daß die ›Fremdheit‹ der »Redeweise« des Wahnsinns und damit wohl dieser selbst ein Produkt der gesellschaftlichen Verhältnisse ist. An anderer Stelle sagt Foucault: »Le monde contemporain rend possible la schizophrénie« (Felix v. Mendelssohn zitiert den Satz in seinem Aufsatz ›Psychiatrie am Scheidewege‹ – *Merkur*, Dezember 73). Da indes Schizophrenie und manisch-depressive Erkrankungen nicht nur in unserer Welt und Gesellschaft, sondern zu allen Zeiten und in allen Ländern vorkommen, dürfte man allenfalls sagen: Bislang war die Welt immer und überall so beschaffen, daß sie Schizophrenie ›ermöglichte‹. Was, sofern man nicht an künftige paradiesische Zustände glaubt, den Schluß nahelegte, daß das In-der-Welt-Sein der letzte ›Grund‹ für die Schizophrenie ist –: eine Aussage, die so allgemein ist, daß ihr Erkenntniswert gleich Null wäre . . .

Doch damit nicht genug. Heute, so behauptet Foucault, ›kommunizierten‹ die Redeweisen des Wahnsinns und der Literatur, wobei man sich erinnert, daß dieser Autor gern Hölderlin, Nerval, Nietzsche, Artaud und Roussel anführt. Wenn aber unter dem Ausdruck ›kommunizieren‹ so etwas wie Verständigung zwischen den zwei »Redeweisen« und eine gewisse Annäherung der beiden verstanden werden soll, wäre anzumerken, daß es fraglos eine solche Annäherung zwischen der Redeweise der Wahnsinnigen und der etwa des wahnsinnig *gewordenen* Hölderlin oder Nietzsche gibt, keineswegs aber zwischen der Redeweise der Wahnsinnigen und dem Dichten oder Denken eines Hölderlin oder Nietzsche *vor* dem Ausbruch ihrer geistigen Erkrankung . . .

Die Witwe des Romanisten Karl Vossler, bei dem ich als Student in der Nazizeit einmal eine Stipendiumsprüfung abzulegen hatte, wobei ich zuletzt recht unmotiviert auf die Nazis zu schimpfen begann, die zu dieser Zeit für die jüngeren Semester den Besuch gewisser Vorträge obligatorisch gemacht hatten und sie zwangen, sich in Memmingen einer Art paramilitärischer Ausbildung für einige Wochen zu unterziehen – ein Risiko war mit diesem Schimpfen gar nicht verbunden, jeder wußte, wie Vossler zu den Nazis stand, und am Ende klopfte er mir väterlich auf die Schulter und sagte: Ja, drücken Sie sich nur, wo es geht –: die Witwe Karl Vosslers erzählte mir einmal, wie sie mit Ernesto Grassi (wenn ich mich recht erinnere) im Auto durch Spanien fuhr: eine Hochebene mit weitem Horizont, und inmitten dieser Einsamkeit ein Hirte, der Schafe weidete. Grassi (wenn er es war) stieg aus, um mit dem Hirten zu reden. Ob er etwas benötige, ob er ihm Zigaretten oder sonst etwas anbieten dürfe? – Er brauche nichts. Und dann, mit einer weitausholenden Gebärde zum Horizont: Aber können Sie sich vorstellen, Señor, daß von hier aus die Neue Welt erobert worden ist?

Nachwort
von Elias Canetti

Während langer Jahre nach dem Krieg war Rudolf Hartung mein einziger Gesprächspartner und Freund in Deutschland. Nachdem wir einige Jahre schon miteinander korrespondiert hatten, lernte ich ihn im Spätsommer 1953 in München endlich kennen. Vielleicht war es ein Glück, daß es eine Passion gab, die uns gemeinsam war, die für Kafka nämlich. Es war eine große Passion, und es schien mir, daß sie an unseren Gesprächen wuchs. Jeder von uns hatte Eigenes zu Kafka zu sagen und überraschte den anderen damit. Ein Ende davon war nicht abzusehen, denn mit Kafka befaßte man sich immer wieder. Ich lebte in London und Hartung übersiedelte bald, nachdem wir uns kennenlernten, nach Berlin. So sahen wir uns eigentlich selten. Das bedeutete, daß es bei jeder Begegnung Neues gab, womit wir einander in Staunen versetzen konnten. Er sprach Dinge über diesen Dichter aus, die mir nie aufgefallen waren, sie schlugen Wurzeln in mir und wirkten weiter. Vielleicht erlebte er manchmal Ähnliches mit mir.

Wenn ich es genau bedenke, hat er ein größeres Anrecht auf Kafka als ich, denn er teilt manche Eigenschaften mit ihm, deren ich mich durchaus nicht rühmen kann. Er hat ein präzises Gedächtnis, aber es ist meist verdeckt. Es kommt vor, daß ihm etwas *erscheint,* aber vieles andere, was dazugehört, ist verschwunden. Er wird vielleicht nach diesem anderen suchen, aber es ist durch einen bloßen Willensakt nicht zu finden. Es bleibt verdeckt und unauffindbar, bis es sich zu einer ganz anderen Zeit urplötzlich und unbeeinflußbar von selber meldet. So wirkt, was er zu sagen hat, greifbar, denn es gehört seinem bestimmten, unaustauschbaren Augenblick an und es wirkt nie zu sicher, denn es tastet nach Dingen, die dazugehört hätten und die es nicht findet. – Das beschämte mich manchmal, denn es erinnerte an Vorgänge, wie man sie von Kafka selbst kannte, und es bot auch das genaue Gegenbild zu meiner eigenen, ebenso unerklärlichen wie peinlichen Sicherheit. Mir fiel, was ich über einen Gegenstand zu sagen hatte, sofort, ohne Zögern und Zweifel ein, es war viel zu rasch da, es vergaß sich auch nicht und ich glaube, es ist mir erst im Umgang mit Rudolf Hartung deutlich geworden, wie abstoßend ein gleichmäßig funktionierendes, seiner selbst immer sicheres Gedächtnis ist, wie monoton und wie barbarisch.

Er selbst empfand diese ›Verstocktheit‹, wie ich es nannte, eher als Last. Seine Reaktionen auf Gelesenes haben etwas Verspätetes, es geht nicht zu wie bei anderen, Schlag auf Schlag. Als Kritiker gehört er nicht zu den Halsabschneidern. Hassen kann er wohl, wie aus diesen ›Notizen‹ ersichtlich, und es ist keineswegs so, daß ich alle Gegenstände seines Hasses mit ihm teile. Aber vor Mord, der in der Literatur nicht so selten ist, schreckt er zurück. Eine Empfindlichkeit für alles Leben gehört zu seiner Natur und ist durch seine Erinnerung an jene harte Zeit, die er als junger Mensch erlebt hat, verstärkt worden. Aus diesem Grund hat er nie eine wirkliche Beziehung zu Karl Kraus gewonnen, den man als den erhabensten literarischen Mörder bezeichnen könnte. Irreparable Zerstörung ist Rudolf Hartung zuwider. Aber auch das Programmatische bei Dichtern liegt ihm wenig. Er hat einen untrüglichen Instinkt für wahre Substanz und hat er diese einmal gefunden, nähert er sich ihr wieder und wieder. Von unerschöpflichen Dingen kommt er nicht los, dort wo man sich verirren kann, gibt es viel zu finden. Sein eigentliches Leben machen Verzauberungen aus, solche nämlich, die sich nicht als trügerisch erweisen. Wenige verstehen so viel wie er von Henry James. Proust, denke ich, steht ihm so nahe wie Kafka. Es wäre ein vermessenes, aber reizvolles Unterfangen, die Konstellationen zu bestimmen, die seinen Nachthimmel erleuchten, ihre wechselnden Lichtstärken im Verhältnis zueinander, ihre wechselnden Distanzen. Auf seine Hauptgebilde ist Verlaß, es sind die, mit denen er sich immer wieder beschäftigt.

Er scheut nicht davor zurück, den Gegenständen seiner Ablehnung den Prozeß zu machen, dafür gibt es auch hier mehr als ein Beispiel. Aber er bleibt im Rahmen literarischer Kontroverse und brüstet sich nicht mit billigen Siegen. Jeder Prozeß, den er gemacht hat, wird von ihm selber wiederaufgenommen, es kommt nie zu einem Ende.

Das Buch, das Rudolf Hartung jetzt herausgibt, ›In einem anderen Jahr‹, halte ich für einen Glücksfall. Der Band enthält ›Notizen‹, die er von 1968–1974 in der *Neuen Rundschau* publiziert hat. Es sind erst rund zehn Jahre her, aber wie fremd erscheint einem diese Zeit.

Man erkennt jede Einzelheit und staunt über das Ganze. Das eigentlich Fesselnde daran ist, daß Hartung so sehr in seiner Zeit verhaftet war. Er gibt sich vereinzelt und zerstückelt und liefert dadurch alle ihre Teile mit. Doch es trifft ihn nur, was ihn treffen muß. Er denkt und empfindet aus einer Anlage heraus, nicht auf ein Ziel hin: Wie man sich das wünscht, so viel Geistigkeit ohne Zwecke! Seine Neugier ist echt, aber es ist Neugier auch auf sich, durch seine Hingabe an Lektüren erfährt er *sich*.

Man erfährt bei ihm etwas über das Glück des Lesens und wie es sich herbeiführt. Es gibt – man möchte beinahe sagen – ein Ausprobieren von Lokalitäten fürs Lesen. Man hat manchmal das Gefühl, daß er andere Landschaften braucht, um anderes zu lesen. Er schützt seine Lektüren vor sich. Aber er ist auch auf ihren Schutz vor anderen bedacht. An einer der schönsten Stellen seines Buches heißt es, im Zusammenhang mit Kafka:

»Muß es heute, da der kommune Umgang mit dem Außerordentlichen die Regel ist, nicht Dinge geben, die unangetastet bleiben?

... Wie Tiergattungen aussterben, weil sie zu sehr gejagt werden oder die für sie notwendigen Lebensbedingungen verändert wurden, können auch Werke dahinschwinden, wenn unablässig die Interpreten an ihnen herumfingern.«

Es mag um 1970 gewesen sein, daß unsere Gespräche zu zweit sich durch die Aufnahme eines Dritten erweiterten: Jean Améry. Zweimal jährlich, anläßlich der Tagungen der Berliner Akademie, wohnten Jean Améry und ich einige Tage im Hotel am Steinplatz. Einer unserer Abende, es war der Samstag, war für das Zusammensein mit Rudolf Hartung reserviert. Er kam zu uns ins ›Steinplatz‹, da saßen wir in der kleinen Gaststube drei, vier Stunden im Gespräch beisammen. Es tut mir ein wenig leid, daß nichts davon verzeichnet wurde, denn Jean Améry ist nicht mehr am Leben. Vieles kam zur Sprache, aber *ein* Gegenstand schien unerschöpflich, denn er kehrte jedesmal wieder. Es war eine Kontroverse, die mit Verve einsetzte, ihr Gegenstand waren Robert Musil und Thomas Mann. Einer von uns beiden, sei es Jean Améry, sei es ich, legte ein Glaubensbekenntnis ab, er für Thomas Mann, für Musil ich. Im Streitgespräch, das sich auf der Stelle entspann, nahm jeder von uns eine extreme Haltung ein. Ich glaube, es war uns bewußt, daß wir in den Attacken gegen die andere Partei zu weit gingen. Es war ein wenig ein Schauspiel, das wir darboten, ein Turnier mit seinen eigenen Regeln. Der

Zuschauer, ohne den es nicht vor sich gegangen wäre, das erlauchte Publikum, war Rudolf Hartung. Er hörte amüsiert zu, er nahm nicht Partei, sein Mienenspiel als Reaktion auf ein oder das andere Argument, das wir vorbrachten, war allein die ganze Gelegenheit wert. Ich mußte ihn nur ansehen, um zu wissen, daß ich zu weit gegangen war und etwas Unsinniges gesagt hatte. Améry ging es ähnlich. Hartung kannte beide großen Autoren gut und war sich ihrer Stärken wohl bewußt. Sie waren ihm zu verschieden, er konnte sie nicht gegeneinandersetzen; die Kampflust dieser Glaubensstreiter, die beide seine Freunde waren, mußte ihm komisch erscheinen. Er war sich über die Motive klar, die uns zu unserer jeweiligen Position bewogen, nahm aber trotzdem das Turnier in jeder Einzelheit auf, seine Sätze dazu waren rarer, aber auch klüger. Als wir uns sehr spät trennten und ich in mein Zimmer hinauffuhr, waren es seine wenigen Sätze, die mir nachgingen, und nicht die beiden Kampfhähne.

»Man muß sich beschränken, um Gedanken über eine Sache zu haben: das Ganze ist sprachlos.« Dieser Aphorismus könnte wohl unter dem Eindruck eines solchen, wenig ergiebigen Streitgesprächs entstanden sein.

Vieles berührt mich an Hartungs Buch, zu jedem literarischen Thema, das er anschneidet, wird Eigenes und Persönliches gesagt. Man ist dankbar dafür, daß es hier bewahrt wird und wird oft dazu zurückkehren. Ich wage es nicht, alles anzuführen, was ich mir herausgeschrieben habe. Aber die letzte Aufzeichnung des Jahres 1970, die von Landschaft und der Liebe zu ihr handelt, möchte ich ganz zitieren. Ich glaube nicht, daß es etwas gibt, das Rudolf Hartung so vollkommen enthält, und nichts, das einer, der seit dreißig Jahren sein Freund ist, über ihn zu sagen vermöchte, wäre es wert, neben diesen Worten zu stehen.

»Vielleicht ist es auch so, daß gerade das Schweigen oder vielmehr diese wortlose Sprache der Landschaft es bewirkt, daß in uns Sprache sich sammelt, weil niemand sie fordert. Vielleicht ist es auch die Hoffnung, daß in dieser Stille der konfuse Aufruhr im Innern ganz verstummen könnte, so daß wenigstens in diesem endgültigen Schweigen eine Art Gleichgewicht sich herstellt zwischen uns und der Welt – und es uns erspart bliebe, die verworrenen Fragen der Welt unangemessen zu beantworten.«